Rink • Die Bundeswehr 1950/55 bis 1989

Beiträge zur Militärgeschichte
– Militärgeschichte kompakt –

Begründet vom
Militärgeschichtlichen Forschungsamt

Herausgeben vom
Zentrum für Militärgeschichte und
Sozialwissenschaften der Bundeswehr

Band 6

Die Buchreihe »Militärgeschichte kompakt« richtet sich an Studierende, die interessierte Öffentlichkeit und die Streitkräfte. Die Bände verstehen sich als Einführung in ausgewählte Abschnitte der Militärgeschichtsschreibung. Sie sind wissenschaftlich basiert, doch zugleich möglichst kurz und prägnant in der Darstellung. Zudem enthalten die Bücher zahlreiche Abbildungen, Karten, Grafiken, Tabellen und relevante Quellentexte sowie eine Auswahlbibliografie zur ersten Orientierung in der Fülle der wissenschaftlichen Literatur.

Martin Rink

Die Bundeswehr 1950/55 bis 1989

DE GRUYTER
OLDENBOURG

Redaktion: ZMSBw, Schriftleitung (0781-01)
Projektkoordination: Christian Adam
Lektorat: Stefan Kahlau (Potsdam)
Bildredaktion: Martin Rink
Layout, Satz, Umschlag: Carola Klinke, Christine Mauersberger
Grafiken: Bernd Nogli

ISBN 978-3-11-044096-6
E-ISBN (PDF) 978-3-11-043670-0
E-ISBN (EPUB) 978-3-11-043370-8
ISSN 2190-1996

Bibliografische Information der Deutschen Nationalbibliothek
Die Deutsche Nationalbibliothek verzeichnet diese Publikation in der Deutschen Nationalbibliografie; detaillierte bibliografische Daten sind im Internet über http://dnb.dnb.de abrufbar.

Library of Congress Cataloging-in-Publication Data
A CIP catalog record for this book has been applied for at the Library of Congress.

Druck und Bindung: Hubert & Co. GmbH & Co. KG, Göttingen
Gedruckt auf säurefreiem Papier
Printed in Germany
www.degruyter.com

MIX
Papier aus verantwortungsvollen Quellen
FSC® C0164

Inhalt

Vorwort

Mit diesem Werk setzt das Zentrum für Militärgeschichte und Sozialwissenschaften der Bundeswehr (ZMSBw) die von seinem Vorgängerinstitut, dem Militärgeschichtliche Forschungsamt (MGFA), begründete Reihe »Militärgeschichte kompakt« bei De Gruyter Oldenbourg fort. Gemäß der Reihenkonzeption sollen hier in leicht fasslicher und prägnanter Form die Ergebnisse wissenschaftlicher Forschung präsentiert werden. Mit Blick auf die Zielgruppen: Studierende, die interessierte Öffentlichkeit und die Streitkräfte, werden die Studienbücher der Reihe mit Abbildungen, Karten, Grafiken und Tabellen ausgestattet. Darüber hinaus enthalten sie ausgewählte Quellentexte. Eine Auswahlbibliografie bietet eine erste Orientierung in der Fülle der wissenschaftlichen Literatur. Auf ausufernde Anmerkungsapparate wird dagegen verzichtet.

Im November 2015 begeht die Bundeswehr ihren 60. Geburtstag, zu dem das ZMSBw mit der Veröffentlichung »Die Bundeswehr 1950/55–1989« von Martin Rink seinen Beitrag leistet.

Als vormaligem Soldaten auf Zeit, ehemaligem Angehörigen des Forschungsbereiches »Militärgeschichte der Bundesrepublik Deutschland im Bündnis« im MGFA und jetzigem Mitarbeiter der »Abteilung Einsatz« im ZMSBw, der sich der Geschichte der Bundeswehr nach 1990 zuwendet, ist dem Autor die lesergerechte Vermittlung wissenschaftlicher Erkenntnis zur Förderung der historisch-politischen Bildung innerhalb und außerhalb der Streitkräfte ein besonderes Anliegen.

Ich danke dem Autor und allen übrigen Projektbeteiligten und wünsche dem Buch eine freundliche Aufnahme und eine angemessene Verbreitung.

Dr. Hans-Hubertus Mack
Oberst und Kommandeur des
Zentrums für Militärgeschichte und
Sozialwissenschaften der Bundeswehr

Danksagung

Mein Dank gilt allen Projektbeteiligten, stellvertretend seien genannt: Christian Adam als Leiter der Schriftleitung, Stefan Kahlau als Lektor, Carola Klinke und Christine Mauersberger als Gestalterinnen sowie Michael Thomae als Initiator bei der Projektorganisation. Aus der Vielzahl der in die Unterstützung des Werkes eingebundenen Personen danke ich darüber hinaus den Damen und Herren, die sich in die fachliche Durchsicht des Manuskripts eingebracht haben: den zahlreichen Wissenschaftlerinnen und Wissenschaftlern des ZMSBw, insbesondere Angelika Dörfler-Dierken, Ralf Vollmuth und Helmut R. Hammerich, die ihre Expertise bei der Manuskriptdurchsicht beigesteuert haben, sowie den Studierenden, die in unterschiedlichen Projektphasen wertvolle Zuarbeit geleistet und zugleich eine Prüfung aus Sicht der Zielgruppe vorgenommen haben: Fabian Friedl, Tim Schönert, Carsten Siegel und insbesondere Frau Kerrin Langer.

Martin Rink

Forschungsstand

Die »alte Bundeswehr« – eine ferne Geschichte?

Aus dem Blick des frühen 21. Jahrhunderts sind die zwischen 1950 und 1990 bestehenden westdeutschen Streitkräfte ein ferner Betrachtungsgegenstand geworden. In formaler Hinsicht beginnt die Geschichte der »alten Bundeswehr« am 12. November 1955. Eigentlich jedoch entstand diese »neue Wehrmacht« (wie man damals Streitkräfte insgesamt nannte) erst in den Jahren 1956/57; und erst am 22. Februar 1956 erhielt sie den Namen »Bundeswehr«. Ihre Vorgeschichte begann aber spätestens mit der Tagung vom 6. bis 9. Oktober 1950 im Eifelkloster Himmerod. Die Umgestaltungen der Bundeswehr seit den Neunzigerjahren haben von der einstigen Streitmacht des Kalten Krieges vorderhand wenig übrig gelassen. Nicht selten besteht die Vorstellung, die »alte Bundeswehr« habe sich – im »starren, bipolaren Ost-West-Konflikt« (1.45 Strukturkommission, S. 16) – nicht wirklich im Einsatz befunden. Diese Einschätzung verkennt indessen die dynamischen Prozesse, die auch die »alte Bundeswehr« kennzeichneten: hinsichtlich der Bedrohungsperzeptionen, der militärpolitischen Konzepte und deren Auswirkungen auf Rüstung, Organisation und Personal. Allerdings werden sich solche Veränderungen nicht in absoluter Dimension darstellen lassen können; denn der Vergleichspunkt, die eigene Gegenwart, bewegt sich stets mit fort. Zudem liegen die zu überwindenden Herausforderungen in ihrem »Gewordensein« begründet. Dies gilt für die Frage nach der Tradition genauso wie für die generationsbedingten Prägungen. Dabei zeigt die jüngere Forschung, dass der gedachte Antagonismus von »alt« und »neu« zu kurz greift, um den meist mehrdimensionalen Konfliktfeldern Rechnung zu tragen. An ihnen herrschte in der »alten Bundeswehr« kein Mangel.

Aufbau der Arbeit

Historische Erkenntnisse sind vorläufig. Auch kann die Vergangenheit nicht nur anhand von »Fakten« dargestellt werden, sondern als Geschichte veränderlicher Prozesse. Veränderlich sind auch die methodischen Herangehensweisen, dieses Wissen einzuordnen und zu beurteilen. So kann dieser Band nur einen vorläufigen Erkenntnisstand bieten, zumal Archivquellen zum Zeitraum nach 1970 noch schwer zugänglich sind. Eine handbuchartige Darstellung wie diese gilt einer aufs »Wesentliche« konzentrierten Geschichte. Was aber »wesentlich« ist, bedarf zuvor der Erörterung.

Der Reihenkonzeption folgend sollen hier Streitkräfteorganisation, Personalstruktur, Rüstung und Einsatzplanungen abgehandelt werden. Zuvor jedoch ist der *Ort der Bundeswehr* in Staat und Gesellschaft zu umreißen, um dann die *Dimensionen der Integration* der Bundeswehr zu erörtern. Die Darlegung der *wissenschaftlichen Aufarbeitung* eröffnet sich erst im Licht der *Geschichte der westdeutschen Militärgeschichte*, die einen sowohl methodischen wie inhaltlichen Einstieg bietet. Schließlich ist die Geschichte der Bundeswehr eine Geschichte von Lehren aus der Vergangenheit. Die *Epochenübersicht* über die bundesrepublikanische *Sicherheitspolitik* zwischen 1949/50 bis 1989/90 vermittelt zugleich eine Phaseneinteilung für die Bundeswehrgeschichte. Militärorganisatorische Details spiegeln Einsatzkonzeptionen, Mittelzuweisung und Rolle im Bündnis. Die repräsentative Fassade, die das militärische Gepränge von Staatsempfängen und öffentlichen Gelöbnissen bietet, legt es nahe, die Bundeswehr mit ihren Streitkräften gleichzusetzen. Diese Vorstellung widerlegt aber bereits die grundgesetzliche Status-Unterscheidung zwischen den Streitkräften nach Artikel 87a und der Bundeswehrverwaltung nach Artikel 87b. Neben den oft ins Bild gerückten Kernelementen wie Panzern, Strahlflugzeugen und Schiffen als Sinnbilder für die Teilstreitkräfte Heer, Luftwaffe und Marine müssen die oft vernachlässigten Felder von Sanitätsdienst, Territorialverteidigung/Territorialheer und Bundeswehrverwaltung gewürdigt werden. Zumal letztere trotz ihrer unabdingbaren Rolle für funktionierende Streitkräfte in der geschichtswissenschaftlichen Literatur interessanterweise kaum hervortritt; doch war die Bundeswehrverwaltung gewissermaßen der Normalfall des bundesrepublikanischen Öffentlichen Dienstes. Daher steht auch in dieser Darstellung das Militär als Charakteristikum der Bundeswehr im Vordergrund.

Personalstruktur, Tradition und Innere Führung sind nur in ihrem wechselseitigen Zusammenhang darzustellen. Neben dem Befüllen von Planstellengerüsten bestand das Erfordernis, »Soldaten in der Demokratie« heranzubilden. Eine in diesem Zusammenhang zentrale Rolle kam dem Umgang mit der Vergangenheit, der *Tradition* zu, die nahezu alle Facetten der Bundeswehr durchwirkte – bis heute. Die Entwicklung der materiellen Basis von *Rüstung und Ausstattung* spiegelt das zunehmende Gewicht der Bundesrepublik Deutschland als Bündnis-, Technologie- und Handelspartnerin. Voraussetzung dafür waren Westintegration und freiwilliger Verzicht auf Massenvernichtungswaffen. Zu den materiellen Grundlagen der Bundeswehr gehört auch deren Infrastruktur: Kasernenbauten und Landerschließung. Gemäß der deutschen militärischen Denktradition gliedern sich das militärische Führungsdenken in die Bereiche Taktik, Operationsführung und Strategie. Vor der Strategie als höchster militärischer Planungsebene aber kommt die Politik. Indessen boten die *Einsatzkonzeptionen* der Bundeswehr kein einheitliches Bild bundesrepublikanischer Strategie. Vielmehr operierten deren Handlungsträger auf vielfältig aufgespaltenen Feldern. Unterschiedliche Denktraditionen blieben kennzeichnend für die unterschiedlichen Teilstreitkräfte und deren Truppengattungen. Vor allem aber waren insbesondere die Einsatzverbände der Bundeswehr eng in die Bündnisführung integriert, sodass eine diesbezügliche Bundeswehrgeschichte Teil der NATO-Geschichte ist. Sie ist keineswegs ausgeforscht.

Der Ort der Bundeswehr in der Bundesrepublik

Um je als Demokratie ernst genommen zu werden, hatte sich die Bundesrepublik der Aufgabe einer »Rezivilisierung« zu stellen (4.3 Jarausch, S. 26–33). Dabei kommt dem Begriff »Zivilisierung« ein Doppelsinn zu: einerseits als Teil der – implizit mit »dem Westen« gleichgesetzten – »Zivilisation«, aus der Deutschland mit dem »Zivilisationsbruch« der NS-Verbrechen so offenkundig herausgetreten war; andererseits konnte die »zivile« Gesellschaft in Abgrenzung zur militarisierten Gesellschaft des NS-Staates gemeint sein. Unter Vermischung der Deutungsebenen konnte »zivil« als Gegensatz zu »Militär« wie auch als Gegenentwurf zum Totalitarismus und als Inbegriff von Demokratie und Rechtsstaat erscheinen. Civil Control als Primat der Politik war Grundbedingung für jegliche Art neuer deutscher Streitkräfte. In diesem Sinne äußerte sich Bundeskanzler Konrad Adenauer im März 1955: »dass die Zivilgewalt über der Militärgewalt steht« (1.19 AWS 3, S. 664).

Bereits der erste Umriss eines militärischen Konzepts sah eine »internationale Verflechtung« vor. Die mit dem Wort »deutsches Kontingent« implizierte Bündnisintegration spiegelt die Verkopplung von Souveränitätsrechten für die Bundesrepublik mit deren Westbindung und einem militärischen Beitrag. Als Europa im Kalten Krieg erstarrte, war Deutschland dessen Zentrum. Weil sich hier einerseits eine weltweit einzigartige Ansammlung von Truppenteilen, Militäreinrichtungen und Zerstörungsmitteln anhäufte, andererseits ein »heißer« Krieg nicht stattfand, diffundierte die Ost-West-Konfrontation auf andere Sektoren: Politik, Gesellschaft, Alltagskultur und Mentalität. Überall integrierte sich die Bundesrepublik in den »Westen«. Umgekehrt zog sie ihre Legitimität aus der Selbstdarstellung als bessere Alternative zum »Osten«. Im Gegensatz zum preußischen Strang der deutschen militärischen Geschichte wurde die Bundeswehr zur »Bündnisarmee par excellence« (4.1 Conze, S. 97). So ergab sich ein paradoxes Doppelbild: Zum einen war sie international so eng verzahnt wie keine andere Armee; zum anderen fokussierte sich ihr Wirkungskreis auf die Mitte Mitteleuropas. Die Bundeswehr verkörperte öffentlich die Souveränität, als deren »nationales« Symbol sie bei Staatsakten hervortrat. Gleichzeitig war sie nur eine der beiden deutschen Armeen. Aus dem lange verfochtenen Alleinvertretungsanspruch der Bundesrepublik ergab sich, dass allein die Bundeswehr als Vertreterin »Deutschlands« erschien – oder dessen als »relevant« empfundenen Teils. Verkompliziert wird die Begrifflichkeit insofern, als einerseits die Wendung »national« im bundesdeutschen Sprachgebrauch verpönt war, andererseits im internationalen Raum zur Kennzeichnung der als Partnerstaaten auftretenden »nations« verwandt wurde. Als mit dem Grundlagenvertrag vom 21. Juni 1973 die Bundesregierung die DDR als Vertragspartnerin anerkannte, gewöhnte man sich im Zeichen der Entspannung an die Zweistaatlichkeit. Ironischerweise schwand dadurch für nachwachsende Generationen das Gefühl einer gemeinsamen deutschen Nation – mit Folgen für die Interaktion zwischen Ost- und Westdeutschen nach 1989 (4.9 Winkler, S. 630–638). Nationen sind nichts Feststehendes. Sie werden von ihren Bewohnern fortwährend umgeformt. War die Bundeswehr Spiegel einer »bundesrepublikanischen« Nationalität?

Die Einbindung der in autoritären und militaristischen Milieus sozialisierten Militärelite in einen demokratischen, pluralistischen Rechtsstaat entsprach letztlich einer aus dem Zeitalter der Aufklärung stammenden Fortschrittsvorstellung. Aus der gemeinsamen Wurzel der euro-atlantischen Revolutionen von 1776/1789, auf die sich die liberalen und sozialistischen Gesellschaftsmodelle gleichermaßen beriefen, erklärt sich auch die spezifische Konkurrenz zwischen westlichem und östlichem Bündnissystem. Das Leitbild der »Modernisierung« äußerte sich in einer von den angelsächsischen Mächten auf den europäischen Kontinent rückübertragenen Konzeption von »Western Civilization«. Als daraus abgeleitete Modernisierungsintention wurde das Konzept der Inneren Führung den »reaktionären« Kräften entgegengestellt. Ab 1970 stand »Modernisierung« als Signum für eine zweite, umfassende Umbruchphase von Staat, Gesellschaft und Streitkräften. Konservative zeitgenössische Stimmen bemängelten über die Siebzigerjahre hinaus Bundeswehr-typische Spezifika als Zeichen des »Niedergangs«, etwa die angeblich »weiche Welle« der Inneren Führung, die zu zivillastige Spitzengliederung und die mangelnde »Wehrwilligkeit« der westdeutschen Bevölkerung (6.9 Studnitz). Dabei darf die (Vor-)Kriegssozialisation der Beurteilenden genauso wenig vernachlässigt werden wie die im Zeitalter des Kalten Krieges geforderte Verteidigungsfähigkeit. Trotz oder gerade wegen der besonderen

Rolle der Bundeswehr in Staat und Gesellschaft zeigt ihre Geschichte das Streben der bundesrepublikanischen Entscheidungsträger nach »Normalisierung« – in Abkehr vom symbolhaft überfrachteten Pomp des preußisch-deutschen Militarismus und dessen Übersteigerung im NS-Staat. Das Konzept der Inneren Führung zielte auf ein vom Habitus »normales«, unprätentiöses und technisch-effizientes Erscheinungsbild des Soldaten. Diese Ausrichtung führte bisweilen zu Kontrasten in der Praxis: So drohte der geforderte freie Mensch als »Staatsbürger in Uniform« bisweilen in die Mühlen von Militärbürokratie und technokratischem Mikromanagement zu geraten.

Die Geschichte der Bundeswehr bietet eine Prüffolie für die Frage nach den Möglichkeiten und Grenzen der Bundesrepublik, militärische Mitspracherechte in politische umzumünzen. Im Rückblick erscheint die Bundesrepublik als »geglückte Demokratie« auf ihrem »langem Weg nach Westen« angekommen zu sein (4.9 Winkler; 4.10 Wolfrum). Diese Wahrnehmung unterstreicht, wie erklärungsbedürftig jede deutsche »Normalität« war. Hierzu gehörte insbesondere die Frage, wie die westdeutschen Streitkräfte in eine demokratische Staatsverfassung und eine westlich-liberale Gesellschaft einzufügen seien. Dies sollten die verfassungsmäßigen Normen, die Spitzengliederung und das Konzept der Inneren Führung garantieren.

In ganz anderer Weise trug die Bundeswehr indirekt zur bundesdeutschen Entspannungspolitik ab 1969/70 bei: Denn diese beruhte auf der Grundlage von Bündnisintegration und Abschreckung. Daher erscheint die Bundesrepublik der Siebziger- und Achtzigerjahre, wiewohl von Konflikten erschüttert, im Rückblick als stabil. Die Stabilität von Staat und Armee war jedoch für viele Zeitgenossen auch in diesen beiden Jahrzehnten nicht selbstverständlich. Erst gegen Ende der Achtzigerjahre und verstärkt nach der deutschen Einheit wuchs die Einsicht über die Stabilität des bundesrepublikanischen Staatswesens. Mit dem »erfolgsgeschichtlichen Narrativ« verband sich die Vorstellung eines »westlichen Modells« als nahezu zwangsläufige Geschichtsentwicklung (4.1 Conze, S. 13 f.); diese Vorstellung erwies sich durch die Grenzen militärischer Interventionsfähigkeit und die Wirtschafts- und Finanzkrisen ab 2008 jedoch als vorläufig.

Das Neue an der neuen Armee, so betonten es die Gründungsväter und Spitzenmilitärs, war es, »das Ganze vor den Teilen« zu sehen (Wellershoff in 1.6). Diesem Tenor folgten Selbstwahrnehmung und Eigendarstellung nach außen. »Integration« stand in krassem Gegensatz zu dem, was die Gründungsväter der Bundeswehr während des Krieges selbst erlebt (und mitgestaltet) hatten. Der von 1966 bis 1972 als Generalinspekteur amtierende Ulrich de Maizière (in 1.6) definierte »Integration« als vierfache Anforderung: Die Bundeswehr sollte erstens als Parlamentsarmee dem *Primat der Politik* unterstehen, zweitens als *Wehrpflichtarmee* eng in die Gesellschaft integriert sein, drittens als *Bündnisarmee* eng mit den westlichen Partnern verzahnt sein und viertens als *Gesamtstreitkräftelösung* bestehen. Einerseits eignet sich das Integrationskonzept als Strukturierungsmöglichkeit für die Darstellung ihrer fünfzigjährigen Geschichte; andererseits war es wohl auch eine vom Führungspersonal intendierte legitimatorische Deutung der eigenen Lebensleistung. Denn viele der Integrationsanforderungen waren eigentlich in sich widersprüchlich: Integration auf dem einen Gebiet musste zu Lasten des anderen gehen. Eine möglichst Bündnis-integrierte Streitmacht konnte nur in straffen militärischen Strukturen umgesetzt werden, in denen der Parlamentsvorbehalt zahnlos zu werden drohte (vgl. 9.3 Naumann). Eine gemeinsame Organisation der Teilstreitkräfte musste sich zuungunsten enger Bündnisintegration auswirken. Auch brachten diese Organisationsbereiche neben Fachkompetenz mitunter einen beträchtlichen Ressortegoismus zur Geltung. Zudem etablierte die grundgesetzlich verankerte Trennung von Streitkräften und Bundeswehrverwaltung zwar eine Streitkräfte-gemeinsame Grundlage für Personal-, Liegenschafts- und Rüstungsgüterbewirtschaftung, oft aber um den Preis einer konsequenten Trennung vom jeweiligen Bedarfsträger. Die angestrebte »Bundeswehr-Lösung« blieb daher nur Wunschbild. Im Ergebnis standen, ähnlich wie bei anderen Streitkräften, Kompromisse. Die Art aber, wie – unter ständiger Betonung des Mottos »Integration« – teils unauflösbare Zielkonflikte zu arbeitsfähigen Lösungen ausgestaltet wurden, zeigt einen spezifisch bundesrepublikanischen Weg.

Geschichte westdeutscher Militärgeschichte

Abgesehen von den Bundeswehr-eigenen wissenschaftlichen Instituten hielt sich in der bundesrepublikanischen Forschungslandschaft das Interesse an der Bundeswehr lange Zeit in engen Grenzen. Kaum ein Mangel herrschte dagegen an zeitgebundenen Publikationen, mal in offizieller oder offiziöser (8.12 Atomschwelle; 1.74 bis 1.85 Bundeswehr), mal in kritischer Diktion (7.7 Militarisierungsatlas). Eine Grundlagenforschung zur Geschichte der Bundeswehr begann erst in den Siebzigerjahren. Dass die in der Bundesrepublik betriebene Militärgeschichte – und, mit nochmaliger Verzögerung, auch diejenige zur Bundeswehr – ab Mitte der Neunzigerjahre salonfähig wurde, ist so bezeichnend wie erklärungsbedürftig. Dabei spiegelten die Forschungskonjunkturen immer auch das Verhältnis der »alten« Bundesrepublik zur »jüngsten Vergangenheit«, also zum NS-Staat. Ein Überblick über die Entwicklung der methodischen Zugänge zur Militärgeschichte eröffnet die Geschichte des innerhalb der Bundeswehr selbst bestehenden Militärgeschichtlichen Forschungsamtes (MGFA). In beiden deutschen Nachkriegsstaaten bestand das »Interesse an einer integralen, am Geschichts- und Gesellschaftsbild des jeweiligen deutschen Teilstaates orientierten Interpretation der deutschen Geschichte« (1.49 Kroener, S. 55). Entsprechend erforschten die Historiker der jungen Bundesrepublik vordringlich zivile Aspekte der Geschichte. Die Universitätswissenschaft befasste sich lange Zeit kaum mit den militärischen Aspekten des NS-Staates (Wegner in 1.47). Damit blendete sie aber den Krieg als Fluchtpunkt des Radikalmilitarismus aus. Dies hatte gerade für die Geschichtsdeutungen von Bundeswehrsoldaten gravierende Auswirkungen. Denn ohne geschichtswissenschaftliche Grundlagenforschung blieben militärische Themen reduziert auf operationsgeschichtliche Darstellungen. Die »Verstrickung« von Soldaten in die NS-Verbrechen und den rassenideologischen Vernichtungskrieg wurde im Verlauf der Fünfzigerjahre – parallel zur Wiederbewaffnung Westdeutschlands – gern aus dem öffentlichen Bewusstsein der westdeutschen Gesellschaft ausgeblendet. Zwar vermittelte die kritische Presse, etwa »Der Spiegel« aus Hamburg, Gegenpositionen. Da aber auch die DDR-Propaganda die bundesrepublikanischen (Militär-)Eliten in ihren Kontinuitäten vor und nach 1945 verurteilte, wurde linksliberale Kritik mitunter den Sichtweisen des Kalten Krieges untergeordnet – bis sich um 1970 ein mentaler Wandel vollzog.

Auftragsforschung und Memoirenliteratur

Mit der deutschen militärischen Vergangenheit beschäftigten sich zunächst nur ehemalige Berufssoldaten, die in der unmittelbaren Nachkriegszeit beruflich, wirtschaftlich und sozial im Abseits standen. Bereits 1945 begannen die US-amerikanischen Streitkräfte mit der Auswertung des eben beendeten Krieges. Anfang 1946 entstand im hessischen Lager Stadtallendorf eine »Operational History (German) Section«. Hier wurde die kriegsgefangene Wehrmacht- und Waffen-SS-Führungselite beauftragt, ihre Kampferfahrungen aufzuzeichnen. Mit der Eskalation des sowjetisch-amerikanischen Gegensatzes seit 1947 wandelte sich das Bild vom Gegner; aus den Vernehmungen Kriegsgefangener entstanden so selbstständige Arbeiten. Die Control Group unter dem früheren Generaloberst Franz Halder koordinierte diese Studien. Bis 1961 produzierten die Mitarbeiter der Historical Division (German) Section über 2500 Studien. Neben der Erörterung des operativ-taktischen Anwendungsnutzens strebte die einstige Wehrmachtelite vor allem nach angemessener

Würdigung der »Leistungen unserer Truppe« – unter Kontinuität beim Feindbild im »Kampf gegen den Bolschewismus«.

Zu den Mitarbeitern der Control Group gehörte ein Teil der späteren Generalität der Bundeswehr, so Generalleutnant a.D. Adolf Heusinger, der spätere erste Generalinspekteur. Die Netzwerke aus Vorkriegs-, Kriegs- und Nachkriegszeit ermöglichten Kooptationsprozesse, aus denen das Schlüsselpersonal im Amt Blank und im späteren Bundesnachrichtendienst hervorging. Dies galt analog für das Naval Historical Team. Diese seit April 1949 von der US-amerikanischen Marine in Dienst genommene Organisation verknüpfte ebenfalls die Auswertung der Vergangenheit mit nachrichtendienstlichem Interesse; auch hier waren ehemalige Wehrmachtoffiziere beschäftigt, die dann über eine Tätigkeit im Amt Blank in Spitzenpositionen der Bundeswehr vorrückten – etwa die ersten beiden Inspekteure der Bundesmarine, Friedrich Ruge und Karl-Adolf Zenker, oder der spätere zweite Wehrbeauftragte Hellmuth Heye. In beiden Institutionen vermochten frühere deutsche Spitzenmilitärs, ihre Expertise über Kooperation mit den (prospektiven) Verbündeten in eigene Mitspracherechte umzumünzen. Dieses Tauschgeschäft blieb auch später kennzeichnend für die Bundeswehr (6.30 Wrochem, S. 283–300). In ähnlicher Weise entwickelte sich im Osten Deutschlands die Militärgeschichtsschreibung um den früheren Generalfeldmarschall Friedrich Paulus (6.18 Heinemann).

Unter dem Eindruck einer möglichen Wiederbewaffnung Westdeutschlands hob Mitte der Fünfzigerjahre eine reichhaltige Memoirenliteratur an. Große Auflagen erreichte die 1954/55 erschienene Trilogie »08/15« von Hans Hellmut Kirst, die die menschenverachtende Schleiferei beim Kommiss verurteilte. Dagegen entsprach das 1955 erschienene autobiografische Werk des Generalfeldmarschalls a.D. Erich von Manstein »Verlorene Siege« (6.23) dem Empfinden vieler ehemaliger (Berufs) Soldaten: die Wehrmacht als missbrauchtes Instrument der Politik, deren taktisch-operative Erfolge durch den dilettantischen obersten Feldherrn Hitler verspielt worden seien. Dies blieb lange Zeit vorherrschendes Geschichtsbild früherer Wehrmacht- und aktiver Bundeswehrsoldaten: Im Gegensatz zur Waffen-SS habe die Wehrmacht einen »sauberen« Krieg geführt. Gemessen an späteren aktengestützten Erkenntnissen der Geschichtswissenschaft erscheinen diese Darstellungen eher als »Erschriebene Siege« (Wegner in 6.26). Das sich »rein militärisch« gebende militärgeschichtliche Expertentum zielte auf eine Entkontextualisierung der Wehrmacht von ihrem politischen Zweck ab (6.30 Wrochem, S. 293). Solche Vorstellungen wurden auch im Ausland, so vom britischen Militärhistoriker Basil Liddell Hart, verbreitet und wirkten in die Debatte um die Bundeswehr hinein (2.27 Searle).

Militärgeschichtliches Forschungsamt (MGFA) Im Amt Blank war bereits Ende 1951 ein Referat für »Zeitgeschichte und Wehrwissenschaft« vorgesehen. Mit dessen Leiter, Hans Meier-Welcker, verbindet sich die Konzeption einer spezifisch bundesdeutschen Militärgeschichte. Infolge der bislang völlig getrennten Ausbildungs- und Sozialisationsgänge von Offizieren und Universitätshistorikern existierte jedoch nur ein kleiner Personenkreis an qualifiziertem Personal. Meier-Welcker hatte den Krieg als Generalstabsoffizier erlebt und danach ein Promotionsstudium der Geschichte absolviert. In typischer Weise war er im Frühjahr 1952 vom bereits in der Dienststelle Blank tätigen Ulrich de Maizière als Experte für Geschichte und Tradition gewonnen worden und amtierte ab 1957 (bis 1964) an der Spitze der Militärgeschichtlichen Forschungsstelle. Diese nahm ihren Dienstbetrieb 1958 unter der Bezeichnung »MGFA« in der Universitätsstadt Freiburg auf – bewusst abseits politischer Vereinnahmungen aus Bonn. Während Generalinspekteur Heusinger sich von militärgeschichtlichen Studien »Klarheit in Führungs-, Organisations- und Ausbildungsfragen« versprach, warb Meier-Welcker für wissenschaftliche Unabhängigkeit (1.46 50 Jahre, S. 21). Diese zivilkompatible Konzeption entsprach der erwünschten Integration der Streitkräfte in Staat und Gesellschaft. Namentlich die Geschichte des Zweiten Weltkrieges blieb lange zentrales Forschungsgebiet des Amtes.

Vor diesem Hintergrund ist die Methodendebatte um Sinn und Ziel der Militärgeschichte zu sehen. Mitte der Siebzigerjahre wurde die Gewichtungsfrage zwischen operationsgeschichtlicher »Kriegs«- versus politik- und sozialgeschichtlich verzahnter »Militärgeschichte« eindeutig zugunsten letzterer entschieden. Erst ab 1968 stand, wie lange geplant, ein habilitierter Hochschullehrer als leitender Historiker an der Spitze der Wissenschaftler. Nun konnten auch neue Forschungsthemen und -methoden eingeführt werden, nicht zuletzt, weil nun eine Generation nachgewachsen war, die das Verhältnis von Wehrmacht und NS-Unrechtsstaat kritisch und unvoreingenommen beleuchten konnte und wollte. In der universitären Geschichtswissenschaft war im ersten Jahrfünft der Sechzigerjahre mit der »Fischer-Kontroverse« die bis dahin gültige These von der »Kriegsschuldlüge«, die Negation der alleinigen Kriegsschuld des Deutschen Reichs am Ersten Weltkrieg, hinterfragt worden. Dadurch wurde auch die in der Darstellung übliche Grenze zwischen dem verbrecherischen Regime seit 1933 und dem »guten« Kaiserreich durchbrochen. Reine Operationsgeschichte erschien nun in Ermangelung eines etwaigen Anwendungsnutzens als wertlos. Diese drohte auch zu verleugnen, dass sich Krieg und Militär ohne die dahinter liegenden Strukturen von Politik, Gesellschaft, Wirtschaft und Ideologie nicht angemessen darstellen ließen. Der konzeptionelle Klärungsprozess verband sich mit heftigen Kontroversen

(1.46 50 Jahre). Konservative Kritiker befürchteten in den späten Siebziger- und Achtzigerjahren sogar, dass in dem Bundeswehr-eigenen Forschungsinstitut eine Traditions- und Bundeswehr-kritische »rote Zelle« am Werk sei. Die auch innerhalb des Amtes existierenden methodischen und persönlichen Divergenzen mündeten später in einem Kompromiss. Damit bot die Militärgeschichte die gesamtgesellschaftlich wichtige Chance, die Rolle der Gesellschaft und ihrer Soldaten im NS-Regime zu beleuchten. Bis zum Ende der »alten« Bundesrepublik spiegelte die Auseinandersetzung um die Militärgeschichtsschreibung den westdeutschen Vergangenheitsbewältigungskomplex – und damit auch die Debatte um die Tradition der Bundeswehr. (vgl. 1.46 – 1.57)

In den Siebzigerjahren verstärkte das MGFA die Aufgaben der historischen Bildung. Insbesondere seine Wanderausstellungen richteten sich an Personenkreise innerhalb wie außerhalb der Bundeswehr und erreichten so auch den politischen Raum. Es wurden Themenfelder in den Fokus gerückt, die zum Traditionsverständnis passten, etwa »Deutsche jüdische Soldaten 1914–1945« (1981), und Themen zum militärischen Widerstand vom 20. Juli 1944 sowie zur Geschichte der Bundeswehr selbst (1.1 30 Jahre).

Bundesarchiv-Militärarchiv Die Militärgeschichtsschreibung war ursprünglich institutionell mit der Überlieferung des Aktenmaterials verkoppelt. Quellennahe Grundlagenforschung war in der Bundesrepublik anfangs jedoch kaum möglich: Nach Kriegsende hatten die Alliierten das Gros der Wehrmachsdokumente beschlagnahmt. In den Sechzigerjahren wurden viele der Akten militärischer Provenienz nach Deutschland zurückgeführt. 1961 verfügte ein Erlass des Bundesverteidigungsministers die Archivabgabe und ermöglichte so die Erschließung der Bundeswehrüberlieferung. Im Verantwortungsbereich des Bundesinnenministeriums bestand seit März 1950 das Bundesarchiv. Im Rahmen der Ressortabstimmung zwischen Innen- und Verteidigungsministerium wurde ab Mitte 1968 eine Abteilung als »Bundesarchiv-Militärarchiv« nach Freiburg verlegt: eine typisch bundesrepublikanische Lösung, die zwei von der Aufgabenstellung her sich ergänzende Institute forschungsgünstig versammelte, ohne die jeweilige organisatorische Ressorthoheit anzutasten. Um nach der deutschen Einheit Dienststellen der Bundeswehr auch im Osten Deutschlands zu etablieren, verlegte das MGFA seinen Standort im Jahr 1994 nach Potsdam, anders als das in Freiburg verbleibende Bundesarchiv-Militärarchiv. Das nach wie vor mit privilegiertem Aktenzugang ausgestattete MGFA verstärkte in den Neunzigerjahren die Forschungsarbeiten zur Geschichte der Bundeswehr. Im Jahr 1992 erschien ein Aktenfindbuch zum Amt Blank (1.14 Krüger). Die Dokumente zur Bundeswehrgeschichte bis 1970 liegen in einem oft nur teilweise erschlossenen Zustand vor. Die Bestände zur Zeit danach lagern dagegen größtenteils im Zwischenarchiv – soweit sie von den Bundeswehrdienststellen vorschriftsgemäß ausgehändigt und nicht vorsorglich vernichtet worden sind. Nukleare Angelegenheiten unterliegen weiterhin Zugangsbeschränkungen, sofern sie überhaupt in deutschen Archiven lagern. Durch den Archivalienzugang für Historiker, die selbst der Bundeswehr angehören, wird die Forschung zwar erleichtert, doch besteht keine Gewähr für einen vollständigen Einblick in eine noch existierende Organisation. Vieles zur Bundeswehrgeschichte muss damit einstweilen offen bleiben.

Wissenschaftliche Darstellungen

In der zeitgenössischen Literatur über die Bundeswehr dominierte entweder deren Rolle im Rahmen der strategischen Ausrichtung des westlichen Bündnisses oder aber die Einbindung in die Gesellschaft. Somit standen zwei Integrationsfragen im Vordergrund. Dass zwischen beidem ein grundsätzlicher, organisatorisch bedingter Gegensatz bestehen könnte, ist bislang noch nicht ausführlich herausgearbeitet worden. Die militärischen Gliederungsformen, die letztlich ein Ausdruck ebenjener Integrationsforderungen waren, erregten vorrangig das Interesse von militärischen Fachleuten. Die zeithistorische Forschung widmete sich diesem Themenkreis erst seit den späten Neunzigerjahren. Und erst Anfang des 21. Jahrhunderts wurde die Bundeswehrgeschichte durch eine größere Anzahl von Publikationen gewürdigt.

Mit der Gründung des Sozialwissenschaftlichen Instituts der Bundeswehr (SOWI) entstand 1974 eine Einrichtung, die sich auftragsgemäß »modernen Fragestellungen« zuwandte. Das SOWI ging aus dem 1968 in München eingerichteten »Institut für Erziehung und Bildung in den Streitkräften« hervor. Dessen Aufgabe war es gewesen, Lehrpläne für die künftigen Hochschulen der Bundeswehr zu entwickeln. Nach Aufnahme des Lehrbetriebs der beiden Hochschulen im Jahr 1973 wandelte sich das Institut zur Forschungsstätte. Dabei standen zwar empirische Sozialforschung sowie Theorie und Methodenentwicklung im Vordergrund, doch gab das SOWI auch Publikationen zu Geschichte und Gegenwart der Bundeswehr heraus. Somit bieten die Arbeiten des Instituts einen Überblick über die öffentliche Meinung zur Bundeswehr sowie zur Einstellung von Soldaten oder deren Familien, zu Sozialisationsprozessen und Motivationsstrukturen von Jugendlichen und Soldaten sowie einen Gesamtüberblick zum Komplex von »Bundeswehr und Gesellschaft«. Des Weiteren erforschte das SOWI sicherheitspolitische Bedrohungswahrnehmungen, finanzielle Aspekte wie die

Lastenteilung im Bündnis, Militärausgaben und Militärstruktur in Deutschland. Weitere Themenfelder waren Praxis und Wirkung von politischer Bildung in der Bundeswehr, die Entwicklung der parlamentarischen Kontrolle im Zusammenhang mit den Streitkräften und ihrem Inneren Gefüge. Ferner entstanden Studien zum sozialen Profil der Führungseliten, zu Tradition, Militärverwaltung und der Rolle der Kirchen. Aus diesem Forschungsansatz ergaben sich zwangsläufig kritische Fragen an die Bundeswehr, denn dieser Wissenschaftszweig analysierte die gelebte Praxis in den Streitkräften, um Lösungskonzepte zu entwickeln. So konnte das Missverständnis entstehen, die Forschung bezwecke eine pädagogische Kontrolle der Soldaten. Mit dem SOWI – sowie mit dem Fachbereich für Sozialwissenschaften an der Führungsakademie der Bundeswehr – verknüpfen sich somit die Namen von Autoren, die mit pointierten Veröffentlichungen zu den inneren Verhältnissen hervortraten (1.3 Bald; 4.5 Kutz). Kritisch wurden namentlich die Realisierungsgrade der Integrationsanforderungen untersucht, einschließlich der Kontinuität von Eliten, Bildungsmustern und Habitus. Dies rührte an manche wunde Stellen, die offiziell längst überwunden schienen, deren Persistenz dann auch die – nun stärker sozialwissenschaftlich orientierte – Geschichtswissenschaft der Zweitausenderjahre thematisierte. Mitte 2013 wurden SOWI und MGFA zum »Zentrum für Militärgeschichte und Sozialwissenschaften der Bundeswehr« (ZMSBw) fusioniert.

Im Jahr 1955, unmittelbar vor seiner Überführung in das Bundesministerium der Verteidigung, veröffentlichte das Amt Blank die kleine Schrift »Vom künftigen deutschen Soldaten« (1.65). Dem folgten das ab 1957 mehrfach aufgelegte »Handbuch Innere Führung« (1.62) sowie das politikwissenschaftlich-ethische Reihenwerk »Schicksalsfragen der Gegenwart« (1.64). Bezeichnenderweise ging die Zahl der herausgegebenen Schriften in den frühen Sechzigerjahren zunächst zurück – eine Folge der Aufbaukrise. Den dieser Umbruchphase geschuldeten Kommunikationsbedürfnissen kam 1966 der Sammelband »Armee gegen den Krieg« (1.2) entgegen, fünf Jahre später die Monografie »Armee in der Demokratie« (6.8 Ilsemann). Die seit 1969 mit kurzer Unterbrechung regelmäßig erscheinenden Weißbücher geben einen Einblick in den offiziellen Entwicklungs- und Planungsstand während der sozialliberalen Koalition und der Regierung Kohl (1.67 – 1.73). Augenfällig war die Aussparung der sicherheitspolitischen Entscheidungsphasen während der NATO-Nachrüstungsdebatte bis 1983 und dann der Ära Gorbačëv (bis 1994). Auch die Weißbuch-freien ersten zwei Jahrzehnte der Bundeswehr erscheinen als Orientierungsphase; schließlich bedürfen sie als offizielle Dokumente der Regierungspolitik einer vorherigen Ressortabstimmung. Ebenfalls als offiziöse Publikation zu werten ist das von Hubert Reinfried und Hubert F. Walitschek herausgegebene Reihenwerk »Die Bundeswehr. Eine Gesamtdarstellung« (1.74 – 1.85) – als zeitgebundene Arbeitsgrundlage für die in ihrem Normengefüge Beschäftigten und als zuverlässige Faktengrundlage des um 1980 erreichten Sachstandes. Dabei kennzeichnet es die rechtlich-administrative Darstellungsperspektive, dass nur einer von dreizehn Bänden sich den Streitkräften selbst widmet.

Anfang der Siebzigerjahre erfolgten erste Konzeptionen zu einer »Entstehungsgeschichte der Bundeswehr« im MGFA. Auf die 1975 erschienene Überblickspublikation zum 20-jährigen Bestehen folgte zehn Jahre später die Begleitschrift der Wanderausstellung zum 30-jährigen Bundeswehrjubiläum – beide mit dem bezeichnenden Titelzusatz »im Bündnis« (1.9 Verteidigung; 1.1 30 Jahre). Eine aktengestützte Grundlagenforschung war anfangs nur über die »Militärgeschichte ohne Militär« der Zeit von 1950 bis 1955 möglich. Die Reihe »Militärgeschichte seit 1945« bildete ab 1975 die Basis für die Publikation erster Ergebnisse, etwa zu den deutschen Dienstgruppen der Westalliierten (1.22 Borgert/Stürm/Wiggershaus), zur Europäischen Verteidigungsgemeinschaft (1.23 Volkmann/Schwengler), zur frühen NATO (1.24 Wiggershaus/Foerster), zur europäischen versus atlantischen Sicherheitsintegration (1.26 Harder) sowie zu den Spannungsfeldern von Sicherheits- und Deutschlandpolitik (1.27 Thoß/Volkmann). Die Monografie zum Amt Blank (1.13 Krüger) von 1993 bietet nach wie vor einen konzisen Überblick über die Vor- und Gründungsgeschichte der Bundeswehr. Zwischen 1982 und 1997 folgte die Publikation des wissenschaftlichen Großprojekts »Anfänge westdeutscher Sicherheitspolitik« (AWS, 1.17 – 1.20) als immer noch ausführlichste Gesamtdarstellung zur Zeit zwischen 1950 und 1956. Im Jahr 1995 erschien zum 40-jährigen Bestehen der Bundeswehr ein Kaleidoskop aus wissenschaftlichen Beiträgen und Zeitzeugenberichten (1.11 Schmidt/Thoß).

Bezeichnenderweise veröffentlichten just gegen Ende der »alten Bundeswehr« einige vormalige Spitzenmilitärs ihre Autobiografien. Die für das Funktionieren des Hauses auf der Hardthöhe völlig unverzichtbaren verbeamteten oder parlamentarischen Staatssekretäre blieben dagegen weitgehend außerhalb des Rampenlichtes, genauso wie die mächtigen zivilen Spitzenbeamten. Erst jüngste Publikationen integrieren beide Felder (2.8 Kilian). Die weltgeschichtliche Zäsur von 1989/90 hat ohne Zweifel zur Historisierung der Bundeswehr beigetragen. Gleichzeitig zog die in den Ruhestand versetzte Generation der Gründerväter ihre Lebensbilanz. Eine solche verfasste bereits 1977 der um eine Selbststilisierung nicht verlegene Hans Speidel (2.18). Kurz darauf, im Jahr 1982, legte Gerd Schmückle seine in liberalem Duktus gehaltenen Erinnerungen vor (2.16). Die 1989, ein Jahr nach seinem Tod, veröffentlichten Erinnerungen Strauß' (2.19) vermitteln ein plastisches Bild von dessen Wirken als Verteidigungsminister. Ihnen folgte im selben Jahr ein sich pflichtbewusst gebendes Resümee Ulrich de Maizières (2.11). Die nachvollziehbare Absicht, sich für erlittenes Unrecht zu rechtfertigen, verfolgte Günter Kießling im Jahr 1993 (2.6). Anlässlich des 90. Geburtstages von Bundeswehr-Gründungsvater Heusinger erschien 1987 eine offiziöse Schrift, die 1997 durch eine kurze und 2001 durch eine ausführliche (2.1 ; 2.12 ; 2.13 Meyer) Biografie ergänzt wurde. Für alle drei Publikationen ist es – pars pro toto – bezeichnend, dass die Wehrmachtvergangenheit des Protagonisten diffus blieb. Jüngere biografische Studien bieten verschiedene Zugänge zur Person Wolf Graf von Baudissins (2.20 Schlaffer/Schmidt), Johann Adolf Graf Kielmansegg (2.4 Feldmeyer/Meyer) und Ulrich de Maizières (2.21 Zimmermann). Diese neueren Ansätze vermitteln deutlich kritischere Einblicke in Kontinuitäten und Wandlungsprozesse des Spitzenpersonals der Bonner Republik.

Auch die Schreib- und Forscherstuben in der DDR arbeiteten an Publikationen zur Bundeswehr. In der Hochphase des Kalten Krieges veröffentlichte das DDR-Außenministerium 1958 ein »Weißbuch über die aggressive Politik der Regierung der Deutschen Bundesrepublik« (1.86). Das Militärgeschichtliche Institut der DDR kennzeichnete die Bundeswehr im Jahr 1971 als »Schaltzentrum der Aggression« (1.88), um im letzten Jahr der DDR einen zwar im antiimperialistischen Duktus gehaltenen, aber faktenreichen Überblick über die »Militärgeschichte der BRD« (1.87) zu geben.

Das Ende des Kalten Krieges und die damit verbundene deutsche Einheit ermöglichte einen freieren Aktenzugang, der in die Publikationen im Rahmen des Nuclear History Programs mündete. Hier stand die strategische Orientierungsphase zwischen 1956 und 1969 im Fokus. Aus Sicht aktengestützter Forschung und des hochrangigen Zeitzeugen erschien 1992 ein Abriss über die Implikationen des »Strategiewechsels« (8.22 Steinhoff/Pommerin). Nachfolgende Bände der Reihe widmeten sich der bundesdeutschen nuklearen Teilhabe einschließlich der politischen Mitbestimmung und den Einsatzverfahren (8.23 Hoppe; 8.24 Haftendorn; 8.25 Gablik; 8.26 Tuschhoff).

Die in den Achtzigerjahren umstrittene Frage nach den Kontinuitäten zwischen Wehrmacht und Bundeswehr spiegelte die kritische Ausstellung des Hamburger Instituts für Sozialforschung (HIS) zu den »Verbrechen der Wehrmacht« (3.10 Vernichtungskrieg; 3.11 Eine Ausstellung). Deren anfängliche Fassung zeigte mit eindringlichem Bildmaterial die »Verstrickung« der Wehrmacht in den Vernichtungskrieg auf. Dies führte neben Zustimmung auch zu erregten Kontroversen in der nun gesamtdeutschen Öffentlichkeit. Eine quellenkritisch überarbeitete Version (3.12 Verbrechen) verband sich mit weiteren Forschungen zur Nachkriegsgeschichte (3.14 Naumann). Zweifellos hat die Ausstellung die wissenschaftliche Erforschung militärgeschichtlicher Themenkreise angeregt. Auf der Grundlage dieses Forschungsstandes hat sich die Diskussion in den Zweitausenderjahren versachlicht. Die vom HIS anschließend untersuchte Geschichte des Kalten Krieges in seinem globalen Kontext thematisierte die Bundeswehr zwar kaum direkt (3.16 – 3.22); doch zeigen die Studien zu Krisen, Ökonomie, Bedrohungswahrnehmungen und wissenschaftlich-geistiger Verarbeitung dieses Konfliktes die Beziehungsfelder, in denen sie verortet werden muss. Das Operieren am Rand nuklearer Einsatzszenarien bietet auch hier die Folie für Kontinuitäten und Wandlungsprozesse im 20. und beginnenden 21. Jahrhundert.

Erst das fünfzigste Jubiläumsjahr war Anlass zu umfassenden Publikationen zum Thema Bundeswehr im eigentlichen Sinn. Neben journalistischen Überblicksdarstellungen (1.4 Clement/Jöris) bot dies erneut Gelegenheit, um unterschiedliche Wahrnehmungen kompakt einem breiteren Publikum darzulegen: vom konservativ geprägten, chronikartigen Nachschlagewerk, das die Bundeswehr als »geduldete Armee« kennzeichnet (1.8 Range) bis zu einer Traditionsüberhängen gegenüber »kritischen Geschichte« (1.3 Bald). Auf Grundlage weiterer zugänglicher Akten präsentierte das MGFA anlässlich der Jubiläumsjahre 2005/06 Publikationen zur Strategie (1.38 Thoß; 8.16 Krüger) und zur Geschichte der drei Teilstreitkräfte (1.29 Hammerich; 1.31 Lemke; 1.34 Sander-Nagashima). Während die Betrachtungszeiträume dieser Studien um 1970 endeten, beleuchteten zwei Sammelbände die gesamte Bandbreite der zum 50-jährigen Bestehen der Bundeswehr verfügbaren Forschung (1.5 Nägler; 1.6 Bremm/Mack/Rink). In kurzer Folge wurden sodann Infrastruktur, Innere Führung, der Wehrbeauftragte sowie das nach außen vermittelte Bild im Spiegel der Nachwuchswerbung beleuchtet (1.36 Schmidt; 1.33 Nägler; 1.35 Schlaffer; 1.32 Loch). Während ein Abriss über die Panzergrenadiere eine Bundeswehr-typische Truppengattung des Heeres beleuchtet, wird die Frage nach dem »Sonderfall Bundeswehr« im internationalen Vergleich erörtert (1.28 Deinhardt; 1.37 Möllers/Schlaffer). Publikationen zur Spitzengliederung (R. Schlaffer), zur NATO-Eingreiftruppe (3.9 Lemke) sowie zum Sanitätsdienst (R. Vollmuth) sind in Vorbereitung; ferner ist ein Reihenwerk zur vergleichenden Bundeswehr- und NVA-Geschichte im politisch-gesellschaftlichen Kontext der Siebziger- und Achtzigerjahre angelaufen. Nur unter Rückbezug auf die »alte Bundeswehr« ist zudem die Geschichte der Auslandseinsätze nach 1990 möglich (9.1 Chiari; 1.39 Chiari/Pahl). Neben den faktenreichen biografischen Kompendien zur Bundeswehrelite (2.7 , 2.8 Kilian) stehen mittlerweile Studien zu den

Generationsprofilen von Soldaten im Vordergrund. Der bisher eher eindimensionale Gegensatz von »rückwärtsgewandten« Traditionalisten und »modernen« Reformern (1.3 Bald; 4.5 Kutz; 4.7 Wehler) weicht in jüngerer Zeit einer differenzierteren Betrachtung: so in der Studie zu »Generalen in der Demokratie« (3.15 Naumann), der Publikation zu den Generationen kriegsgedienter Offiziere (6.3 Pauli) und der Dienstgrad-übergreifenden Darstellung der »Militärischen Aufbaugenerationen« (1.32 Hammerich/Schlaffer).

Nach wie vor stehen die ersten beiden Bundeswehrjahrzehnte im Fokus der Forschung. Dies gilt auch für die jüngeren Publikationen zu den Einsatzszenarien. Diese zeigen indessen, im Gegensatz zu Publikationen *vor* der Epochenschwelle 1989/90 (1.67 – 1.73 Weißbücher; 1.2 von Raven; 8.12 Würzbach), in welcher Weise das nukleare Waffeninstrumentarium auch in der späteren Phase des Kalten Krieges eine Rolle spielte (8.10 Krüger/Hoffenaar; Hammerich in 1.6 , 8.3 und 1.37 ; 8.3 Krüger). Inwieweit das strategische Dilemma der Bundesrepublik zwischen (lückenhafter) Abschreckung und prospektiver Selbstzerstörung zu lösen war, bleibt umstritten (8.16 Krüger versus 1.38 Thoß). Dass aber die Strategie der Abschreckung um 1980 auch zur Selbstabschreckung in der eigenen Bevölkerung beitrug, zeigen neuere Studien (8.21 Gassert/Geiger/Wentker; 3.19 Greiner/Müller/Walter). So wenig die beiden letzten Jahrzehnte der nun etablierten Bundeswehr in hellem Licht erscheinen, bestehen mit querschnittlich angelegten Studien zur Geschichte der Luftwaffe (5.1 Birk/Möllers/Schmidt; 5.2 Birk/Möllers/Schmidt), zur Tradition (6.29 Birk/Heinemann/Lange; 6.31 Zander), zum Ende des Ost-West-Konfliktes (1.44 Bange/Lemke) sowie mit dem kompakten Vergleich zwischen NATO und Warschauer Pakt (8.17 Krüger) und dem Konnex von Strategie und Operationsplanungen am Beispiel des »Fulda Gap« mitsamt deren alltagskulturellen Verarbeitung (8.3 Krüger) dennoch gesicherte Grundlagen für einen vollständigen Abriss der vier Jahrzehnte von 1950 bis 1990 zur Verfügung. Auch in diesem Überblickswerk steht die Anfangs- und Aufbauzeit zwischen 1950 und 1970 im Zentrum der Betrachtung. Hier wurden die entscheidenden Weichen gestellt, die bis in die Achtzigerjahre maßgeblich blieben. So dynamisch sich auch die Reife- und Spätphase der »alten Bundeswehr« darstellt: Manche Gestaltungsfelder entpuppten sich bei näherem Hinsehen als Wiedergänger älterer Debatten in neuem Gewand.

Epochenübersicht

Die Bundeswehr im Kalten Krieg

Dem Kalten Krieg verdankte die Bundesrepublik ihre Gestalt und die Bundeswehr ihre Existenz. Der in der Forschung umstrittene Begriff »Kalter Krieg« ist erklärungsbedürftig. Denn schließlich war dieser Großkonflikt einerseits, global gesehen, keineswegs »kalt«. Andererseits, bezogen auf Europa und Deutschland, war diese Auseinandersetzung kein »Krieg«. Und die Entspannungsphasen in den Sechziger- und vor allem seit den Siebzigerjahren werfen die Frage auf, ob denn von »Kaltem Krieg« noch die Rede sein könne (1.44 Bange/Lemke). Allerdings hält – bei entsprechender Differenzierung – die einschlägige Literatur an dieser Begrifflichkeit weiter fest (3.29 Stöver; 8.11 Krüger; 8.21 Gassert/Geiger/Wentker). Ein eurozentrischer und euro-atlantischer Standpunkt prägte die Weltsicht der bundesrepublikanischen Eliten. Diese konzentrierte sich auf die Kräfteverhältnisse in der Mitte des 20. Jahrhunderts im Zentrum Mitteleuropas. Als dort die Mauer fiel, endete mit dem Kalten Krieg auch der Daseinsgrund für die »alte Bundeswehr«. Der Kalte Krieg war die Auseinandersetzung der beiden Siegermächte des vorangegangenen Konfliktes. In der seit dem Ersten Weltkrieg bestehenden Dreierkonstellation – »Faschismus«/Nationalsozialismus, Marxismus-Leninismus und westlich-liberale Demokratie – hatte das nationalsozialistische Deutschland im Jahr 1941 mit dem Krieg gegen UdSSR und USA die Anti-Hitler-Koalition selbst erzeugt. Fortan gehörte es zu den Konfrontationsmustern des Ost-West-Konfliktes, die jeweils andere Seite in die Kontinuität zum Nationalsozialismus zu rücken. Der Riss in der Anti-Hitler-Koalition trat schon bei der Potsdamer Konferenz im Juli und August 1945 angesichts der asymmetrisch verteilten »Früchte des Sieges« (Winston Churchill) zutage. Dem folgte das westliche Bestreben nach Eindämmung der sowjetischen Expansion, die ihrerseits ein Nebenprodukt der Befreiung Ost- und Ostmitteleuropas gewesen war. Der Währungsreform im Westen Deutschlands folgte die Berlinblockade 1948/49. Von nun an fror der Ost-West-Gegensatz zum Kalten Krieg ein, begleitet von nochmaligen Zuspitzungen in Gestalt der Krisen am Suezkanal und in Ungarn im Oktober 1956, der im November 1958 beginnenden Berlinkrise mit ihrem Höhepunkt des Mauerbaus am 13. August 1961 und der Kubakrise im Oktober 1962. Überlagert vom thermonuklearen Gleichgewicht des Schreckens gründete sich der Ost-West-Konflikt gleichermaßen auf die beiderseits implizit anerkannten Einflusssphären der Supermächte in Europa und auf die Möglichkeit eines »heißen« Aufbrechens des Konfliktes.

Die Wahrnehmung des Kalten Krieges prägte das Denken in der Bundeswehr und über sie. Auch die Forschungsparadigmen über den Kalten Krieg spiegeln einen Teil der Ideengeschichte der Bundeswehr wider, denn die Geistes- und Sozialwissenschaften selbst waren Teil des Kalten Krieges (3.21 Greiner/Müller/Weber; 3.26 Westad; vgl. 3.23 – 3.25 Gaddis). Entsprechend seiner mannigfachen Verschränkungen tritt der Ost-West-Konflikt in globaler, ideologischer, (geo)politischer und militärischer Dimension hervor – mit starken Rückbindungen an Wirtschaft, Kultur und Wissenschaft (3.28 Soutou; 8.17 Krüger). Zudem erweist sich der Kalte Krieg als selbstreferenzielles System: als Ursache seiner selbst. Er konnte erst beendet werden, »als das Gesamtsystem in Frage gestellt wurde« (3.29 Stöver, S. 466). Die Kombination der beiden Aspekte »Krieg/Konflikt« und »kalt/einfrieren« trug den Ost-West-Konflikt in nicht originär militärische Sphären hinein. Durch diese Erweiterung wurde die Auseinandersetzung gleichzeitig eingefroren, in Gang gehalten und entgrenzt. Damit verbanden sich Legitimations- und Freiheitsvorstellungen mit teils quasi-religiösem Anstrich. Konfligierende Vorstellungen vom »Way of Life« (so die Truman-Doktrin) erweiterten den Konflikt zum global ausgetragenen »kalten Bürgerkrieg« (vgl. 1.62 Handbuch; 1.33 Nägler). Dies widerspiegelte die von Kurt Schumacher aufgeworfene und von Adenauer modifizierte Magnet-Theorie: Eine wirtschaftlich und sozialpolitisch prosperierende Bundesrepublik sollte die Menschen im Osten Deutschlands anziehen. Die Berliner Mauer richtete sich genau dagegen. Wie die militärische Hochrüstung gehörten Reise- und Freiheitsbeschränkungen zum System: Zusammen mit beidem endete der Kalte Krieg.

Planungszeit und Aufbau 1948 bis 1956

Beginnender Ost-West-Konflikt Mit der bedingungslosen Kapitulation des Deutschen Reiches in Reims und Berlin-Karlshorst am 8./9. Mai 1945 endete die deutsche Staatsgewalt. Am 30. August 1945 konstituierte sich der Alliierte Kontrollrat als gemeinsames Vollzugsorgan der vier Besatzungsmächte USA, Sowjetunion, Großbritannien und Frankreich. Die Spannungen zwischen den sich abzeichnenden Blöcken kam am 17. März 1948 zum Ausdruck, als sich Frankreich, Großbritannien und die Benelux-Staaten im Brüsseler Vertrag zur Westunion zusammenschlossen. Die gegenseitige Beistandspflicht richtete sich gegen Deutschland, aber auch gegen die Sowjetunion; gerade Frankreich blieb diesbezüglich lange ambivalent. Drei Monate später übernahmen die drei westlichen Besatzungsmächte ihre Verantwortung als Schutzmächte für West-Berlin und Westdeutschland: Mit dem Austritt des sowjetischen Militärgouverneurs aus dem Alliierten Kontrollrat am 20. März 1948 endete faktisch die Viermächtekontrolle über Deutschland. Anlass war die geplante Währungsreform für die drei Westzonen, die am 20. Juni 1948 in Kraft trat. Zwei Tage zuvor begann die sowjetische Berlinblockade, acht Tage später die westliche Luftbrücke.

Mit dem am 4. April 1949 in Washington unterzeichneten Nordatlantikvertrag entstand eine politische Sicherheitsorganisation, deren Institutionen noch lange Zeit für ihren Aufbau benötigten (3.7 Gersdorff). Anders als in früheren Bündnissystemen waren hier Mitspracherechte der kleineren Partner nicht dem Primat rein militärischer Logik untergeordnet; das Bündnis wirkte vielmehr »Sicherheits-politisch«. Die Bindung Nordamerikas an Europa war Voraussetzung für die weitere westdeutsche Sicherheitspolitik. Umgekehrt verfügten die westeuropäischen Staaten über das militärische Potenzial, das die Position der USA in Europa zu stärken versprach. Da Frankreich, aber auch Großbritannien und die Niederlande in Dekolonialisierungskonflikten verstrickt waren, kam es nun besonders auf die Bundesrepublik an. Noch während der bis zum 12. Mai 1949 bestehenden östlichen Blockade von und westlichen Luftbrücke für Berlin vollzog sich die Konstituierung der Bundesrepublik. Basis für die Bildung eines westdeutschen Teilstaates waren die Londoner Empfehlungen vom 1. Juli 1948. Diese gaben als Frankfurter Dokumente den Weg zur Gründung des westdeutschen Staates frei. Das vom Verfassungskonvent auf Herrenchiemsee entworfene Grundgesetz wurde am 8. Mai 1949 vom Parlamentarischen Rat in Bonn verabschiedet. Nach Zustimmung der Landtage wurde es am 23. Mai 1949 verkündet. Das Besatzungsstatut vom 4. April 1949 verknüpfte die weitgehende Teilsouveränität mit fortbestehenden Vorbehaltsrechten. Auswärtige und sicherheitspolitische Angelegenheiten nahm Adenauer selbst wahr.

Westbindung, Verteidigungsbeitrag und Souveränität Als Konrad Adenauer am 21. September 1949 den auf dem Petersberg über Bonn residierenden Hohen Kommissaren sein gerade gebildetes erstes Kabinett der Bundesrepublik Deutschland vorstellte, unterlief ihm ein kalkulierter Formfehler: Selbstbewusst betrat er den Teppich, auf dem ihn die drei Vertreter der Besatzungsmächte erwarteten – auch nonverbal bekundete er seinen Anspruch auf Mitsprache. Sein Kurs der Westbindung stand in grundsätzlichem Gegensatz zu einer anderen Alternative: der Wiedervereinigung der beiden deutschen Staatsgebilde. Letztere war in den frühen Fünfzigerjahren das Ziel der sozialdemokratischen Oppositionspartei. Deren charismatischer Vorsitzender, der von Erstem Weltkrieg und KZ-Haft schwer gezeichnete Kurt Schumacher, beschimpfte Adenauer in der Bundestagsdebatte am 24./25. November 1949 als »Bundeskanzler der Alli-

▲ Abb. 1: Die Bundeswehr strebte nach allseitiger Integration: Erstens war sie eng eingebunden ins westliche Bündnis, zweitens verfolgte sie das Ziel einer Gesamtstreitkräftelösung. Drittens unterstand sie, dem Stichwort »civil control« folgend, dem Primat der Politik. Viertens stand sie als Wehrpflichtarmee im ständigen Austausch mit der Gesellschaft. Das Konzept vom Staatsbürger in Uniform prägte ihre Geschichte. Im Bild: Staatsbürger in Uniform und in Zivil beim Flugtag am 29. Oktober 1959 an der Tragfläche einer Piaggio 149 D.

Bundeswehr

▸ Abb. 2: Die Bundeswehr wurde zur »Bündnisarmee par excellence« (Eckart Conze). Im Bild: Werbeplakat für die NATO-Mitglieschaft der Bundesrepublik, um 1956.

BArch, Plak 005-042-012

ierten«. Der gleichermaßen antikommunistische und westlich orientierte Kurs Adenauers blieb Bedingung für die Wiederbewaffnung (4.9 Winkler, S. 126). Die ersten Schritte erfolgten verborgen oder im Halbschatten – unter geräuschloser Einbindung der Besatzungsmächte, später der politischen Opposition und zuletzt der Öffentlichkeit. Mit Inkrafttreten des Besatzungsstatuts am 20. September 1949 wurden die Militärgouverneure zu Hohen Kommissaren. Am 22. November 1949 legte das Petersberger Abkommen die Einstellung der Demontagen sowie die Schaffung der Internationalen Ruhrbehörde fest. Dies war die Grundlage für die am 18. April 1951 gebildete Europäische Gemeinschaft für Kohle und Stahl. Sie wurde zum Vorbild für die Europäischen Gemeinschaften, die am 25. März 1957 mit den Römischen Verträgen entstanden. Die gemeinsam von der Bundesrepublik, Frankreich, Italien und den Beneluxstaaten etablierten Institutionen von Europäischer Wirtschaftsgemeinschaft, Europäischer Atomgemeinschaft (EURATOM) sowie dem Vorläufer des Europäischen Parlaments trugen zwar allesamt ziviles Gewand, besaßen aber eine sicherheitspolitische Dimension: Die Einbindung der Bundesrepublik und deren Verzicht auf Souveränitätsrechte folgte der Formel »Sicherheit durch Integration« (3.6 Krüger). Integration war der Preis für den Gewinn westdeutscher Teilsouveränität – allerdings verzichteten dafür auch die Bündnispartner auf eigene Souveränitätsrechte zugunsten des Bündnisses. Die westdeutsche Wiederbewaffnung verkoppelte die Westbindung mit einem möglichst zivilen Auftreten. Auch auf diesem Kalkül beruhten die anhebende westdeutsche Europabegeisterung und die später meist bereitwillig akzeptierte »Westernisierung« in der Alltagskultur. Im Gegensatz zu seinem östlichen Gegenstück war das westliche Bündnis zudem vordergründig durch weniger Kohäsion gekennzeichnet. Langfristig gewährleistete aber gerade dieser institutionalisierte Interessenausgleich politische Anpassungsfähigkeit und Legitimität gegenüber seinen Mitgliedsstaaten und -gesellschaften.

Personelle Netzwerke, Zentrale für Heimatdienst Noch vor der Formierung eines westdeutschen Staates dachten frühere höhere Wehrmachtoffiziere über einen militärischen Beitrag Westdeutschlands nach. Diese Gespräche konnten nur über inoffizielle persönliche Netzwerke eingefädelt werden. Hierbei spielten frühere Generalstabsoffiziere der Operationsabteilung im Oberkommando des Heeres eine entscheidende Rolle, namentlich die Gruppe um die Generalleutnants a.D. Speidel und Heusinger. Als Anfang Fünfzigjährige (beide Jahrgang 1897) konnten sie auf weitere Betätigungsmöglichkeiten hoffen. Bereits Ende der Vierzigerjahre erörterte Speidel auf verschiedenen Zusammenkünften einen etwaigen deutschen Verteidigungsbeitrag. Seine militärpolitischen Ansichten ergänzten sich mit den operativen Einschätzungen Heusingers, der seine Kenntnisse über die sowjetische Bedrohungslage in der »Organisation Gehlen« aufgefrischt hatte. Speidel sah bereits 1948 westeuropäische Bündnisstreitkräfte von 25 Panzerdivisionen vor, davon 15 deutsche. Ferner formulierte er Prämissen, die später die Gestalt der westdeutschen Armee bestimmen sollten: konsequente Integration ins westliche Bündnis auf der einen Seite, eigenständige Großverbände auf der anderen. Auf Vermittlung des verteidigungspolitisch engagierten Bundeswohnungsbauministers Eberhard Wildermuth erreichte den Bundeskanzler am 7. August 1950 eine erste Denkschrift: Diese bot Stoff für Adenauers Gespräche mit den Hohen Kommissaren und belegt gleichzeitig, dass die Zielsetzung, westdeutschen Souveränitätszuwachs an einen militärischen Beitrag zu koppeln, bereits vor der Himmerod-Tagung bestand (1.12 Loch/Keßelring). Am 24. Mai, dem Tag nach Verkündung des Grundgesetzes und Konstituierung der Bundesrepublik, ernannte der Bundeskanzler auf britische Empfehlung den General der Panzertruppe a.D. Gerhard Graf von Schwerin zu seinem Sicherheitsberater. Zu dessen später unter dem Namen »Zentrale für Heimatdienst« firmierendem Arbeitsstab zählten einige wenige Mitarbeiter, die er aus seiner Zeit als Truppenführer kannte. Der Stab unterstand dem Kanzlervertrauten für auswärtige Fragen Herbert Blankenhorn. Buchstäblich unter dem Dach des Kanzleramts residierend, ohne Etat und direktes Vortragsrecht, herrschten insgesamt unklare Arbeitsverhältnisse. Schwerin prüfte Maßnahmen zur Zivilverteidigung und gegen »Subversion« aus dem Osten sowie eine Personalauswahl künftiger Sicherheitskräfte, etwa in Form eines »Säuberungsausschusses« für NS-belastete höhere Offiziere. Zudem plante er eine Polizeiformation als Gegengewicht zur paramilitärischen Volkspolizei in der Sowjetischen Besatzungszone und späteren DDR. Am 18. Juli 1950 genehmigte die Alliierte Hohe Kommission eine 12 000 Mann starke westdeutsche kasernierte Bereitschaftspolizei. Weiterführende Pläne sahen eine Schutzpolizei von bis zu 60 000 Mann vor – möglicherweise als Basis für eine Armee.

Himmeroder Tagung Der Überfall nordkoreanischer Truppen auf den Süden des geteilten Landes am 26. Juni 1950 veränderte die Lage grundlegend, denn die Bundesrepublik erschien in einer ähnlichen Lage wie das anfangs beinahe gänzlich »überrannte« Südkorea. Das beträchtliche Ungleichgewicht konventioneller Kräfte in Mitteleuropa zwischen Ost und West erhöhte die Bereitschaft der westlichen Mächte, einen westdeutschen Sicherheitsbeitrag zu akzeptieren, ja zu fordern. Darüber hinaus kurbelte der Konflikt in Ostasien das bundesrepublikanische »Wirtschaftswunder« an (7.1 Abelshauser): Die westdeutsche Exportwirtschaft profitierte vom kriegsinduzierten Nachfrageboom. Dieser verlieh der Bundesrepublik Legitimität, versöhnte viele mit der Westbindung und der damit verbundenen Wiederbewaffnung. Auf Vermittlung seines früheren Vorgesetzten Heusinger wurde Oberst a.D. Kielmansegg Anfang Oktober 1950 Sekretär Schwerins und damit Organisator einer geheimen Expertentagung zum westdeutschen Sicherheitsbeitrag. Die ursprünglich für August 1950 geplante Sitzung wurde wegen der Bündnisverhandlungen der NATO-Staaten im September verschoben – noch galt es, jedes Zeichen deutscher Eigenmächtigkeit zu vermeiden. Die Tagung fand nun vom 6. bis 9. Oktober im Eifelkloster Himmerod statt. Den Vorsitz führte der für eine aktive Verwendung inzwischen zu alte Generaloberst a.D. Heinrich von Vietinghoff-Scheel. Die zuvor im Kanzleramt und in der Zentrale für Heimatdienst namentlich benannten Sicherheitsexperten planten Umrisse eines »Deutschen Kontingents«. Fünf Ausschüsse erörterten dessen militärpolitische Grundlagen, operative Lage, Organisation, Ausbildung und Inneres Gefüge. Während Blankenhorn und Schwerin nur am Rande anwesend waren, dominierten Speidel und Heusinger die Veranstaltung. Ergebnis war die »Denkschrift über die Aufstellung eines deutschen Kontingents im Rahmen einer internationalen Streitmacht zur Verteidigung Mitteleuropas«, die Himmeroder Denkschrift.

Der Ausschuss für die militärpolitischen Grundlagen formulierte Bedingungen der Deutschen an ihre künftigen Verbündeten und an die eigene Politik – sie entsprachen früheren Denkschriften Speidels teils wörtlich. Wesentlich sei eine militärische Gleichberechtigung durch eigenständige »moderne« Verbände und das Ende jeder »Diffamierung« deutscher Soldaten. Gleichzeitig aber wurde der Primat politischer Führung klar postuliert. Unter dem Dach einer zivilen Spitze sahen die Experten eine komplexe Spitzengliederung vor. Die Forderung nach klarer Trennung von Polizei und Militär beinhaltete die Absage an die Planungen Schwerins. Gegen alliierte Vorstellungen einer infanteristischen Grenztruppe richtete sich die Forderung nach einer panzerstarken Gliederung. In der selbstbewussten Weigerung, leichtbewaffnetes »Kanonenfutter« zu stellen, verbanden sich operative Vorstellungen mit dem Anspruch auf politische und psychologische Rehabilitation. Hinzu kam die Forderung nach Verteidigung des gesamten Bundesgebietes – und nicht erst am Rhein. Die Erörterungen zur Luftwaffe konzentrierten sich auf die Flugabwehr, die zur Marine auf den Küstenschutz zur Sicherung der Ostseeausgänge. Die enge Anlehnung an die westlichen Bündnispartner zeigt der explizite Verweis auf die alliierte Aufbauhilfe bei Ausrüstung und Ausbildung. Als Aufstellungszeitraum setzten sich die Tagungsteilnehmer die optimistische Frist bis 1952. Streitkräfte binnen dreier Jahre aufzubauen, blieb bis 1956 Ziel der Planer. Das markant Neue der Himmeroder Denkschrift resultierte aus den kontroversen Diskussionen innerhalb des Allgemeinen Ausschusses über das Innere Gefüge, insbesondere zwischen dessen Vorsitzenden, dem mit Speidel und Heusinger eng verbundenen General a.D. Hermann Foertsch (dem älteren Bruder des späteren zweiten Generalinspekteurs der Bundeswehr Friedrich Foertsch) und Baudissin. Als Sekretär des Ausschusses arbeitete Kielmansegg die Denkschrift aus. Dagegen fiel Schwerin der unklaren Lage – und wohl Speidels Intrigen – zum Opfer. Adenauers Sicherheitsbeauftragter, der ohnehin wenig in der Gunst seines Herrn stand, musste seinen Posten am 26. Oktober infolge einer ungeschickten Presseäußerung räumen. Zuvor segnete er Kielmanseggs Dokument ab, das am 2. November an den Kanzler gelangte. Bereits am 17. Oktober 1950 war Blank als Sicherheitsberater installiert worden.

Ehrenerklärung und Kritik Innenpolitisch begann sich schon im Oktober 1950 Widerstand gegen eine etwaige »Remilitarisierung« zu formieren. Aus den vermehrt an die Öffentlichkeit tretenden Soldatenverbänden erhoben sich Stimmen, die sich im Sinne eines »ohne mich« äußerten, solange sich noch frühere Kameraden in Kriegsgefangenschaft befanden. Auch pazifistische Strömungen, etwa aus der gesamtdeutsch ausgerichteten evangelischen Kirche, kritisierten die Adenauersche Politik. Bundesinnenminister Gustav Heinemann reichte am 9. Oktober 1950 mit Eklat seinen Rücktritt ein. Sein weiterer Weg markiert die sich bildende politische Opposition zur Wiederbewaffnung: vom Austritt aus der CDU über die Gründung der Gesamtdeutschen Volkspartei (1952) zum Sprecher gegen eine Nuklearbewaffnung der Bundeswehr (1957/58), danach – nun SPD-gestützt – als Bundesminister und schließlich Bundespräsident (1969–1974). Demgegenüber erklärte der Kölner Kardinal Joseph Frings den Kriegsdienst für sittlich erlaubt. Am 11. November 1950 wurde im Bundestag kontrovers über den westdeutschen Wehrbeitrag debattiert.

»Ehrenerklärung«

Bundeskanzler Konrad Adenauer vor dem Deutschen Bundestag am 3. Dezember 1952:

Wir möchten heute vor diesem Hohen Haus im Namen der Regierungen erklären, daß wir alle Waffenträger unseres Volkes, die im Rahmen der hohen soldatischen Überlieferungen ehrenhaft zu Lande, zu Wasser und in der Luft gekämpft haben, anerkennen. Wir sind überzeugt, daß der gute Ruf und die große Leistung des deutschen Soldaten trotz aller Schmähungen während der vergangenen Jahre in unserem Volk noch lebendig geblieben sind und auch bleiben werden. Es muß auch gemeinsame Aufgabe sein, und ich bin sicher, wir werden sie lösen, die sittlichen Werte des deutschen Soldatentums mit der Demokratie zu verschmelzen.

Quelle: Sammlung Poppe (BArch, BH 1/22208, BH 1/22209, BH 1/2726, Hefter 1)

Umfragen des Allensbacher Meinungsforschungsinstituts zeigten indessen die wachsende Zustimmung. Ganz im Sinne der Himmeroder Forderung nach Rehabilitierung gab der zum Oberbefehlshaber der NATO in Europa designierte General Dwight D. Eisenhower am 22. Januar 1951 eine Ehrenerklärung für »den deutschen Soldaten« ab. Auch Adenauer verteidigte im Dezember 1952 vor dem Bundestag die »sittlichen Werte des deutschen Soldatentums« im Rahmen der Demokratie.

Bundesgrenzschutz Obwohl Schwerins Polizeilösung nicht weiter verfolgt wurde, standen auch Polizeikräfte am Beginn der Bundeswehr. Am 16. März 1951 wurde das Gesetz zum Bundesgrenzschutz (BGS) verkündet. Dessen zunächst auf 10 000 Mann festgelegte Stärke wurde zwei Jahre später verdoppelt. Gerade in ihrer Anfangszeit wies die dem Bundesinnenministerium unterstellte Truppe paramilitärischen Charakter auf. Ausgerüstet wie leichte Infanterie und uniformiert nach dem Modell der Wehrmacht (und mit deren markantem Stahlhelm), oblag dem BGS die Sicherung der innerdeutschen Grenze. Die Polizei des Bundes erwies sich später als Reservoir für die Bundeswehr. Eher der Not als ihrer Planung gehorchend, übernahm die Bundeswehr mit dem 1. Juli 1956 von den knapp 17 000 BGS-Beamten 9752 als Soldaten. Dies war weit weniger als vorgesehen, da viele BGS-Angehörige die erlangte Statussicherheit bevorzugten. Doch der BGS-gediente Personalstamm war für den Aufbau dreier Heeresdivisionen unverzichtbar. Dabei fanden zum Teil habituelle Prägungen aus der Zeit vor 1945 Eingang in die Bundeswehr. Tatsächlich blieb das vom BGS-Führungspersonal vertretene Leitbild vom »Mann in Uniform« wesentlich »soldatischer« als die Vorstellungen zum Inneren Gefüge im Amt Blank (1.19 AWS 3, S. 920–933). Gleichwohl verfügte nun ein Teil des Offizier- und Unteroffizierkorps der Bundeswehr über eine spezifische BGS-Prägung: der Wehrmachtgeneral a.D., zwischenzeitliche Inspekteur des BGS und spätere Kommandierende General des I. Korps des deutschen Heeres Gerhard Matzky ebenso wie der junge Kriegsleutnant und spätere Viersternegeneral Günter Kießling.

Verhandlungen und Pariser Verträge Am 24. Oktober 1950 präsentierte der französische Ministerpräsident René Pleven den Vorschlag für eine integrierte Europa-Armee. Hierzu begannen Anfang 1951 Verhandlungen in Paris, parallel zu den Gesprächen der westdeutschen Sicherheitsexperten mit den Alliierten Hohen Kommissaren auf dem Petersberg. Die Verhandlungen mündeten am 26. Mai 1952 im Generalvertrag (Deutschlandvertrag) und einen Tag später im Vertrag zur Europäischen Verteidigungsgemeinschaft (EVG). Der Deutschlandvertrag beendete das Besatzungsregime und verlieh der Bundesrepublik die Souveränität über ihre inneren und äußeren Angelegenheiten – abgesehen von Vorbehaltsrechten bezüglich Berlin und Deutschland als Ganzem, der Truppenstationierung in Deutschland sowie Eingriffsrechten im Fall des inneren Notstandes. Kurz vor Abschluss dieses Vertragswerks und wohl kaum zufällig stellte der sowjetische Diktator Josef Stalin im März und April 1952 ein wiedervereintes neutralisiertes Deutschland in Aussicht. Dies richtete sich gegen die Westbindung der Bundesrepublik und nährte Vorstellungen einer versäumten Chance. Adenauer wertete die Stalin-Noten als Lockangebot. Der EVG-Vertrag wurde am 27. Mai 1952 von den Außenministern der beteiligten Staaten unterzeichnet und am 19. März 1953 vom Bundestag ratifiziert. Dessen Militärisches Sonderabkommen, der Accord Spécial, bestätigte den Umfang westdeutscher Streitkräfte, der auf der NATO-Ratstagung von Lissabon im Februar 1952 gebilligt worden war: zwölf Divisionen bei einer Stärke von rund 500 000 Mann. Als späterer Teil des WEU-Vertrages von 1954 umriss der Accord Spécial den äußeren Rahmen der Bundeswehr – bis 1990. In den komplizierten Verhandlungen zur Europa-Armee wurde die Frage nach homogenen deutschen gepanzerten Divisionen zum Prüfstein für den Grad westdeutscher Teilsouveränität.

Nachdem die EVG am 30. August 1954 in der französischen Nationalversammlung gescheitert war, folgten angestrengte Verhandlungen in London und Paris. Gegenüber der amerikanischen und britischen Position, die auf ein westdeutsches militärisches Gegengewicht zur sowjetischen Militärmacht drängte, sorgte sich Frankreich weiterhin vor zu großem deutschen Einfluss. Um diese Befürchtungen zu zerstreuen, sicherte Adenauer in der entscheidenden Verhandlungsphase waffentechnische Selbstbeschränkungen der Bundesrepublik zu. Am 23. Oktober 1954 unterzeichneten die Bundesrepublik und die Mächte der Westunion (Großbritannien, Frankreich und die Benelux-Staaten) sowie Italien die Pariser Verträge. Dieses Vertragswerk verankerte den westdeutschen Beitrag zur Westeuropäischen Union (WEU) und zur NATO. Parallel dazu wurden die überarbeitete Fassung des Deutschlandvertrages sowie das Saarstatut verabschiedet. Mit Ausnahme des letzteren – das eine Europäisierung des Saargebietes vorsah, aber durch die Volksabstimmung im Folgejahr gekippt wurde und so die Eingliederung des Saarlandes in die Bundesrepublik vorbereitete – traten die Verträge am 5. Mai 1955 in Kraft. Drei Tage später, am 10. Jahrestag der deutschen Kapitulation, folgte die feierliche Aufnahme der Bundesrepublik in die NATO.

Erster Aufbau Am 7. Juni 1955 wurde aus dem Amt Blank das »Bundesministerium für Verteidigung«. Im September verkündete Adenauer das offizielle Ziel, bis Anfang 1959 zwölf Divisionen der NATO zu unterstellen. Das von den westlichen Alliierten immer drängender geforderte »Uniformanziehen« vollzog sich dann in prosaischer Zeremonie am 12. November 1955. Für den eher zufällig gefundenen Termin bot der 200. Geburtstag des preußischen Militärreformers Gerhard von Scharnhorst (1755–1813) einen symbolischen Anknüpfungspunkt. In der Bonner Ermekeilkaserne als Sitz des Verteidigungsministeriums erhielten an diesem Tag die ersten 101 Soldaten ihre Ernennungsurkunden. Unter ihnen befanden sich Heusinger und Speidel als reaktivierte Generalleutnants, ferner 18 Oberstleutnants, 30 Majore, 40 Hauptleute oder Kapitänleutnants, je fünf Oberleutnants und Oberfeldwebel sowie ein Stabsfeldwebel. Nur wenige dieser ersten Soldaten der Bundeswehr verfügten zu diesem Zeitpunkt über eine Uniform. Am 2. Januar wurden die ersten Freiwilligen zu den Aufstellungstruppenteilen von Heer, Luftwaffe und Marine in Andernach, Nörvenich und Wilhelmshaven einberufen. Als eigentlicher Geburtstag der Bundeswehr kann der 20. Januar 1956 gelten, als Bundeskanzler Adenauer die nunmehr ersten 1500 Soldaten begrüßte. Als Theodor Blank nach fünf Jahren Vorlaufzeit endlich zum Bundesminister avancierte, war er politisch bereits angeschlagen. Dass er seine mit hoher Energie und unter persönlichen Verschleißerscheinungen vorangetriebenen Planungen nicht vollenden konnte, hatte auch einen systemischen Grund: Der Ansatz, binnen dreier Jahre eine halbe Million Soldaten aufzustellen, erwies sich als Illusion. Die nun offenkundige Aufstellungskrise führte am 16. Oktober 1956 zum Amtsantritt Strauß' als neuem Verteidigungsminister.

Von der Ära Strauß zur Großen Koalition 1956 bis 1966

Parallel zum Bundeswehraufbau transformierte sich in den »langen Sechzigerjahren« die bundesrepublikanische Gesellschaft. In den eineinhalb Jahrzehnten zwischen Adenauers Wahltriumph von 1957 und der Ölkrise von 1973 erreichte das »Wirtschaftswunder« breite Bevölkerungsschichten (4.6 Schildt). Fortschrittseuphorie und Wachstumsglaube lösten die skeptischen Denkmuster ab, die noch im Amt Blank der frühen Fünfzigerjahre die Planungsdokumente durchzogen hatten. Stattdessen zeigte sich Optimismus hinsichtlich der »Machbarkeit« fortschrittlicher Projekte, insbesondere bei großtechnisch-nuklearen Vorhaben. In der Selbstwahrnehmung hob mit den späten Fünfzigerjahren ein »modernes« Zeitalter an: Wirtschaftswachstum und erhöhter Lebensstandard verbanden sich mit dem Umbruch von Arbeits- und Lebenswelt. Die selbst erschaffene Legende vom »Wirtschaftswunderland« beeinflusste auch den Anspruchshorizont der Gesellschaft gegenüber den Streitkräften.

Die Ära Strauß begann im Oktober 1956 mit radikalen Kürzungen. Der drastisch reduzierte Soll-Umfang auf jetzt 300 000 Mann favorisierte nun die Luftwaffe. Im Einklang mit veränderten NATO-Strategieplanungen konnte sich Strauß als Befürworter der Nuklearbewaffnung präsentieren – nicht zuletzt unter Hinweis gegenüber den Westalliierten, dass deren bisherige Restriktionen die Verzögerungen beim Bundeswehraufbau mitverursacht hätten. Anfangs erwog Strauß eine nukleare Kooperation mit Frankreich und Italien. Der Beginn der Fünften Französischen Republik, deren Gründungsgestalt Charles de Gaulle auf nationale Autonomie setzte, spaltete die Bundesregierung in Europa- und Frankreich-orientierte »Gaullisten« und Amerika-affine »Atlantiker«. Der von Adenauer mit de Gaulle am 22. Januar 1963 geschlossene Élysée-Vertrag verankerte die deutsch-französische Zusammenarbeit, auch in der Außen- und Sicherheitspolitik. Auf ausdrücklichen Wunsch der deutschen Atlantiker wurde diesem Dokument vor der Ratifizierung eine Präambel hinzugefügt, die eine enge Bindung an die USA und Großbritannien betonte. Demgegenüber präsentierte sich die SPD nach ihrer programmatischen Runderneuerung im Godesberger Programm 1959 zunehmend als »moderne« Partei, die die Möglichkeiten einer Entspannungspolitik sondierte. Strauß' zur Schau gestellte »Rücksichtslosigkeit und Vitalität« (Feldmeyer in 1.6, S. 356) befeuerte heftige Debatten in Politik und Öffentlichkeit. Die Nukleardebatte stimulierte folgenreiche Wandlungen: von der Bewegung »Kampf dem Atomtod« über die Ostermarschbewegung bis zu mittelbaren Auswirkungen auf die Bewegung der »68er« und später der Friedensbewegung um 1980.

Das Gebaren Strauß' bei Rüstungs- und Baugeschäften, so die Onkel-Aloys-Affäre oder die Fibag-Affäre, mündete in einer Privatfehde zwischen ihm und dem Nachrichtenmagazin »Spiegel« unter dessen Herausgeber Rudolf Augstein. Als im Oktober 1962, zeitgleich mit der Kubakrise, der »Spiegel«-Reporter Conrad Ahlers den »bedingt abwehrbereiten« Zustand der Bundeswehr beschrieb und dabei auch nukleare Einsatzszenarien offengelegte (10.1 »Spiegel«, 41/1962), ließ Strauß Reporter und Herausgeber abseits rechtsstaatlicher Regularien verhaften. Die den Grundsätzen der Pressefreiheit radikal widersprechenden polizeilichen Durchsuchungsmaßnahmen und die zeitweilige Schließung der Redaktion offenbarten Züge einer repressiven Staatsgewalt. Adenauer wetterte im Bundestag gegen den »Abgrund von Landesverrat«. Dagegen formierte sich eine Welle der öffentlichen Kritik, vor allem im jungen Bildungsbürgertum. Der durch die Affäre erzwungene Rücktritt Strauß' als Verteidigungsminister leitete mittelbar das Ende der Ära Adenauer ein. Die »Spiegel«-Affäre wurde so zur Zäsur in der bundesrepublikanischen Geschichte. Hatte Adenauers große politische Leistung in der Westbindung bestanden, galt die Herausforderung nunmehr der Überwindung der

▲ Abb. 3: Die offizielle Indienststellung der Bundeswehr am 12. November 1955 erfolgte in einem unprätentiösen Akt in der Fahrzeughalle der Bonner Ermekeilkaserne. Nur 12 der 101 anwesenden Freiwilligen verfügten zu diesem Zeitpunkt über eine Uniform. *BArch, B 145 Bild 00159940/Egon Steiner*

▲ Abb. 4: Ernennung Hans Speidels und Adolf Heusingers zu Soldaten der Bundeswehr durch Theodor Blank (Mitte), im Hintergrund Personalchef Karl Gumbel.

akg-images

▼ Abb. 5: Franz Josef Strauß beim Manöver, 3. September 1958. *BArch, BArch B 145 Bild 00006064/Egon Steiner*

Konfrontationsmuster aus der heißen Zeit des Kalten Krieges. Schon kurz zuvor manifestierte der Berliner Mauerbau vom 13. August 1961 die Teilung Europas. Inmitten der Krise präsentierte sich Adenauer blamabel – anders als der West-Berliner Regierende Bürgermeister Willy Brandt und US-Präsident John F. Kennedy. Mit der Kubakrise wurde die neue Ära in der Sicherheitspolitik manifest: Aus der nuklearen Beinahe-Auseinandersetzung resultierte einerseits die Aufrechterhaltung des nuklearen Patts, andererseits die Erfordernis politischer Entspannung.

Reform- und Konsolidierungsphase 1966 bis 1982

Nach Beendigung des äußeren Aufwuchses der Bundeswehr war nunmehr die innere Entwicklung zu priorisieren. Bereits mit dem Amtsantritt Kennedys im Januar 1961 deutete sich eine Flexibilisierung der NATO-Strategie an. Um diese wurde im Bündnis bis 1967 erbittert gestritten. Zudem verdeutlichte die »Generalskrise« des Jahres 1966, dass in der Aufbauzeit vernachlässigte technisch-organisatorische Probleme auf so unterschiedlichen Feldern wie Spitzengliederung, Rüstungsgüterbeschaffung und Ausbildungssystem nach einem Generationswechsel verlangten. Die »Starfighter«-Krise führte im August 1966 zum Rücktritt des Inspekteurs der Luftwaffe Werner Panitzki. Gleichzeitig reichte Generalinspekteur Heinz Trettner seinen Rücktritt ein. Sein Nachfolger, der bisherige Inspekteur des Heeres Ulrich de Maizière, verkörperte gewissermaßen die neuen Anforderungen des kommenden Jahrzehnts und wirkte so als Mittler zwischen den Welten: zwischen »alt« und »modern«, zwischen bürokratischem Habitus und konsequenter Verwirklichung der Konzeption der Inneren Führung. Für technokratische Effizienz stand die Person Johannes Steinhoffs als neuer Inspekteur der Luftwaffe, der die Krise zur Runderneuerung der Teilstreitkraft nutzte. Die Konstituierung der Nuklearen Planungsgruppe im Dezember 1966 verdeutlichte die verbesserten bündnisstrategischen Mitspracherechte der Bundeswehr, zumal Frankreich kurz zuvor die militärische NATO-Organisation verlassen hatte. Integration blieb der Preis für Mitsprache.

Große Koalition 1966–1969 Schon im März 1969 deutete die Wahl des SPD-Kandidaten Gustav Heinemann zum Bundespräsidenten auf einen politisch-gesellschaftlichen Wandel. Mit dem Ausscheiden der FDP aus der Regierungskoalition und der Großen Koalition aus CDU und SPD am 1. Dezember 1966 endete die seit 1949 bestehende Vorherrschaft des »bürgerlichen Lagers«. Angesichts von Wirtschaftskrise und steigender Arbeitslosenzahl auf fast eine halbe Million fürchteten manche Zeitgenossen um 1966/67 die Rückkehr Weimarer Verhältnisse. Im Rahmen der Großen Koalition bildete der im linken Lager verabscheute Strauß mit seinem SPD-Kollegen Karl Schiller ein wirtschafts- und finanzpolitisches Ministerduo. Solche Kooperationsformen weckten das Misstrauen der Außerparlamentarischen Opposition (APO), die sich Anfang der Sechzigerjahre um Linksabweichler des Sozialistischen Deutschen Studentenbundes gruppiert hatte und von der Position der SPD abgerückt war. Letztere hatte aber ihre Skepsis gegenüber Westbindung, Abschreckungsstrategie und Bundeswehr aufgegeben. Als neuer Außenminister bereitete Brandt seine Ostpolitik vor. Der ihm weichende konservative »Atlantiker« Gerhard Schröder (CDU) übernahm aus Gründen der Koalitionsarithmetik das Verteidigungsressort. Der Preis für moderne Technik war in Form der »Starfighter«-Krise zu entrichten. Dabei waren Beschaffung, Umrüstung und Einsatz des Hochleistungsflugzeugs F-104G nur ein Teilaspekt der komplexen Problemlage von Einsatzanforderungen, technischen Prozessen und Abstimmungsverfahren innerhalb der Bundeswehr und mit der Rüstungsindustrie.

Einen weiteren »technischen« Aspekt bildete der Einsatz von »Atomminen« (Atomic Demolition Munition, ADM), der in Fortführung früherer Konzepte vom Generalinspekteur Trettner erst thematisiert, dann offiziell aus der Planung genommen wurde. Bis zum Ende der Fortschrittseuphorie angesichts der Ölkrise von 1973 galt es, in der »modernen Industriegesellschaft« anzukommen; ein Zauberwort war »Planung«. Die bereits seit den ersten Aufstellungsideen geforderte Technisierung des westdeutschen Militärs wurde erst mit dem faktischen Eintreffen neuwertiger Ausrüstung um 1970 realisiert. Bis zur Epochenschwelle von 1989/90 bestimmte die Ausrüstung mit Panzern und Atomwaffenträgern (ohne deren Sprengköpfe selbst) die Ausstattung auch im bundesdeutschen Heer. Dies veränderte das Bild vom Soldaten: weg vom »archaischen Kämpfertypen« hin zum Technikanwender.

Die Bundestagsmehrheit der Großen Koalition war Voraussetzung für die Verfassungsergänzungen der »Notstandsgesetze«. Die dagegen aufbegehrende Außerparlamentarische Opposition verwob sich mit dem Mythos »1968«, wobei die ersten »reinen« Nachkriegsgenerationen durch veränderte Kleider-, Musik- und Wertevorstellungen das altbundesrepublikanische Establishment in Frage stellten. Anknüpfungen an andere europäische und amerikanische Studentenbewegungen, die Ablehnung des Vietnamkrieges und die Hinterfragung der in den bundesrepublikanischen Eliten noch bestehenden NS-Belastungen bildeten den Hintergrund für Kritik auch an der Bundeswehr. In den späten Sechziger- und in den Siebzigerjahren verband sich die Bemängelung obrigkeitsstaatlicher Zumutungen mit dem Verlangen nach umfassender Demokratisierung. Die von Beginn an gestellte Forderung nach

»Streitkräften in der Demokratie« erweiterte sich somit um diejenige nach Demokratie in den Streitkräften.

Sozialliberale Koalition 1969–1983 Die Ära Brandt startete im Oktober 1969 mit dem emphatischen Bekenntnis zur Reform. Die gesellschaftspolitischen Reformen sollten namentlich durch Bildungspolitik umgesetzt werden. Dies betraf die Bundeswehr vielfach indirekt – und wirkte über die Wehrpflicht intensiv auf sie ein. So wie in der Ära Strauß wesentliche Weichen für den äußeren Aufbau gestellt worden waren, fielen in die dreijährige Amtszeit von Verteidigungsminister Schmidt wesentliche Impulse für die innere Reform. Teilweise handelte es sich um die konsequente Fortentwicklung dessen, was im vorangegangenen Jahrzehnt angestoßen worden war – etwa die Reform der Spitzengliederung. Aber mitunter ging es, wie bei der Reform der (Aus-)Bildung, um ein neues Bild von Gesellschaft und Streitkräften. Brandts Ostpolitik beinhaltete nicht nur die Abkehr vom bisherigen Konfrontationskurs, sondern beruhte auch auf der Grundlage der von Adenauer etablierten Westbindung. Im Zuge der Entspannungspolitik wurden in kurzer Zeit der Moskauer (12. August 1970), der Warschauer (3. September 1971) und der Prager Vertrag (11. Dezember 1973) sowie der Grundlagenvertrag mit der DDR (21. Dezember 1973) geschlossen. Ferner begann mit dem KSZE-Prozess Ende 1972 eine Phase, die in der Schlussakte vom 1. August 1975 ihren einstweiligen Höhepunkt fand. Gegenüber dem Konzept der Abschreckung betonte man nun den Frieden. Dies stellte letztlich den Krieg als Mittel der Politik selbst in Frage. In seiner Antrittsrede vom 1. Juli 1969 bezeichnete Bundespräsident Heinemann den Frieden als Ernstfall. Im selben Jahr veröffentlichte Baudissin einen Sammelband seiner Schriften unter dem Titel »Soldat für den Frieden« (2.2); später folgte der zwischenzeitlich in den Ruhestand versetzte Ulrich de Maizière mit dem Werk »Führen im Frieden« (2.10). »V« wie »Verteidigung« bestimmte die seitdem gültige Bundeswehr-Semantik. Aus dem internen Sprachgebrauch verschwanden anderslautende Wendungen: »Stärken im Kriege« wurden »V-Stärken«.

Seit Beginn der Siebzigerjahre stieg die Zahl der Anträge auf Kriegsdienstverweigerung. Indessen trugen auch diejenigen Bundesbürger, die weiterhin ihrer Wehrpflicht nachkamen, ihr äußeres Erscheinungsbild in die Armee hinein: Das betraf Meinungsvielfalt, Habitus und Haarlänge. In den »langen Sechzigerjahren« bis 1973 durchlief die Bundeswehr eine Umprägung. Trotz des öffentlich hervortretenden Kontrastes zwischen »Traditionalisten« und »Reformern« mündeten die Extreme im Truppenalltag in einer komplexen Gemengelage: Während in der Aufbauzeit die Bundeswehr-Funktionseliten gegenläufig zur gesellschaftlichen Gesamtentwicklung zusammengesetzt waren, gingen aus Generationswechsel und Bundeswehrreform eine sozial erneuerte Armee hervor. Trotz Streitkräfte-typischer und oft konstant bleibender Sozialisationsmuster galt dies auch für die Zeit- und Berufssoldaten.

Nachdem Helmut Schmidt 1972 erst zum »Superminister« und nach Brandts überraschendem Rücktritt im Mai 1974 selbst zum Bundeskanzler avancierte, stand sein Nachfolger als Verteidigungsminister Georg Leber für die Normalisierung der Streitkräfte im bundesrepublikanischen Staat und seiner Gesellschaft. Der frühere Unteroffizier der Wehrmacht und Gewerkschafter galt bald als »Vater der Soldaten« und überwand so die Distanz vieler SPD-Anhänger zum Militär, seit dem Kaiserreich und den belasteten Anfangstagen der Weimarer Republik bestanden hatte (Apel in 1.6). Unter Leber erfolgte die Vollendung des Bundeswehraufbaus: Nun erst erreichte die Bundeswehr die vor einem Vierteljahrhundert geplante Sollstärke von 495 000 Mann, zu denen sich ab dem 1. Oktober 1975 einige wenige weibliche Sanitätsoffiziere gesellten. Jetzt entsprach die Streitmacht weitgehend den Forderungen an das Innere Gefüge, die schon in der Himmeroder Tagung umrissen worden waren. Auch erreichte die Bundeswehr nun eine zweite Generation von modernen, auftragsgemäß entwickelten Rüstungsgütern, die sie zum Eckpfeiler der NATO-Verteidigungsplanungen in Mitteleuropa machten. Lebers Ende als Minister wegen einer letztlich unbedeutenden Panne beim Militärischen Abschirmdienst (MAD) ging indessen mit einem Umschwung der politischen und gesellschaftlichen Großwetterlage einher: Die Bundeswehr geriet zunehmend in die Kritik des linken (Noch-)Regierungsflügels der SPD. Zusammen mit der politischen Debatte um die NATO-Nachrüstung mit Mittelstreckenraketen zwischen 1979 und 1983 bildete dies den Hintergrund des Wechsels zur Regierung Kohl. Folge dieser Verschiebungen war die Erweiterung des politischen Spektrums um die zunächst als »Anti-Partei« auftretenden »Grünen«. Wiederholt verbanden sich tagesaktuelle Probleme mit der im Hintergrund wirkenden deutschen militärischen Vergangenheit.

NATO-Doppelbeschluss Die noch von Minister Leber vorbereitete und von Bundeskanzler Schmidt auf internationalem Podium öffentlich verkündete Forderung, dem nunmehrigen Übergewicht der Warschauer-Pakt-Kräfte bei nuklearen Gefechtsfeldwaffen (bei weiterhin bestehender konventioneller Überlegenheit) durch eine Aufrüstung der NATO-Streitkräfte mit Mittelstreckenraketen zu begegnen, leitete eine dramatische Phase ein. Bereits zuvor hatten Planungen der US-Regierung zur Ausrüstung ihrer in Europa – also auch der Bundesrepublik – stationierten Streitkräfte mit der Neutronenwaffe dort für öffentliche Entrüstung gesorgt. In mancher Hinsicht war der Streit um die NATO-Nachrüstung eine Neuauflage alter Debatten: Sie kreisten um das grundlegende sicherheitspolitische Dilemma zwischen nuklearer Vernichtungsdrohung, (fragwürdiger) Abschreckung und konventionell-taktisch-nuklearer Verwüstung des zu verteidigenden westdeutschen Territoriums. Neu war die Erweiterung des »Kontinuums der Abschreckung« durch eine noch ausgefeiltere Abdeckung des Gewaltinstrumentariums, gepaart mit Kritik an einer technokratischen Gewaltbürokratie. In nie zuvor gekanntem Maße war die dem potenziellen Gegner kommunizierte Abschreckung in eine Selbstabschreckung der eigenen Bevölkerung umgeschlagen: Die »Angst im Kalten Krieg« (3.19) gehörte genauso zum System wie zu dessen Überwindung. In dieser Phase geriet der von 1978 bis 1982 amtierende Verteidigungsminister Hans Apel in eine doppelte Zwickmühle: Einerseits hatte er die unter seinem Vorgänger bestellten Rüstungsgüter in einer Zeit wirtschaftlicher Anspannung und knapper Kassen zu bezahlen. Andererseits wurde der ursprünglich selbst aus dem linken SPD-Lager stammende Minister durch sein Eintreten für den NATO-Doppelbeschluss angefeindet. Als buchstäblich letzte Amtshandlung hinterließ er die neu gefassten – seitdem gültigen – Traditionsrichtlinien.

Die Bundeswehr von 1983 bis 1989

Der Regierungswechsel von September 1982 bot die Chance einer Rückkehr zu vermeintlich Bewährtem. Obwohl Verteidigungsminister Manfred Wörner der sozialliberalen Bundeswehrreform entgegentrat, führte er deren Arbeitsergebnisse fort: hinsichtlich der Bildungsreform, der Tradition, vor allem aber hinsichtlich der parlamentarischen Durchsetzung des NATO-Doppelbeschlusses – gegen harte, massenwirksame Proteste aus Bevölkerung und Opposition. Personell trat am 1. April 1983 mit Generalinspekteur Wolfgang Altenburg ein Experte für nukleare Militärpolitik an die Spitze der Streitkräfte. Kanzler Kohls Akzentuierung einer »geistig-moralischen Wende« ließ Kritiker befürchten, er stelle bei der Aufarbeitung der Vergangenheit Erreichtes in Frage. Ungeachtet mancher Personalneubesetzungen und ministerialer Grabenkämpfe wurde aber letztlich der Gründungskompromiss fortgeschrieben: Zum Missfallen mancher militärischer Führungskräfte blieb die Substanz der sozialliberalen Reform erhalten. Zwar traten konservative Akzente wieder hervor, rieben sich jedoch mit dem Widerspruch der »Reformer« (1.3 Bald). Schon Ende 1983 beschädigte die persönlich verletzende Affäre um den deutschen General Günter Kießling die zunächst glänzende Fassade des neuen Verteidigungsministers. Der vom Dienst in Wehrmacht und BGS geprägte und 1956 in die Bundeswehr übergetretene Kießling war 1971 zum jüngsten General der Bundeswehr avanciert und wurde 1982 Stellvertreter des Obersten Alliierten Befehlshabers Europa

(DSACEUR). Hier konnte er jedoch nicht an die bis dahin vertrauensvolle Zusammenarbeit zwischen seinem Vor-Vorgänger Gerd Schmückle und dem Oberbefehlshaber Bernard W. Rogers anknüpfen. Der von interessierten Kreisen gestreute und vom MAD genährte Verdacht der Homosexualität führte Ende 1983 zur Entlassung Kießlings als vermeintliches Sicherheitsrisiko. Eine öffentlichkeitswirksame Beschwerde sowie ein Bundestags-Untersuchungsausschuss im Februar 1984 rehabilitierten den General, der kurz darauf seine ehrenvolle Verabschiedung mit Großem Zapfenstreich erhielt (2.6 Kießling). Der durch diese Affäre ebenfalls angeschlagene Wörner wechselte im Juli 1988 in das Amt des NATO-Generalsekretärs. Die Wahl des international nach wie vor hoch Angesehenen zeigte erneut die gestiegene Rolle der Bundesrepublik und ihrer Bundeswehr. Bundeskanzler Kohls Bezug auf die Geschichte als Argument für aktuelle Politik betraf die Bundeswehr nur indirekt, zwang aber zu Positionierungen zur Tradition. Während Kohl und der französische Staatspräsident François Mitterand 1994 auf dem früheren Schlachtfeld von Verdun die deutsch-französische Aussöhnung demonstrierten, blieb die NS-Vergangenheit höchst umstritten. Bundespräsident Richard von Weizsäcker brach am 40. Jahrestag des Kriegsendes ein Tabu, als er das Jahr 1945 auch als Befreiung der Deutschen vom NS-Regime herausstellte. Demgegenüber vermittelte Kohl anlässlich des selben Gedenktages den Eindruck, auf dem Soldatenfriedhof von Bitburg nicht nur ein Zeichen zur deutsch-amerikanischen Versöhnung setzen, sondern neben gefallenen Wehrmacht- und US-Soldaten auch solche der Waffen-SS ehren zu wollen. Der sogenannte Historikerstreit um die Einzigartigkeit der NS-Verbrechen erweiterte sich 1986 zur öffentlichen Debatte. Hier verband sich die Frage nach der Bewertung des rassenideologischen Vernichtungskrieges mit der nach einer angemessenen Bundeswehrtradition. Gleichwohl erwiesen sich Apels Traditionsrichtlinien als tragfähig.

Ende der »alten Bundeswehr« Die Ernennung Michail Gorbačëvs zum Generalsekretär der KPdSU am 3. März 1985 eröffnete eine Umbruchphase, die sich in der Bundeswehr zunächst nur indirekt niederschlug. Gleichwohl verursachten die Entspannungstendenzen zwischen den Supermächten in den westdeutschen Streitkräften neben Erleichterung über die reduzierte Kriegsgefahr auch Verunsicherung hinsichtlich der künftigen Rolle. Schließlich war sie mehr als alle anderen westlichen Armeen in Bezug auf Entstehung, Ausrüstung, Gliederung und Selbstbild durch den Kalten Krieg geprägt. In der Bundeswehr wurde die für 1989 vorgesehene Verlängerung der Wehrpflicht von 15 auf 18 Monate nicht nur nicht umgesetzt, sondern zur Überraschung der Truppe sogar auf zwölf Monate reduziert. Dem Bundestagsbeschluss zur NATO-Nachrüstung Ende November 1983 und dem Beginn der Stationierung im Folgejahr war bald eine Phase der Entspannung gefolgt: Bei den Genfer Verhandlungen im März und November 1985 wurde erörtert, die strategischen Nuklearkräfte um die Hälfte zu reduzieren. Dem folgten die Rüstungskontrollgespräche zwischen dem US-Präsidenten und Gorbačëv im isländischen Reykjavik im Oktober 1986. Konsequenzen ergaben sich für die Bundeswehr aus der Vereinbarung über »Vertrauensbildende Maßnahmen« und Abrüstung am 22. September 1986 in Stockholm. Auf dieser Grundlage beobachteten Bundeswehroffiziere im Folgejahr erstmals Manöver in der DDR. Umgekehrt begleiteten Gäste der NVA die Herbstmanöver der Bundeswehr. Der Ende 1987 verabschiedete INF-Vertrag zur beiderseitigen Abrüstung landgestützter Mittelstreckenraketen bekräftigte die Ära der Entspannung. Die kurze Amtszeit des Juristen Rupert Scholz als Verteidigungsminister (1988/89) war durch die Debatte über die Notwendigkeit von Tiefflügen gekennzeichnet – auch das ein Anzeichen für bröckelnde Bedrohungsvorstellungen. Hinzu trat die Diskussion um die Wehrdienstzeit. In der Amtszeit des aus Gründen der Koalitionsraison vom Finanz- zum Verteidigungsressort gewechselten Gerhard Stoltenberg (1989–1992) erfolgte die epochale Wende von Mauerfall und deutscher Einheit, die das Ende der »alten Bundeswehr« einleitete. Um jedes Zeichen militärischer Eigenmächtigkeit zu vermeiden, hatten die Streitkräfte in der politisch kritischen Phase des Umbruchs von 1989/90 zurückzutreten. Bis zum Erlass einer entsprechenden »Rahmenrichtlinie über dienstliche und außerdienstliche Kontakte« am 1. Juni 1990 blieben Kontakte für Soldaten der Bundeswehr zu ihren (möglicherweise künftigen) Kameraden im Osten untersagt. Die Vorbereitung der militärischen Führungskräfte, die ab dem 3. Oktober mit der Integration in die Bundeswehr übernommener NVA-Soldaten beauftragt waren, blieb somit dürftig und vom Bonner Ministerium wenig unterstützt (von Scheven in 1.6). In der kritischen Phase der Zwei-plus-Vier-Verträge war die Bundeswehr Verhandlungsmasse: Als Preis für die weitere NATO-Mitgliedschaft der Bundesrepublik und gegen den Wegfall alliierter Reservatrechte war die künftige deutsche »Armee der Einheit« bis 1994 auf 370 000 Soldaten zu reduzieren. Angesichts der globalen Veränderungen zahlte die Bundeswehr ab 1990 ihren Beitrag zur nun beschworenen Friedensdividende.

Organisationsbereiche und Teilstreitkräfte

Streitkräfteorganisation zwischen Politik und Gesellschaft

Die »Organisiertheit« von Menschen, Material und Infrastruktur sowie von Entscheidungsprozessen und Handlungsabläufen macht aus bewaffneten Kräften »Militär«. Letztlich geht und ging es um organisierte Kommunikation: um Strategie und Taktik, um die Einpassung ins Bündnis und um die Schnittstellen zu den Akteuren in Politik, Wirtschaft und Gesellschaft. Nicht zuletzt war es ein Spielfeld von Ressortegoismen. Die Vorstellung aus dem 19. Jahrhundert vom Oberbefehl, wonach sich Krone und Militärführung jede parlamentarische Mitwirkung in Kommandoangelegenheiten verbeten hatten, war für die Bundeswehr abzulehnen. Schließlich hatte sich daraus im Denken der deutschen Militärelite eine letztlich a-politische Effizienzoptimierung ergeben (8.1 Groß). Solch »rein militärischer« Fokus kontrastierte nicht nur mit den Anforderungen an Logistik und Militärverwaltung, sondern mit der Unterordnung des Militärs unter den Primat der Politik. Das berühmte Diktum Carl von Clausewitz' vom Krieg – und also vom Militär – als Instrument der Politik bot auch hier einen Anknüpfungspunkt zu den preußischen Reformern (1.62 Handbuch, S. 66 f.). Wenn Art, Umfang und Ausrüstung militärischer Kräfte ausschließlich taktische, operative, strategische und militärpolitische Konzepte widerspiegeln würden, hätte die Struktur der bundesdeutschen Teilstreitkräfte von Anfang an die NATO-Strategie abbilden müssen. Nach Meinung der Planer war dies der Fall. Ein näherer Blick zeigt indessen, dass die Bundeswehr als homogene Planungs- oder Handlungseinheit kaum existierte. Selbstverständlich oblagen die Leitlinien der Politik dem Bundeskanzler. Und die Bundesminister der Verteidigung repräsentierten als Inhaber der Befehls- und Kommandogewalt zusammen mit ihren Staatssekretären die politische »Leitung« über die darunterliegende Ebene der militärischen »Führung«. Gleichwohl blieben die Entscheidungsebenen und Organisationsbereiche vielgestaltig.

Die erste Generation an der Spitze der Bundeswehr plante zunächst in eine Richtung weiter, die ihr aus der Wehrmacht bekannt war. Die in Himmerod geforderte alle Teilstreitkräfte übergreifende westdeutsche Gesamtstreitmacht war eng ins westliche Bündnis zu integrieren. Aber je stärker die Integration der Teilstreitkräfte ins Bündnis vorangetrieben wurde, desto loser musste deren Abstimmung untereinander innerhalb der Bundeswehr bleiben. Die Begründung für Gliederung und Ausstattung folgte nicht nur Einsatzanforderungen, sondern dem Streben nach Mitsprache im Bündnis. Diese politischen Gründe sind allerdings von militärfachlichen nur schwer zu trennen. Noch vor Gründung der Bundeswehr bildeten die im Bundeshaushalt ausgewiesenen Stationierungskosten für die Besatzungsmächte eine Art Verteidigungsbeitrag. Zeitgleich erfolgte der Aufbau von »Dienstgruppen« als Hilfskontingente für die Stationierungsmächte. Diese Kräfte zum Kern der westdeutschen Armee auszubauen, wurde ebenso verworfen wie die Polizeikonzeption Schwerins und die Vorschläge, Streitkräfte aus dem BGS aufwachsen zu lassen. Die Gründung der Bundeswehr über das Amt Blank ist mithin nicht selbstverständlich. Dies lag zum einen in den personellen Netzwerken künftiger Schlüsselpersonen und zum anderen in der weltpolitischen Krise und Chance des Koreakrieges begründet. Die Frage nach der »Verfasstheit« der Bundeswehr, also danach, wie die Streitkräfte in das Organisationsgefüge der Bundesrepublik einzuordnen waren, sollte ursprünglich durch ein Organisationsgesetz geregelt werden. Ein solches blieb bis in die Sechzigerjahre im Gespräch, wurde aber nicht verwirklicht. Erst im März 1970 legte der Blankeneser Erlass die Kompetenzen an der Spitze der Bundeswehr vorläufig zufriedenstellend fest. Auch deshalb erweisen sich die ersten beiden Jahrzehnte der »alten Bundeswehr« als Zeit des Aufbaus. Das Feldheer fand seine Struktur schon ab 1958, wurde aber ab 1968 mit dem Territorialheer fusioniert. Während die Marine ihre organisatorische Gestalt in den frühen Sechzigerjahren annahm, trug die Luftwaffe den gestiegenen technisch-organisatorischen Anforderungen ab 1970 mit ihrer »Kommandolösung« Rechnung. Spätere Veränderungen wiesen entweder, wie die Ende der Achtzigerjahre konzipierte Marinestruktur, über die Zäsur von 1990 hinaus oder stellten, wie die Heeresstruktur 4 von 1980, längst Bekanntes neu zusammen.

Militärische Organisation fasst neue Handlungseinheiten zusammen und verfestigt sowohl kommunikative als auch mentale Abgrenzungen. Trotz Streitkräfte-gemeinsamer Harmonisierungsprozesse blieben bemerkenswerte Unterschiede von organisatorisch »definierten« (und so auch abgegrenzten) Erfahrungen, inneren Haltungen und Subkulturen, etwa die habituelle Distanz zwischen »ziviler« und »militärischer« Bundeswehr oder die Differenzierungen zwischen den drei Teilstreitkräften und auch innerhalb dieser bestehen. Organisationskulturen als mentale Heimat von Truppengattungen und einzelner Truppenteile konstituieren sich nicht zuletzt »durch die Differenzen der Subkulturen und deren Differenzen zur gemeinsamen Kultur« (Hagen/Tomforde in 1.89, S. 183). Deshalb unterschieden sich die vom Aufgabenspektrum ähnliche Jäger-, Fallschirmjäger- oder Gebirgsjägertruppe mental voneinander, genauso wie die gepanzerten oder lediglich »motorisierten« Panzergrenadiere, die ebenfalls infanteristisch kämpfenden Luftwaffensicherungssoldaten und die »76er« der

Marine. Aus dem organisatorischen Zuschnitt und der Reproduktion des jeweiligen Bereichsdenkens ergab sich das Verhältnis von Panzeraufklärern zur Panzertruppe, von Jetpiloten zu Transportfliegern, von Schnellbootfahrern zu Angehörigen der Minenstreitkräfte. Natürlich bot die Zugehörigkeit zur U-Boot-Waffe oder das Fahren auf »echten« Schiffen wie Zerstörern und Fregatten einen weiteren Grund für mentale Abgrenzungen. Offiziell oder subkutan (re)etablierte Tradition stand oft in latenter Spannung zu den von höheren Ebenen gestellten Anforderungen. Sie bewahrte militärfachliches Können ebenso wie ein mentales Erbgut aus einer Vergangenheit, die man längst überwunden zu haben glaubte.

Wer führt wen? Spitzengliederung im Spannungsfeld

Jahrzehntelang blieb die Frage der Spitzengliederung offen. Gerade hier verwiesen die mitunter heftigen Debatten auf die deutsche militärische Vergangenheit. Neben allen militärischen und paramilitärischen Kräften hatte das Potsdamer Abkommen ausdrücklich den Generalstab verboten. Dies wirkte nach: Wohl bestanden in der Bundeswehr Dienstposten für »Offiziere im Generalstabsdienst« (i.G.), doch fehlte ein »Generalstab« als Führungsinstanz. Natürlich waren zentrale Planungsstellen auch in der Bundeswehr unerlässlich. Das jedoch mündete im Konfliktfeld zwischen »ziviler« und »militärischer« Bundeswehr.

Himmeroder Denkschrift Die den Himmeroder Tagungsteilnehmern aus eigener Anschauung gut bekannte Spitzengliederung der Wehrmacht war defizitär. Der Widerstand gegen Hitler gründete auch in militärisch-professionellem Unmut: Der für dieses Sachgebiet zuständige Generalstabsoffizier Claus Schenk Graf von Stauffenberg hielt »[u]nsere Kriegsspitzengliederung [für] noch blöder, als die fähigsten Generalstabsoffiziere sie erfinden könnten, wenn sie den Auftrag bekämen, die unsinnigste Kriegsspitzengliederung zu erfinden.« (2.11 de Maizière, S. 74). Vornehmer sprach die Himmeroder Denkschrift von »ungünstigen Erfahrungen«. Kein Zweifel herrschte in Himmerod an der Notwendigkeit parlamentarisch-politischer Kontrolle der Streitkräfte. Diese sollte ein dem Bundeskanzler verantwortlicher »Minister für äußere Sicherheit« ausüben. Ohne diesem unterstellt zu sein, war zudem ein »Berater für Sicherheitsfragen/Staatssekretär« zur Leitung der Militärpolitik und des Personalwesens geplant. Daneben sahen die Himmeroder Experten einen »Inspekteur des deutschen Kontingents oder Chef des Verteidigungsamtes« vor, dem eine »Truppenabteilung« sowie eine »Verwaltungsabteilung« unterstehen sollte. Somit sicherte der Himmeroder Entwurf eine

Teilstreitkraft-übergreifende militärische Führung. Um aber den Primat der Politik nicht durch eine übermächtige Instanz auszuhöhlen, blieben die »politischen Leitungs- und Kontrollkompetenzen im Nebel der Mehrdeutigkeit« (Rautenberg in 1.6, S. 112).

Amt Blank Am 17. Oktober 1950 ernannte Adenauer den Gewerkschafter Theodor Blank zum »Beauftragten des Bundeskanzlers für die mit der Vermehrung der alliierten Truppen zusammenhängenden Fragen«. Die mangelnde Prägnanz dieses Sprachmonstrums offenbarte prägnant dessen Aufgabe: Schon begrifflich war jede Konnotation militärischer Macht auszuschließen. Die umgangssprachlich »Amt Blank« genannte Dienststelle wurde durch einflussreiche Beamte geprägt, die aus anderen Ministerien entsandt waren. Zu ihnen gehörte vor allem Ernst Wirmer. Dieser hatte im Krieg »nur« als Subalternoffizier der Reserve, zudem im prestigearmen Quartiermeisterwesen, gedient. Infolge dort erlittener Zurücksetzungen sowie als vom NS-Regime verfolgter Bruder eines hingerichteten Widerstandskämpfers und als Katholik stand er der einstigen preußisch-protestantischen Militärelite extrem kritisch gegenüber. Außerdem pflegte er den Kontakt zu Adenauer, dessen persönlicher Referent er gewesen war. Die geforderte Bindung an das Recht und die Verfahrensabläufe des deutschen Berufsbeamtentums entsprachen einer Organisationskultur, die dem deutschen Militär suspekt war: Während die operationsfokussierten Generalstabsoffiziere die zielorientierte Flexibilität bewährter Auftragstaktik bevorzugten, beharrten Beamte auf hergebrachten Grundsätzen der Verwaltungspraxis, die militärischen Experten hinsichtlich rascher, eindeutiger Entscheidungsfindung ungeeignet schienen (1.13 Krüger). Habituelle und sachliche Differenzen zwischen zivilen und militärischen Mitarbeitern führten zu gegenseitigen Anfeindungen. Freilich verrichteten auch die früheren Soldaten bis Anfang 1956 ihren Dienst in Zivil – und oft viel länger. Zwar betonten auch zivile Verwaltungsexperten die dienende Funktion der Bundeswehrverwaltung gegenüber den Streitkräften, verfügten aber mit ihren Administrations-, Rechts- und Haushaltskompetenzen über das geeignete Instrumentarium, den Einfluss der »militärischen« Bundeswehr einzuhegen. So entstand der Eindruck, die Ministerialbürokratie verstände den Grundsatz der Civil Control »bewusst falsch«, nämlich als »zivile Kontrolle« (Rautenberg in 1.6, S. 113). Die inkohärenten Verhältnisse der Aufbauorganisation im Amt Blank begünstigten dieses Missverständnis. Im September 1951 bestand das Amt Blank aus zwei Abteilungen unter je einem zivilen Beamten. Eine von ihnen war für Recht, Wirtschaft und Liegenschaften, eine für Grundsätzliches und militärische Angelegenheiten zuständig. Von den fünf Unterabteilungen der darunterliegenden Hierarchieebene war nur eine militärisch (Meier-Dörnberg in 1.18, S. 715–730).

Im Sommer 1952 bestand das Amt Blank aus der Abteilung I für Verwaltungs- und Haushaltsangelegenheiten (Wirmer), der Abteilung III für Recht und Wirtschaft und der Abteilung IV für Unterkünfte und Liegenschaften. Die für militärische Angelegenheiten zuständige Abteilung II führte Heusinger. Trotz ihres rasanten Aufwuchses blieb ihr Personal für die immer zahlreicheren Aufgaben stets zu gering. Viele frühere Wehrmachtoffiziere wurden zunächst als externe Gutachter beauftragt und konnten dann auf die Schaffung fester Stellen hoffen – nicht immer erfolgreich. Auch das Gefälle zwischen originär militärischen und zivilen Dienstpostendotierungen offenbarte Unterschiede im Gewicht von Abteilungen und Stelleninhabern. Dies änderte sich auch nicht, als dem politischen Scheitern der EVG Umplanungen für einen westdeutschen Verteidigungsbeitrag im Rahmen der NATO folgten. Mit der Umwandlung des Amtes in das Bundesministerium für Verteidigung am 7. Juni 1955 wurde die bisherige militärische Abteilung in je eine für Streitkräfte, Heer, Luftwaffe und Marine unterteilt. Damit standen sieben (zeitweise acht) »zivilen« Abteilungen vier »militärische« gegenüber. Diese Grundstruktur blieb bis 1965/66. Anders als in anderen NATO-Staaten bestand nun zwar *ein* Ministerium (und nicht wie in Großbritannien bis 1964 je eines pro Teilstreitkraft). Aber die Absicht, die Bundeswehr in *einer* Hand zu führen, wurde nicht verwirklicht. Für den Minister und seinen Staatssekretär erschwerte die hohe Zahl direkt unterstellter Bereiche sämtliche Abstimmungs- und Entscheidungsprozesse. Ergebnis der geplanten Teilstreitkraft-übergreifenden Zusammenfassung war ironischerweise die Schwächung der gemeinsamen militärischen Koordinationsebene. Dies bot ein gutes Nährklima für den Teilstreitkräfteegoismus (1.13 Krüger, S. 208).

Kaum 17 Monate nach seiner Ernennung musste Blank den Ministersessel räumen. Das im Gegenzug für Souveränitätsrechte eingeräumte Versprechen, innerhalb von drei (Heer) beziehungsweise vier Jahren eine westdeutsche Armee aus dem Boden zu stampfen, mündete in der Aufstellungskrise. Im Oktober 1956 ersetzte Adenauer Blank durch Strauß. Damit endeten um 1954/55 angestellte Überlegungen, neben einem Ministerium für Verteidigung ein weiteres für Heimatverteidigung einzurichten. Schließlich war der bayerische Politiker – als Minister für Besondere Aufgaben von 1953 an im Kabinett – seit Oktober 1955 Bundesminister für Atomfragen und führte zudem den Vorsitz über den gleichzeitig eingerichteten Bundesverteidigungsrat (ab 1969 Bundessicherheitsrat) – eine weitere Demütigung Blanks, der hier wenig Mitspracherechte besaß. Letztlich lag die Verantwortung beim Regierungschef. Adenauer hatte die Aufstellung der Streitkräfte aus diplomatischen Gründen erst verzögert, dann aber auf deren Durchführung gedrängt und dabei den Ressortegoismen in seinem Kabinett, namentlich des CSU-Finanzministers Fritz Schäffer, keinen Einhalt geboten (1.19 AWS 3, S. 691).

Generalinspekteur und Militärischer Führungsrat Zur Koordination der militärischen Angelegenheiten zwischen den Inspekteuren der Teilstreitkräfte und später auch des Sanitätsdienstes wurde am 22. November 1955 der Militärische Führungsrat gegründet. Diesen leitete formal der Minister, de facto aber Heusinger. Am selben Tag übernahm Speidel die Abteilung Gesamtstreitkräfte. Bis zu seinem Weggang nach Fontainebleau als Befehlshaber der NATO-Landstreitkräfte in Europa-Mitte (COMLANDCENT) im April 1957 führte dies zu Friktionen zwischen den »Zwillingen« (wie Mitarbeiter sie nannten). Ab dem 1. Juni 1957 amtierte Heusinger als Generalinspekteur, formal also als oberster Soldat der Bundeswehr. Im Inspekteurskollegium firmierte er jedoch nur als Erster unter Gleichen, nun aber offiziell an der Spitze der Abteilung Streitkräfte und des Militärischen Führungsrates. Freilich verfügte die junge Bundeswehr noch über kein strategisches Leitkonzept; streng genommen besaß unter dem Minister niemand die Kompetenz zur Entwicklung solcher Leitlinien: Die inhaltliche Kompetenz lag bei den Militärs, denen aber die formale Befugnis fehlte. Dies war umso problematischer, als sich die NATO-Strategie zum Zeitpunkt der Entstehung des westdeutschen Truppenkörpers grundlegend wandelte. Eine integrierte »Bundeswehr-Lösung« fand deshalb nicht statt. Während das Feldheer auf Korpsebene Teil des Bündnisses war, blieb die Heimatverteidigung »nationale« Angelegenheit. Dagegen waren die Einsatzverbände von Luftwaffe und Marine auf niedrigerer Ebene NATO-integriert. Dies stand einer »nationalen« Strategie der Bundesrepublik zwangsläufig entgegen. Indessen konnte die Bundeswehr diese Einschränkungen »nationaler« Gestaltungsspielräume angesichts begrenzter Souveränität einfacher hinnehmen als ihre Bündnisarmeen. Für alle NATO-Partner besaß der NATO-Oberbefehlshaber Europa (SACEUR) das Inspektionsrecht über alle militärischen Verbände seines Bereiches. Im Verteidigungsfall oblag ihm deren operative Führung. Im Frieden blieben Ausbildung, Ausrüstung, Organisation und Versorgung »nationale« Angelegenheiten. Der Generalinspekteur als höchster bundesdeutscher Soldat bekleidete zwar eine Stellung sui generis, stand aber nur einem der vier militärischen Führungsstäbe im Ministerium direkt vor: dem der Streitkräfte (bis 1961: der Bundeswehr).

Von einem gefestigten Status zeugt die Umbenennung des Ministeriums im Jahr 1960: Aus dem »Bundesminister *für* Verteidigung« wurde der »Bundesminister *der* Verteidigung«. Begrifflich verweist dies auf seine Zugehörigkeit zu den »klassischen« Ressorts. Gleichwohl blieb die Spitzengliederung umstritten. Als Generalinspekteur Friedrich Foertsch im März 1962 eine Kriegsgliederung erwog, nach der die Verwaltungseinheiten im Verteidigungsfall unter die militärischen Führungsstellen treten sollten, gerieten die zivilen Ministerialabteilungen in Aufregung. Umgekehrt fürchteten Militärs, zu reinen Handwerkern ohne Mitspracherecht degradiert zu werden. Die Frage nach dem Verhältnis von militärischen und zivilen Abteilungen stellte sich erneut, als sich die Möglichkeit bot, den Abteilungsleiter Personal mit einem Soldaten nachzubesetzen – wofür sich Verteidigungsminister Kai-Uwe von Hassel aussprach. Dieselbe Debatte entbrannte, als die Absturzserie des »Starfighter« zersplitterte Kompetenzzuschreibungen zwischen Rüstungsgüterbeschaffung, Materialwirtschaft und organisatorischen Verantwortlichkeiten in der Luftwaffe offenbarte. Der Spitzengliederung selbst galt ein Beschluss des Militärischen Führungsrates vom 23. November 1964. Hierin wurde die Ausgliederung der drei Teilstreitkräfte aus dem Ministerium als selbstständige Kommandos erwogen; bleiben sollte eine ministeriale Dreiergliederung in militärische Führung unter dem Generalinspekteur, Verwaltung und Rüstung. Der Generalinspekteur wäre demnach auch truppendienstlicher Vorgesetzter seines nachgeordneten Bereiches geworden. Organisatorisch wurde das Ministerium tatsächlich in drei große Hauptabteilungen für militärische, administrative und Rüstungsangelegenheiten umgeformt. Daneben existierten je eine kleinere Abteilung für Personal und Haushalt. Der fast zeitgleiche Rücktritt von Generalinspekteur Trettner im August 1966 knüpfte sich vordergründig an die Frage nach einer Gewerkschaftsmitgliedschaft für Soldaten. Kern der Auseinandersetzung war jedoch die Dienststellung: Trettner fühlte sich vom Informationsfluss ausgeschlossen. Sein Nachfolger de Maizière entwarf ein Konzept, nach dem der Generalinspekteur »im Auftrag« des Ministers gegenüber den Teilstreitkräften in militärischen Angelegenheiten weisungsbefugt sein solle. Dies entsprach einerseits der Präferenz der Truppe, andererseits schürte es die Angst ziviler Ministerialer vor militärischer Machtballung (2.21 Zimmermann, S. 332–335).

Blankeneser Erlass Die im Oktober 1969 von Verteidigungsminister Schmidt angeordnete kritische Bestandsaufnahme ebnete den Weg für eine neue Lösung, die allerdings auf früheren Ideen basierte. Der Blankeneser Erlass vom 21. März 1970 klärte den Verantwortungsbereich des Generalinspekteurs. Die Inspekteure von Heer, Luftwaffe, Marine, des Sanitätsdienstes sowie der Stellvertretende Generalinspekteur blieben direkte Vorgesetzte ihrer Organisationsbereiche. Dagegen wurde die Stellung des Generalinspekteurs gestärkt: Ihm wurde explizit die Verantwortung für die »Gesamtkonzeption der militärischen Verteidigung im Sinne der politischen Zielsetzung« zugewiesen. Als ranghöchster Soldat der Bundeswehr durfte er im Auftrag des Ministers Weisungen, Richtlinien und

Befehle erteilen. Neben dem Inspektionsrecht oblag ihm die Entwicklung und Umsetzung der militärischen Gesamtkonzeption. Nur in dieser Funktion war er Vorgesetzter der anderen Inspekteure. Dem Staatssekretär, dem nun die Verwaltungsangelegenheiten unterstanden, wurde ein Staatssekretär für Rüstung an die Seite gestellt. Hinzu kam ein parlamentarischer Staatssekretär für die bessere Verbindung zum Bundestag. Um die drei Hauptabteilungen zu entlasten, arbeiteten nun mehrere Stäbe dem Minister direkt zu: Planungsstab, Leitungsstab, Organisationsstab und Informations- und Pressestab. Diese Grundstruktur überdauerte den Regierungswechsel von 1982/83 und wurde ab 1987 um einen zweiten parlamentarischen Staatssekretär erweitert. Von nun an blieben Spitzengliederung und Zuschnitt der Teilstreitkräfte stabil. Die von Generalinspekteur Harald Wust um 1977 befürwortete Bildung eines Zentralen Unterstützungsbereiches als Streitkräfte-gemeinsamer Pool für alle Logistikelemente jenseits der Truppenebene fand allerdings keine Verwirklichung. Dass zwischenzeitlich erwogene und verworfene Konzepte in neuem Gewand wiederkehren können, belegt die im Jahr 2000/01 etablierte Streitkräftebasis.

Das 12-Divisionen-Heer im Wandel

Auch auf Ebene der Teilstreitkräfte sollte eine möglichst »moderne« Ausstattung die Gleichberechtigung im Bündnis garantieren. Daher wurde das bundesdeutsche Heer als Panzerarmee ausgebaut: erst deklaratorisch, dann zunehmend auch realiter. Im Hintergrund wirkte die Defizit-Erfahrung des Zweiten Weltkrieges, denn die Wehrmacht war keineswegs die voll gepanzerte Streitkraft der NS-Propaganda. Dagegen verfolgte die Bundeswehr eine konsequente Motorisierung. Damit geriet das Heer in den Zielkonflikt zwischen »Modernität« und logistischen Bedürfnissen einerseits, zwischen Massenmobilisierung und Kostenrahmen andererseits. Bis zuletzt wurden Alternativen erörtert, aber nicht verwirklicht: das Heer entweder als schwacher Stolperdraht einer nuklear hochgerüsteten Luftwaffe oder als personalstarke, aber technikreduzierte Heimatverteidigung. Vordergründig stellt sich die Geschichte der Heeresgliederung als stetiger Veränderungsprozess dar; kaum eine Heeresstruktur konnte bis ins letzte Detail umgesetzt werden, bevor eine Folgestruktur verkündet wurde (Rink in 1.29). Grundsätzlich traten jedoch nur zwei unterschiedliche Phasen hervor. Dabei findet die erste oft keine Beachtung, weil sie bereits während der Aufbauphase konzeptionell verworfen wurde und praktisch nur knapp zwei Jahre gültig war. Seine »klassische«, bis zur Jahrtausendwende beibehaltene Gestalt nahm das deutsche Heer 1957/58 mit der Divisions- und Brigadegliederung an.

Himmerod und EVG Auf der Himmeroder Tagung erarbeitete der Organisationsausschuss unter Heusinger einen extrem heereslastigen Entwurf für die Gesamtstreitkräfte – mit dem Kampfpanzer als Hauptwaffe im Rahmen von zwölf unabhängigen, national homogenen Divisionen. Dies entsprach zwar den Kriegserfahrungen, nicht aber den Vorstellungen der Alliierten, die deutsche Truppen lieber als leichte Infanterie am Eisernen Vorhang gesehen hätten. Somit verfochten die deutschen Experten ihr Konzept nicht allein aus taktisch-operativer Überzeugung, sondern um militärisch-politische Gleichberechtigung zu erlangen. Geplant waren drei Armeekorps zu je vier Divisionen in Süd-, West- und Norddeutschland. Überschlagsweise wurde eine Heeresstärke von etwa 250 000 Mann errechnet. Im Februar 1952 fixierte die NATO-Tagung von Lissabon das deutsche Zwölf-Divisionen-Ziel. Daraus leitete sich die Personalstärke der ganzen Bundeswehr von 500 000 Mann ab. Diese vorläufige Obergrenze verwandelte sich spätestens im Verlauf der Sechzigerjahre zur Mindestforderung des Bündnisses an die Deutschen. Der Pleven-Plan vom Oktober 1950 sah im Rahmen der vorgeschlagenen Europäischen Verteidigungsgemeinschaft (EVG) eine integrierte Europa-Armee vor. Das bislang beispiellose Konzept, multinationale Kontingente auf kleinstmöglicher organisatorischer Ebene miteinander zu verschmelzen, beruhte weniger auf französischem Europa-Enthusiasmus – obwohl im politischen Diskurs und in der Geschichtsschreibung so argumentiert wurde. Vielmehr bot der Plan schon von der Streitkräfteorganisation her die Absicherung gegen etwaige deutsche Aggression. Bis zum Scheitern der EVG am 30. August 1954 bestimmte das Konzept möglichst enger Integration alle Organisationsplanungen zum westdeutschen Verteidigungsbeitrag. Entgegen den Vorschlägen aus Paris forderte die Brüsseler Vereinbarung der NATO-Ratssitzung vom 18./19. Dezember 1950 den jeweils größten national geschlossenen Truppenverband für die Bündnisarmeen. Während die NATO auf militärische Leistungsfähigkeit drängte, ging es der französischen Seite um Absicherung durch Integration. Die sich widersprechenden Organisationsgrundsätze von EVG- und NATO-Konzept eröffneten den deutschen Unterhändlern Verhandlungsspielräume. Fortan kreisten die Diskussionen um »Westentaschendivisionen«. Das Wort »Division« blieb den französischen Vertretern suspekt und widersprach dem EVG-Konzept. Mit dem Begriff der »Kampfgruppe« wurde eine semantische Lösung gefunden: Der Verband sollte mit möglichst geringer Kopfstärke, aber taktisch selbstständig und panzerstark unter national homogenem Kommando stehen. Aus dieser schwierigen militärpolitischen Materie ging 1958 letztlich das taktisch innovative Konzept der Brigade nach Heeresstruktur 2 hervor. Zunächst aber folgte die Struktur der geplanten EVG-Divisionen dem Vorbild der US-Panzerdivision in ihrer Gliederung seit 1943.

Für das deutsche EVG-Kontingent waren zwei, später drei Divisionstypen geplant: Das war zum einen die klassisch gegliederte Schützendivision, die die deutschen Heeresplaner jedoch vehement ablehnten, und zum anderen das amerikanische Modell der Panzerdivision. Ihre Besonderheit war die »offene Kampfgruppengliederung«: Je nach Lage und Auftrag konnten diese Kampfgruppen Einheiten und Verbände flexibel aufnehmen und abgeben, was sowohl Panzer- als auch Infanterieschwerpunkte ermöglichte. Entgegen den Vorstellungen der Alliierten setzten die Deutschen auf die Verbindung von Kampfpanzern und gepanzerter Infanterie. Daher nahm das Amt Blank im Oktober 1951 zusätzlich eine Art Panzergrenadierdivision als dritten Divisionstyp in die Planung auf. Nach zähen Verhandlungen endete damit der französische Widerstand gegen deutsche Divisionen (Rink in 1.29, S. 327–411).

Heeresstruktur 1 Auf der Londoner Neunmächtekonferenz im Oktober 1954 wurde der NATO-Beitritt der Bundesrepublik beschlossen. Dies animierte die deutschen Heeresplaner zu überoptimistischen Plänen. Teilstreitkraft-übergreifend sollten alle territorialen Belange in den Zuständigkeitsbereich des Heeres fallen. Im Gegensatz zur NATO forderte die deutsche Seite mindestens neun reine Panzerdivisionen. Dass Blank im November 1954 einer Aufstellung von je sechs Panzer- und Panzergrenadierdivisionen zu je 12 500 Mann zustimmte, war also bereits ein Kompromiss. Weitere »Fechtende Heerestruppen« tarnten die deutschen Planer als Brigaden in nahezu Divisionsstärke. Anfang 1955 sahen die Planungen eine Heeresstärke von 400 000 Mann vor. Spätestens im Folgejahr wurde die Unerreichbarkeit dieser Zielsetzung deutlich. Insbesondere der Aufstellungszeitplan war zu eng bemessen. Um wenigstens die Einsatzverbände aufstellen zu können, wurde im Sommer 1956 die Ausbildungsorganisation stark beschnitten. Nach seinem Amtsantritt unterzog Strauß vor allem das Heer einer schonungslosen »Rosskur« (2.16 Schmückle, S. 136). Dessen Planungsstärke wurde auf 195 000 Mann halbiert, die Aufstellung zeitlich gestreckt, die zwölf Divisionen allein aus politischen Gründen beibehalten. Statt zweier (kostenträchtiger) Panzerdivisionen wurde je eine Gebirgs- und eine Luftlandedivision aufgestellt: Landsmannschaftlich und vom Prestige her durchaus präsentabel, stellten beide Verbände taktisch eine Notlösung dar. Zudem wurden die Korpstruppen erheblich reduziert. Das Missverhältnis zwischen Großverbänden und Unterstützungskräften beklagte noch eineinhalb Jahrzehnte später die Wehrstrukturkommission (1.45). Von dem Einschnitt profitierten ab 1958/59 sowohl atomwaffenfähige Verbände als auch die Korps- und Divisionsartillerie des Heeres.

Heeresstruktur 2 Je mehr Verbände des bundesdeutschen Heeres ab 1956/57 reale Gestalt annahmen, desto weniger zweckmäßig erschienen ihre Gliederungen. Auch die Erfahrungen der ersten großen Herbstübungen von 1957 nährten Zweifel. Intensiv werteten die bundesdeutschen Heeresplaner Studien aus, die ihnen »Blitzkrieg«-Experten wie Manstein und Generaloberst a.D. Heinz Guderian übersandten. Beide favorisierten kleine, panzerstarke Verbände. Als Ergebnis wurde der Öffentlichkeit im Folgejahr die »Division 59« präsentiert. Im Gegensatz zu den bisher flexibel zusammenstellbaren Kampfgruppen blieb in den kommenden 50 Jahren die Einheit von taktischer und truppendienstlicher Führung ein Merkmal deutscher Heeresgliederungen. Als Kernelemente bildeten jeweils zwei Panzer- und eine Panzergrenadierbrigade eine Panzerdivision oder, in umgekehrtem Verhältnis, eine Panzergrenadierdivision. Um die Gebirgsdivision an das mechanisierte Gefecht der verbundenen Waffen anzupassen, wurde ihren beiden Gebirgsbrigaden eine Panzerbrigade an die Seite gestellt. Die 1. (9.) Luftlandedivision blieb mit zwei (ab 1970 drei) personalschwachen Brigaden und nur wenigen Divisionstruppen ein Rumpfverband. Zu ihrer zeitweise erwogenen Auflösung kam es jedoch nicht: Das Zwölf-Divisionen-Ziel war zum politischen Selbstläufer geworden. Auch die gepanzerten Divisionen blieben eingeschränkt. Bis weit in die Sechzigerjahre zwang der Mangel an Schützenpanzern zur Unterscheidung zwischen »Panzergrenadieren (SPz)« auf Schützenpanzern und »Panzergrenadieren (mot.)« auf Lkw; ihre Panzerung bestand nur auf dem Papier. Noch lange übte das Heer mit Panzerattrappen.

Als die NATO-Bündnispartner aufgefordert wurden, Vorschläge zur Gliederung eines NATO-Standard-Verbandes einzureichen, verwiesen die Deutschen auf ihr gerade umgesetztes Brigadekonzept. Das unter Befehlshaber Speidel stehende NATO-Kommando LANDCENT empfahl am 11. Juni 1959 die deutsche Divisionsgliederung als Vorbild für alle Landstreitkräfte Mitteleuropas. Gleichzeitig befand sich das deutsche Heer um 1960 in der Krise. Seine Personalstärken lagen bei rund 80 Prozent, die Materialstärken bei rund 75. Erst nach einer langwierigen Aufstellungsphase konnte am 10. April 1965 die 12. Panzerdivision der NATO unterstellt werden. Die letzte der 36 Brigaden des Feldheeres folgte noch einmal zehn Jahre später. Im Verlauf der Sechzigerjahre wuchs zudem die Bedeutung der Versorgungs-, Sanitäts- und Instandsetzungstruppen. Der logistische Bedarf, den vollmotorisierte Streitkräfte nach sich zogen, wurde in der frühen Planungsphase unterschätzt. Allerdings bestand nun eine Artillerie, an die in Himmerod noch nicht zu denken war: 1965 existierten 14 nuklearfähige Raketenartilleriebataillone, um sie herum ein umfangreicher Kranz deutscher Sonderwaffensicherungs- und -transporteinheiten. Nur die nuklearen Gefechtsköpfe selbst blieben in amerikanischer Hand.

Heeresstruktur 3 Ein weiteres Spielfeld des Heeresaufbaus der Sechzigerjahre erwuchs aus der Forderung an das Deutsche Heer, die Operationsfreiheit für die NATO-Verbände – also für das Feldheer und die Alliierten – sicherzustellen. Hierzu zählte neben logistischer Unterstützung die Sicherung des rückwärtigen Raumes. Zudem verstärkte sich im Rahmen des Strategiewechsels seit Anfang der Sechzigerjahre das Streben nach konventioneller Präsenz. Nachdem ab 1967 die NATO-Strategie der Flexible Response verbindlich wurde, nahm die Bedeutung der Bundesrepublik als Stationierungsland für deutsche und Bündnistruppen zu. Die Heeresstruktur 3 wurde im Mai 1968 beschlossen, in der Herbstübung »Goldener Rösselsprung« von 1969 erprobt und in den frühen Siebzigerjahren etabliert. Sie war durch die »Spezialisierung bei abgestufter Präsenz« gekennzeichnet: Bei weitgehender Präsenz der Kampftruppen des Feldheeres blieben die Korpstruppen nur zur Hälfte aktiv. Daran knüpfte sich die Forderung nach rascher Aufwuchsfähigkeit und bedarfsgerechtem Einsatz der bis 1970 ausgebildeten 1,5 Millionen Reservisten. Dem Ziel der Einsparung doppelter Strukturen entsprachen Zentralisierungsbestrebungen wie die Integration der Territorialverteidigung in das Heer ab Februar 1969. Dem Inspekteur des Heeres unterstand nun neben der Heimatschutztruppe die Basisorganisation, deren Aufgabe auch die Sicherung und Unterstützung von Luftwaffe und Marine war. Die Umstrukturierung der 2. und 4. Panzergrenadierdivision in Marburg und Regensburg zu Jägerdivisionen sparte Panzer. Dafür waren drei neue Panzerregimenter als Eingreifreserve der Korps geplant – ein kurzfristiges Experiment. Die Luftlandebrigaden sollten nun die drei Korps verstärken, während der Stab der 1. (9.) Luftlandedivision im V-Fall zur Führung von Reserveverbänden vorgesehen war. Die Luftbeweglichkeit des Heeres wurde durch je zwei Transporthubschrauberregimenter der Korps erhöht. Erst nach zwei Jahrzehnten Heeresaufbau existierten nun breitgefächerte Korpstruppen.

Ursprünglich sahen die Heeresplaner im Amt Blank eine Verteilung der Großverbände nach operativen Gesichtspunkten vor: Am Eisernen Vorhang sollten die Grenadierdivisionen stehen, dahinter die Panzerdivisionen zur Bildung beweglicher Schwerpunkte. Das Ziel bundesdeutscher Militärpolitik war stets die »Vorneverteidigung«. Sie wurde nach dem Prinzip der »Schichttorte« verwirklicht. Entlang der innerdeutschen Grenze und des tschechoslowakischen Staatsgebietes waren den westdeutschen und alliierten Korps in Nord-Süd-Richtung unterschiedliche Verteidigungsabschnitte zugewiesen. Nördlich der Elbe stand der zu den Alliierten Streitkräften Europa-Nord gehörige Bereich LANDJUT. Neben dänischen Truppen gehörte hierzu die relativ eigenständige 6. deutsche Panzergrenadierdivision (Neumünster), die truppendienstlich vom I. Korps (Münster) geführt wurde. Dieses bestand ferner aus der 1. Panzergrenadierdivision (Hannover), der 3. Panzerdivision (Buxtehude), der 7. Panzergrenadierdivision (Unna) sowie der 11. Panzergrenadierdivision (Oldenburg). Zum III. Korps (Koblenz) gehörten die 2. Jägerdivision (Marburg), die 5. Panzerdivision (Koblenz) und die 12. Panzerdivision (Veitshöchheim bei Würzburg). Das II. Korps führte die 4. Jägerdivision (Regensburg), die 10. Panzerdivision (Sigmaringen), die 1. (8.) Gebirgs- und die 1. (9.) Luftlandedivision. Dazwischen lag der Einsatzraum alliierter Verbände: eines niederländischen, eines britischen, eines belgischen und zweier US-amerikanischer Korps. Tiefer gestaffelt standen dänische Kräfte in Jütland sowie kanadische und französische in Südwestdeutschland.

Heeresstruktur 4 Nachdem die Heeresstruktur 3 gerade in Kraft getreten war, wurde bereits am 18. Januar 1973 ein neues Modell angekündigt. Die Heeresstruktur 4 sollte die Ergebnisse der von der Bundesregierung eingesetzten Wehrstrukturkommission umsetzen. Als »schwerwiegende Strukturschwäche« galt der Personalmangel der Großverbände. Angesichts des konsequenten Streitkräfteausbaus des Warschauer Paktes, aber auch angesichts gesellschaftlicher Entwicklungen wie des demografischen Wandels und der geringen Anzahl an Freiwilligenmeldungen wurde eine Struktur mit mehr Wehrgerechtigkeit gefordert (1.45, S. 25–30). Dies betraf insbesondere das Heer. Durch die nun nach Ableistung der Wehrpflicht geltende »Verfügungsbereitschaft« zählten rund 20 000 gerade entlassene Reservisten zum Grundumfang des Heeres (von Bundeswehr-weit 30 000); nicht zum ersten Mal wurden fehlende Kopfzahlen statistisch bemäntelt. Zur selben Zeit stellte das Weißbuch die »Struktur 80« vor, die Anfang der Achtzigerjahre als Heeresstruktur 4 umgesetzt wurde. Erneut vergrößerte sich die Zahl der Verbände, die im Mobilmachungsfall durch Reservisten aufzufüllen waren – entweder als teilaktive Truppenteile oder als inaktive Geräteeinheiten. Beim Feldheer bestand eine Brigade nicht mehr aus drei, sondern aus vier Kampfbataillonen, eines davon teilaktiv. Da im Fokus der Heeresstruktur 4 abermals das gepanzerte Element stand, wurden die Jägerdivisionen wieder zu Panzergrenadierverbänden umgegliedert. Der allgemeinen Erhöhung der Panzerabwehrfähigkeit diente die Aufstellung dreier Panzerabwehrhubschrauberregimenter als Korpsreserve. Gegen Ende des Kalten Krieges bildeten 17 Panzerbrigaden und 16 Panzergrenadierbrigaden den Kern des Feldheeres. Zu den letzteren rechnete nun auch die eine verbliebene Gebirgsjägerbrigade.

Die Luftwaffe als Trägerin nuklearer Teilhabe

Die »Bundesluftwaffe« entwickelte sich, anders als das »deutsche Heer«, von Anfang an als Bündnis-Teilstreitkraft. Aufgrund ihrer organisatorischen und einsatzbezogenen Einbindung auf niedriger Ebene waren insbesondere die fliegenden Verbände integraler Teil der NATO-Luftwaffe. Zudem folgte die Luftwaffe einem modernen Leitbild von technischer Effizienz und »westlicher« Erscheinung. Auch hier wirkten aber Mentalitäten und Traditionen der deutschen militärischen Vergangenheit nach. Anders als beim Heer folgte ihre Planungsgeschichte nicht der Kontinuitätslinie des Himmeroder Konzeptes. Sechs Jahre später forderte Strauß die Anpassung der Luftwaffe an die Bündnisstrategie: Ihre Ausrüstung, Ausbildung und mentale Prägung fokussierte den nuklearen Strike-Auftrag. Der erneute Strategiewechsel Mitte der Sechzigerjahre erforderte die Neubewertung konventioneller Einsatzmittel – und die Gewichtsverlagerung zwischen den Teilstreitkräften. Der technologische Schwerpunkt der Bundeswehr trat bei der Luftwaffe besonders deutlich hervor. Neben den Strahlflugzeugen galt dies für die integrierte Luftverteidigung, den Radarführungsdienst und die technisch-logistischen Dienste.

Erste Planungen und Aufbau Die Himmeroder Denkschrift sprach von einer »Heeres-Luftwaffe«. Da die Tagungsteilnehmer durch das Heer geprägt waren und aufgrund der deutschen Erfahrungen mit dem Bombenkrieg, maß man der Luftverteidigung große Bedeutung bei. Zudem wurden deutsche »Heeres-Fliegerverbände« zur taktischen Unterstützung der gepanzerten Divisionen als notwendig erachtet. Darüber hinaus strebten die Himmeroder Planer eine »enge Patenschaft« mit den Verbündeten an. Schon ab 1951 sollte eine fliegerische Ausbildung in den USA und in Großbritannien absolviert werden. Die Einsatzfähigkeit der zeitgleich aufzustellenden Verbände war für das Frühjahr 1952 vorgesehen und umfasste sechs Aufklärungsgruppen (auf Bataillonsebene) mit insgesamt 180 Flugzeugen sowie je drei Jagdflieger- und Schlachtflieger-Regimenter (also Jagdbomber-Geschwader) mit insgesamt 372 beziehungsweise 279 Flugzeugen. Dieses Ziel wurde allerdings erst zwei Jahrzehnte später erreicht. Bei den Petersberger und Pariser Verhandlungen versuchten die deutschen Unterhändler, sich auch bezüglich der Luftstreitkräfte möglichst wenig beschränken zu lassen. Das Amt Blank plante einen Umfang von 40 000 bis 50 000 Mann und 1250 bis 1900 Flugzeugen – ein Verhältnis, das weder die technologiebedingt gestiegene Personalintensität noch die gewandelte nukleare Bündnisstrategie berücksichtigte. Späteren Ausarbeitungen zufolge sollte die Luftwaffe aus 450 Jagdflugzeugen, 150 Schlechtwetterjägern, 750 taktischen und 192 leichten Jagdbombern sowie 108 taktischen Aufklärungs- und 96 Transportmaschinen bestehen.

Die Planungszahl von 1746 Luftfahrzeugen wurde vom NATO-Hauptquartier zunächst auf 1158 reduziert, letztlich aber auf 1328 festgesetzt. Inzwischen war der angestrebte Personalumfang auf 76 000 Mann angestiegen. Im Rahmen der Schwert-Schild-Strategie der NATO gehörten die konventionellen Kräfte der Bundeswehr zum »Schild«, während die strategischen amerikanischen und britischen Bomberverbände das nukleare »Schwert« führten. Die ursprüngliche Absicht, nach der die Hälfte der bundesdeutschen Kampfflugzeuge Jagdflieger sein sollten, wurde daher ab März 1955 zugunsten des Einsatzes von Jagdbombern aufgegeben. Nun plante das Amt Blank, binnen drei Jahren sieben Jagdgeschwader, acht Jagdbombergeschwader, drei Aufklärungsgeschwader und zwei Transportgeschwader aufzubauen.

Die ersten Ausbildungszentren für das künftige Luftwaffenpersonal befanden sich auf den deutschen Fliegerhorsten der amerikanischen Luftwaffe (USAFE, US Air Force Europe). Damit entstanden hier 1956 die Keimzellen wichtiger Standorte der bundesdeutschen Luftwaffe. Die fliegerische Schulung fand in Fürstenfeldbruck (7330th Flying Training Wing, dann Flugzeugführerschule A) und in Landsberg am Lech (7351st Flying Training Wing, dann Flugzeugführerschule B) statt. In Kaufbeuren erfolgte die technische Ausbildung (7330th Technical Training Group), in Erding die logistische Unterstützung und Auslieferung von Großgerät (7485th Air Depot Wing). Seit Oktober 1956 entwickelten sich wichtige Luftwaffenstandorte wie die Offizierschule der Luftwaffe in Neubiberg bei München (ab 1977 Fürstenfeldbruck), die Technische Schule der Luftwaffe 1 in Kaufbeuren und das Luftwaffeninstandhaltungsregiment 1 in Erding. Um Landsberg am Lech bildete sich ein Standortzusammenhang von zwei Fliegerhorsten und der Technischen Schule der Luftwaffe 2. Damit war insbesondere der südbayerische Raum durch eine hohe Dichte an Luftwaffenstandorten gekennzeichnet – systemisch bedingt durch die amerikanische Ausrüstungs- und Ausbildungshilfe, politisch gefördert von Strauß und umgesetzt von dessen Landsmann und Inspekteur der Luftwaffe Josef Kammhuber. Im Jet-Zeitalter waren Luftwaffenstandorte vor allem dort zweckmäßig, wo größere Entfernungen zum Eisernen Vorhang die Reaktionszeit erhöhten. Daher lagen weitere fliegende Verbände in Südbaden, im Rheinland, der Pfalz, der Eifel und an der Nordsee. Dem Kommando der Schulen unterstanden die Offizierschule der Luftwaffe, die Flugzeugführerschulen »A« (Landsberg/Lech), »B« (Fürstenfeldbruck) und »S« (Strahlflugzeuge in Nörvenich, dann Jever) sowie die späteren Technischen Schulen 1, 2 und 3 (die beiden letzteren in Landsberg/Lagerlechfeld und Faßberg). Ferner existierten die Kommandos der Fliegerhorste Nord und Süd, das Materialkommando sowie drei Luftwaffenausbildungsregimenter. Die Einsatzausbildung der Jagdbomberpiloten begann Anfang 1957 an der Waffenschule 30, die im August 1957 von Fürstenfeldbruck nach Büchel in der Eifel zog. Das dort aufgestellte Jagdbombergeschwader (JaboG) 31 bezog im Februar 1958 den bis dahin britischen Fliegerhorst Nörvenich bei Köln. Jagdflieger wurden seit April 1957 in der Waffenschule 10 in Nörvenich ausgebildet, die 1958 nach Oldenburg und 1964 nach Jever verlegt wurde. Aufklärungsflieger erhielten ihre Ausbildung seit 1959 an der Waffenschule 50 in Erding. In Uetersen bei Hamburg war seit Juli 1956 das Fluganwärterregiment für die Vorauswahl des fliegerischen Personals zuständig. Die zahlreichen Verlegungen spiegeln die Aufbauschwierigkeiten wider.

Am 2. Januar 1956 traten die ersten 1000 Freiwilligen der Bundeswehr ihren Dienst an, 105 von ihnen in der Luftwaffenlehrkompanie in Nörvenich. Am 15. Mai wurde hier das Luftwaffenausbildungsregiment 1 aufgestellt. Am selben Tag erfolgte die erste Lieferung schwerer Waffen und Flugzeuge. Da in Deutschland sowohl die fliegerische Ausbildung als auch die militärische Luftfahrttechnik seit 1945 zum Erliegen gekommen war, stand die NATO am Anfang des bundesdeutschen Luftwaffenaufbaus. Dabei stellte die neue Generation der Überschallflugzeuge Anforderungen, die den Erfahrungshorizont des Zweiten Weltkrieges weit überstiegen. Das Gros kriegsgedienter Piloten schied für diese anspruchsvolle Aufgabe alters- oder gesundheitsbedingt aus. Nur ein Drittel der rund 6000 ehemaligen Wehrmachtpiloten diente wieder in der Bundeswehr, viele von ihnen aber nicht als Flugzeugführer. Im April 1956 durchliefen die ersten Kriegspiloten als »Refresher« die Schulung zum Strahlflugzeugführer auf dem Trainingsflugzeug T-33. Aus dem Kreis früherer »Fliegerasse« wie Günther Rall, Gerhard Barkhorn, Friedrich Obleser, Johannes Steinhoff und Erich Hartmann gingen drei Inspekteure der Luftwaffe hervor. Sie trugen zwar – auch bei den Verbündeten – zur Wiederbelebung des Nimbus der alten Luftwaffe bei, hatten aber ebenfalls eine intensive fliegerische Schulung nach angelsächsischem Muster zu absolvieren. Stärker als den Rest der Bundeswehr zwangen allein körperliche Gründe die Luftwaffe zum generationsmäßigen Neuanfang: Von den etwa 1000 für die fliegerische Ausbildung vorsehehenen Soldaten waren 84 Prozent ungedient (Möllers in 5.3). Die noch Anfang der Sechzigerjahre bestehenden Defizite der Luftwaffe verdeutlichten zwei Fälle, in denen junge Unteroffiziere ihre Strahlflugzeuge durch Navigationsfehler unbeabsichtigt aus dem westlichen Luftraum herauslenkten und auf östlichem Territorium notlanden mussten. Lediglich Offizierflugschüler wurden danach auf F-104 geschult. Ab 1966 fand die Grundausbildung von Jetpiloten ausschließlich in den USA an dem hierfür eingerichteten Deutschen Luftwaffenausbildungskommando USA statt. In

Deutschland blieb die »Europäisierung« sowie die Ausbildung für Propellermaschinen.

Die Ära Kammhuber Am 23. März 1957 wurde die NATO-Strategie der Massiven Vergeltung in den Grundsatzdokumenten MC 14/2 und MC 48/2 festgelegt. Anfang Juni 1957 übernahm Kammhuber die Leitung der Abteilung Luftwaffe im Verteidigungsministerium. Die Übergabe der ersten 49 Flugzeuge erfolgte am 24. September, dem Tag, an dem auch Bundespräsident Heuss das Eiserne Kreuz zum Hoheitsabzeichen bestimmte und die ersten zehn deutschen Jetpiloten ihre »Wings«, die Flugzeugführerabzeichen, erhielten. Am 1. Oktober 1956 begannen 241 Offizieranwärter ihre Ausbildung. Kurze Zeit später war die westdeutsche Luftwaffe auf 10 696 Mann angewachsen. Anders als beim Heer kamen die ersten Wehrpflichtigen erst zum Januar 1958 zur Luftwaffe. Der Großteil der fliegenden Verbände wurde Ende der Fünfzigerjahre aufgestellt, 1957 zuerst die Flugbereitschaft des Bundesministeriums der Verteidigung und das Lufttransportgeschwader 61 in Erding (1958 nach Neubiberg, 1971 nach Penzig bei Landsberg verlegt). Dem nuklearen Strike-Auftrag entsprechend entstanden im Sommer 1958 drei schwere Jagdbombergeschwader in Nörvenich (JaboG 31), Lechfeld (JaboG 32) und Büchel (JaboG 33). 1959 wurden die drei Jagdgeschwader (JG) in Ahlhorn (JG 71, ab 1963 in Wittmund), Oldenburg (JG 72, ab 1959 in Leck in Nordfriesland) und Ahlhorn (JG 73, ab 1961 in Sobernheim) sowie ein weiteres schweres Jagdbombergeschwader in Memmingen (JaboG 34) gebildet.

Grund für die raschen Standortwechsel war zum einen die Ausbildungs- und Materialübernahmeorganisation, zum anderen die Einsatzbereitschaft der Fliegerhorste: »Starfighter«-taugliche Rollbahnen mussten ausgebaut, Fliegerhorste mitunter erst aufwändig angelegt werden. Dementsprechend lagen die drei 1959/60 aufgestellten Aufklärungsgeschwader (AG) zunächst in Erding und wurden in den Folgejahren an ihre Zielstandorte verlegt: das AG 51 1961 nach Manching und ab 1969 nach Bremgarten bei Freiburg, das AG 52 nach Eggebeck und dann nach Leck in Nordfriesland; das AG 53 verblieb in Erding und wurde infolge des Strategiewechsels Mitte der Sechzigerjahre in Leipheim zum leichten Kampfgeschwader umstrukturiert. 1961 vollzog sich die Formierung je eines Jagd-, Jagdbomber- und Lufttransportgeschwaders (LTG): des JG 74 (von 1971 bis 2005 »Mölders«) in Neuburg/Donau, des JaboG 36 in Rheine und des LTG 63 in Celle, ab 1967 in Hohn. Im Januar 1959 wurden die einsatzbereiten Jagdbombergeschwader in Nörvenich und Büchel der NATO assigniert, also für den Einsatz unterstellt. Die klare Konzentration auf den nuklearen Strike-Auftrag diente der Integration der Luftwaffe ins Bündnis. Dies bezog sich auf die kompletten Geschwader, nur die Sprengköpfe selbst verwahrten die US-Streitkräfte.

▸ Abb. 6: Auch beim Aufbau der Luftwaffe spielte das kriegsgediente Personal der vormaligen Wehrmacht eine wichtige Rolle. Dabei konnten nur wenige der vormaligen Flugzeugführer in dieser Funktion erneut zum Zuge kommen. Im Bild: Aus dem Kreis der »Fliegerasse« der Wehrmacht gingen einige der späteren Inspekteure der Luftwaffe hervor, so Friedrich Obleser (links) und Günther Rall (2.v.r.). *Bundeswehr*

◂ Abb. 7: Der »Starfighter« war eine der modernsten Maschinen ihrer Zeit. Sie wurde ab 1958 rasch beschafft, insbesondere um eine nukleare Teilhabe der Bundeswehr an der Bündnisstrategie zu gewährleisten. Im Bild: die Trainerversion TF-104F. *Bundeswehr*

▸ Abb. 8: Ein komplexes Ursachenbündel, so nicht immer optimale Ausbildungsbedingungen führten zu zahlreichen Flugunfällen, namentlich in der Aufbauphase. Allein vom Typ F-102G »Starfighter« verlor die Luftwaffe 292 Maschinen, 110 Piloten starben. *Bundeswehr*

Mit den JaboG 32 (Landsberg/Lagerlechfeld) und 34 (Memmingen) wurden 1959 zwei weitere Strike-Verbände in Dienst gestellt. Die zu den Luftverteidigungskräften zählenden Jagdgeschwader entstanden erst ab Anfang 1959. Bis Ende 1962 war die Masse der fliegenden Verbände als einsatzbereit NATO-assigniert: drei Jagdgeschwader (von später vier), fünf Jagdbombergeschwader (von später sechs), ein Aufklärungsgeschwader (von später drei), ein Lufttransportgeschwader (von drei, später vier). Die bodengestützten Flugabwehrkräfte befanden sich dagegen noch im Aufbau. Schon bis Ende 1959 hatte die Bundesluftwaffe 26 Maschinen verloren, wobei sieben Piloten ums Leben kamen – nach Aussage Kammhubers war dies »völlig normal«. 1959 war die Beschaffung von 300 »Starfightern« und 200 leichten Jagdbombern vom Typ Fiat G-91 parlamentarisch beschlossen worden. Deren Einführung in die fliegenden Verbände ab Mitte 1960 läutete eine neue Ära ein.

Flexible Response Die schon unter Kennedy angestellten Überlegungen zum Strategiewechsel wurden erst 1967 zur NATO-Doktrin erhoben. Das Einsatzspektrum um konventionelle Aufgaben zu erweitern, wurde allerdings bereits zu Anfang des Jahrzehnts erwogen. Der entsprechend seiner Funktion als Strike-Bomber modifizierte »Starfighter« stand damit nicht mehr im Fokus der Einsatzkonzeption wie noch in der Ära Strauß/Kammhuber – dies umso weniger, als er sich weder zur Luftnahunterstützung noch zur wendigen Luftüberlegenheitsjagd eignete. Den mit der Fiat G-91 ausgerüsteten Leichten Kampfgeschwadern kam nun größere Bedeutung zu. Ab 1968 wurde ein Fiat-Nachfolgemodell geplant, der spätere »Alpha Jet«. In den frühen Siebzigerjahren begann die Entwicklung eines mehrrollenfähigen Kampfflugzeugs, aus dem das Projekt MRCA (Multi Role Combat Aircraft) »Tornado« entstand. Eine Zwischenlösung stellte die »Phantom II« dar, die ab 1971 als Version RF-4E in die Aufklärungsgeschwader und ab 1973 als Version F-4F in die drei Jagdgeschwader sowie in zwei Jagdbombergeschwader – hier als »Tactical Fighter« mit der Eignung sowohl zum Jagd- als auch zum Jagdbombereinsatz – eingeführt wurde. Die ursprünglich begrenzte Nutzungsdauer verlängerte sich immer wieder – zuletzt bis zum Juli 2013.

Noch unter der Prämisse nuklearer Kriegführung erfolgten Ende der Fünfzigerjahre erste Überlegungen zur Auflockerung der Luftstreitkräfte im Raum, um die Eigenbedrohung zu reduzieren. So wurden Notlandeplätze für Kampfflugzeuge, etwa auf Abschnitten der Bundesautobahnen, vorbereitet. Als weitere Option galten feldmäßige kurze Rollbahnen, für die entsprechende Flugzeuge jedoch noch nicht existierten. In den Sechzigerjahren versuchte man deshalb, Flugzeuge mit Kurz- oder Senkrechtstart-Eigenschaften zu entwickeln. Der dringende Bedarf einer NATO-integrierten Luftverteidigung lag dem Aufbau eines doppelten Flugabwehrraketengürtels in Westdeutschland zugrunde: In der Tiefe des Raumes lagen die mit dem weitreichenden Waffensystem »Nike« (in den Versionen »Ajax« und später »Hercules«) ausgerüsteten Flugabwehrraketenverbände (FlaRak-Verbände). Dieses konnte zur Abwehr feindlicher Bomberschwärme auch nuklear bestückt werden und erlaubte im Rahmen der Strike-Planung als Trägerwaffe auch den Einsatz gegen Bodenziele. Ab 1963 wurde das FlaRak-Waffensystem »Hawk« in Dienst gestellt, das den vorderen Luftverteidigungsgürtel gegen Ziele in niedrigen und mittleren Höhen nahe der innerdeutschen Grenze bildete. Die deutschen FlaRak-Verbände wurden vor allem im Norden der Bundesrepublik stationiert. Zur integrierten Luftverteidigung gehörten ferner niederländische, belgische und US-amerikanische Verbände, im süddeutschen Raum zudem französische.

Strukturen Im ersten Jahrzehnt ihres Bestehens war die Luftwaffe regional in die Einsatzverbände in Nord und Süd gegliedert. In Anlehnung an die Luftflotten (Allied Tactical Air Force, ATAF) in Nord- und Süddeutschland gab es die Luftwaffengruppen (vergleichbar der Korpsebene des Heeres) Nord und Süd. Diese wurden von je zwei Luftverteidigungsführern und einem »Fliegerführer« für die Luftangriffsverbände geführt. Beide NATO-Luftflotten waren britisch (2. ATAF Mönchengladbach) beziehungsweise US-amerikanisch (4. ATAF Ramstein) geprägt. Daher wiesen sie hinsichtlich ihrer Führung erhebliche Unterschiede auf. Insofern war die westdeutsche Luftwaffe nicht nur Bundeswehr-intern, sondern auch auf NATO-Ebene unterschiedlich integriert. Ähnlich der 4. ATAF bestand die Luftwaffengruppe Süd in den Sechzigerjahren aus der 1. Luftwaffendivision in Fürstenfeldbruck, der 2. Luftwaffendivision in Karlsruhe und der 5. Luftwaffendivision in Birkenfeld. Die Luftwaffengruppe Nord gliederte sich in die 3. Luftwaffendivision in Münster, die 4. Luftwaffendivision in Aurich und die 6. Luftwaffendivision in Münster. Die 7. Luftwaffendivision in Schleswig gehörte einsatzbezogen zu LANDJUT, unterstand aber truppendienstlich wie die vorgenannten Großverbände der 2. ATAF. Diese Luftwaffendivisionen verfügten querschnittlich über Verbände für alle Aufgaben. Zentrale Einrichtungen der Luftwaffe waren das Kommando der Schulen, das Allgemeine Luftwaffenamt und das Materialamt der Luftwaffe. Das Kommando der Schulen in Fürstenfeldbruck führte die Ausbildungs-, Lehr- und Versuchstruppen sowie die Schulen der Luftwaffe. Im Allgemeinen Luftwaffenamt waren die Waffeninspizienten untergebracht; hinzu traten Spezialabteilungen für Flugbetrieb, Wetterdienst und Sanitätswesen. Dieses Amt wurde bereits 1962 mit dem Kommando der Schulen zum Luftwaffenamt verschmolzen. Die Kaserne am Standort Köln-Wahn beherbergte alle höheren zentralen Dienststellen der Luftwaffe.

Mit dem Dienstantritt Steinhoffs als Inspekteur der Luftwaffe 1966 setzte eine organisatorische Umgestaltung ein. Die regionale und dafür querschnittliche Gliederung wich nun einer aufgabenbezogenen, an den Grundsätzen technischer Effizienz orientierten. Mit der »Luftwaffenstruktur 1970« wurde die Teilstreitkraft in drei Kommandos eingeteilt: Dem Luftwaffenamt unterstanden die Dienststellen Luftwaffenausbildungs-, Lufttransport- und Luftwaffenführungsdienstkommando sowie der Generalarzt der Luftwaffe. Diesen Bereichen waren wiederum die Schulen, Transportgeschwader, Fernmeldeabteilungen und Sanitätsdienststellen nachgeordnet. Das Luftwaffenunterstützungskommando führte die Unterstützungskommandos Nord und Süd mit ihren Versorgungsregimentern und technisch-logistischen Schulen. Das Luftflottenkommando führte die fortan vier Divisionen: Zur 1. Luftwaffendivision in Meßstetten als Luftangriffsdivision gehörten fünf schwere Jagdbombergeschwader, das Flugkörpergeschwader 1 in Landsberg, das Aufklärungsgeschwader 51 (seit 1971 »Immelmann«) sowie die Waffenschule 50. Die 2. Luftwaffendivision in Birkenfeld gliederte sich gemäß ihrem Luftverteidigungsauftrag in das Jagdgeschwader 74 sowie in je zwei FlaRak- und zwei Fernmelderegimenter. Diesen beiden der 4. ATAF zugeordneten Großverbänden standen zwei zur 2. ATAF zählende im Norden gegenüber: Die 3. Luftwaffendivision in Kalkar bestand neben zwei schweren und zwei leichten Jagdbombergeschwadern (von 1966/67 bis 1980 leichte Kampfgeschwader) aus dem Aufklärungsgeschwader 52, dem Flugkörpergeschwader 2 und der Waffenschule 10. Teil der 4. Luftwaffendivision in Aurich waren das Jagdgeschwader 71 (seit 1971 »Richthofen«), vier FlaRak- und zwei Fernmelderegimenter. Diese Grundstruktur blieb bis 1994 gültig. 1962 hatte der Personalumfang der Luftwaffe 92 000 Mann erreicht. Zuletzt gewährleisteten 110 000 Soldaten die Einsatzfähigkeit von 30 Prozent aller NATO-Kampfflugzeuge und von 50 Prozent der bodengebundenen NATO-Luftverteidigung in Mitteleuropa.

Die Marine: von der Randmeermarine zur Blue-Water-Navy

Bruchloser als die anderen Teilstreitkräfte pflegte die westdeutsche Marine Kontinuitäten zur Vorkriegs-, Kriegs- und frühen Nachkriegszeit. Die von den Siegermächten angeordnete vollständige Demilitarisierung Deutschlands kontrastierte mit der Notwendigkeit, die während des Zweiten Weltkrieges stark verminten europäischen Seegebiete wieder passierbar zu machen. Zur Räumung der insgesamt 580 000 verlegten Seeminen kamen vor allem diejenigen 14 000 Soldaten der vormaligen Kriegsmarine in Frage, die sich in westalliierter Kriegsgefangenschaft befanden. Analog zu den Dienstgruppen an Land entstand die German Mine Sweeping Administration (GMSA), die im Jahr 1946 über 27 000 frühere deutsche Marinesoldaten auf rund 300 Booten verfügte, darunter 138 Minensuch- oder Räumboote sowie 112 Kriegsfischkutter. Nach Auflösung der GMSA auf sowjetischen Druck entstand Anfang 1948 unter britischer Oberhoheit der Minenverband des Zollgrenzschutzes Cuxhaven. Diese Organisation wurde im Juli 1951 in die von der US Navy errichtete Labour Service Unit Bremerhaven (LSU) überführt. Trotz stetiger Reduktion der seegehenden Einheiten verblieben 45 von ihnen bis 1955 durchgängig im Dienst. Ebenfalls in Bremerhaven, dem Überseehafen der amerikanischen Besatzungszone, tagte seit 1949 das Naval Historical Team. Analog zur Historical Division werteten frühere Admirale und Admiralstabsoffiziere im Auftrag der US Navy Kriegserfahrungen und Lagebilder zur sowjetischen Bedrohung aus. In diesem Rahmen entstanden bald erste Grundlagenarbeiten zur zukünftigen maritimen Rolle Westdeutschlands. Auch personell fand sich mit dem späteren ersten Marineinspekteur Friedrich Ruge (1957–1961), seinem Stellvertreter Gerhard Wagner, seinem Nachfolger Karl-Adolf Zenker (1961–1967) sowie dem späteren Wehrbeauftragten Hellmuth Heye (1961–1964) hier »die eigentliche Keimzelle der Bundesmarine« (1.34 Sander-Nagashima, S. 48).

Himmeroder und Wagner-Denkschrift Mit Ruge gestaltete seit Himmerod ein Experte des Naval Historical Teams maßgeblich die spätere Aufbauphase. Unter Kennzeichnung der Ostseeausgänge als strategische Schlüsselposition sah die Denkschrift für den maritimen Teil des Deutschen Kontingents eine Personalstärke von 15 100 bis 19 600 Mann vor. Im Gegensatz zur Wehrmacht sollten auch Seeluftstreitkräfte wieder zur Marine gehören – außerdem die in den Demilitarisierungsbestimmungen verbotenen U-Boote. Die Küstenverteidigung wurde dagegen zur Heeresaufgabe erklärt. Anders als das Heer griff die Marine dezidiert auf die bei den Westmächten bestehenden »Dienstgruppen« wie die Cuxhavener Räumflottille und die unter amerikanischer Führung stehende Minensuchflottille zurück. Die Himmeroder Denkschrift forderte zwölf Torpedoboote, 36 Schnellboote, 24 Klein-U-Boote sowie je 30 Aufklärungs- und Kampfflugzeuge. Zum Schutz der Wege von der Ost- in die Nordsee plante sie zwölf U-Jäger, 24 Minensuchboote, 36 Räumboote, zwölf Geleitboote, 36 Kriegsfischkutter und 84 Jagdflugzeuge. Damit hatte die Denkschrift das Aufgaben- und Ausrüstungsspektrum der späteren Bundesmarine weitgehend zutreffend umrissen – von zwei Ausnahmen abgesehen: Erstens deutete der Begriff »Geleitboote« sehr zurückhaltend den Wunsch nach größeren Einheiten an, denn der Widerstand seitens der Alliierten war absehbar. Erst als Anfang der Sechzigerjahre die Tonnagebeschränkung für die deutsche Seerüstung aufgehoben wurde, fielen diese »Boote« als »Fregatten« auch begrifflich in die Kategorie »echter« Schiffe. Konsequent verfolgte die Bundesmarine den Weg zur »Blue-Water-Navy«, deren Auftragsspektrum in die hohe See des Nordatlantiks hineinreichte. Zweitens standen die anfangs erwogenen Mittel zur maritimen und amphibischen Kleinkriegführung klar im Gegensatz zur späteren Entwicklung. Um die »Seeflanke des Heeres gegen Landungen« sichern zu können, forderte die Denkschrift neben zwei Flottillen mit Kleinkampfmitteln wie Zwei-Mann-U-Booten oder Sprengbooten drei Dutzend Landungsfahrzeuge sowie »Kommandotrupps«. Klar war auch hier die enge Integration ins westliche Bündnis. Nach Beginn der Verhandlungen auf dem Petersberg und in Paris verfasste Konteradmiral a.D. Wagner am 14. März 1951 eine Denkschrift zum Aufbau eines deutschen Marinekontingents, basierend auf konzeptionellen Vorarbeiten im Naval Historical Team. Bei einer Stärke von 20 000 Mann sollte die Marine die westliche Ostsee und ihre Ausgänge schützen sowie sowjetische Landstreitkräfte von See her bedrohen und deren Nachschub unterbrechen. Auch Wagners Denkschrift erwog Kommandounternehmungen im Rücken des Feindes einschließlich der Unterstützung von Widerstandsbewegungen in der »Sowjetzone«, in Polen und im Baltikum. Diese Planungen waren durch tatsächliche spätere Aufgaben der maritimen westdeutschen Kräfte beeinflusst: Unter britischer Führung stehende deutsche Boote der Fishery Protection Force schleusten westliche Agenten in die baltischen Sowjetrepubliken ein (Arendt in 1.6, S. 125).

Zunächst waren größere Einheiten, U-Boote und Seeflugzeuge nicht vorgesehen. Rücksicht musste auf französische Empfindlichkeiten, aber auch auf kleinere NATO-Staaten genommen werden. Restriktionen bestanden vor allem bei der Marinerüstung fort: Größere Einheiten durften 3000 Tonnen, U-Boote 350 Tonnen Wasserverdrängung nicht übersteigen. Auch waren vorerst weder Entwicklung noch Einsatz von Lenkwaffen und modernen Minen gestattet. Das deutsche Kontingent der EVG-Marine sollte 18 Geleitboote, 60 aktive Minensuchboote und 85 in Reserve umfassen. Hinzu kamen 60 aktive Schnellboote, 10 aktive und 40 Hafenschutzboote in Reserve. Die 11 443 aktiven westdeutschen Marinesoldaten sollten durch 14 000 Reservisten verstärkt werden.

Aufbauphase 1955–1961 Der Beitritt zur NATO ermöglichte die Rückkehr zu früheren Planungen, besonders hinsichtlich Zerstörern, U-Booten und Marinefliegern. Entsprechend der Empfehlung des NATO-Hauptquartiers Europa SHAPE sollte die westdeutsche Marine nach dem Planungsstand 1955 über 172 Schiffe und Boote verfügen, darunter zwölf Zerstörer, sechs Geleitfahrzeuge, zwölf U-Boote und 58 Luftfahrzeuge. Vom Personalumfang her wurde nun eine Stärke von 25 000 Mann veranschlagt. Wie bei der Luftwaffe sollte der Aufbau vier Jahre dauern –

auch dies erwies sich bald als viel zu optimistisch. Am 2. Januar 1956 nahmen die ersten freiwilligen Marinesoldaten ihren Dienst in Wilhelmshaven auf, Ende 1956 belief sich der Personalbestand der Marine auf 7625 Soldaten. Wie beim Heer trug die nahezu komplette Übernahme des Seegrenzschutzes des BGS von 700 Mann und 30 Minensuch- und -räumfahrzeugen am 1. Juli 1956 zum Aufbau der deutschen Marine bei. Den Traditionsbezug zu früheren deutschen Seestreitkräften verdeutlichte nicht nur die Nutzung der 1907 für die kaiserliche Marine gebauten Marineschule Mürwik als zentrale Ausbildungsstätte ab Juli 1956, sondern auch die Indienststellung des Segelschulschiffs »Gorch Fock« im Dezember 1958. Schon im April 1957 waren der NATO zwei einsatzbereite Minensuchgeschwader zugeteilt worden. In den frühen Sechzigerjahren wurden die ersten Einheiten aus deutscher Produktion in Betrieb genommen. Seit demselben Jahr nahm die Bundesmarine an Manövern des Bündnisses teil. Im Mai 1961 verfügte sie über zwei Zerstörergeschwader (von geplanten drei), ein Geleit-(Fregatten-)Geschwader, fünf Schnellboot-, sieben Minensuch-, ein Flottendienst- und ein Landungsgeschwader (von geplanten vier). Hinzu traten zwei Marinefliegergeschwader und eine Marinedienst- und Seenotgruppe; drei geplante U-Bootgeschwader befanden sich noch im Aufbau. Bis März 1961 konnten ein Zerstörer-, drei Schnellboot-, vier Minensuch-, ein Landungs- und ein Marinefliegergeschwader in die NATO eingegliedert werden. Ende 1961, kurz nach dem Ausscheiden Ruges als Inspekteur, besaß die Marine 164 Kampfschiffe oder -boote, 36 Kampfflugzeuge und 26 382 Soldaten.

Konsolidierung 1961–1968 Bis Ende der Sechzigerjahre war die Bundesmarine mit dem Aufbau der in Himmerod umrissenen Fähigkeiten für ihre Aufgaben in Nord- und Ostsee befasst. Die Konzeption der Bundesmarine von 1962 räumte dem Schutz der Ostseezugänge Vorrang ein, allerdings in geografischer und taktischer Erweiterung: Mit dem »Kampf vor, in und hinter der Tür« sollten die gegnerischen Seestreitkräfte ab der mittleren Ostsee aufgehalten, in der westlichen Ostsee gestoppt und an den dänischen Meerengen ein Zusammenschluss der sowjetischen Ostsee- und Nordmeerflotte verhindert werden. Diese Absicht kontrastierte mit der veränderten Bedrohungslage: Insbesondere die sowjetische Ostseeflotte war mittlerweile mit Flugkörpern ausgestattet. Daran konnte vorerst auch die seit 1963 aufgrund der Ausrüstung mit der F-104G »Starfighter« gewachsene Kampfkraft der Bundesmarine wenig ändern – zumal das Zusammenspiel von Marinefliegern und Schnellbooten noch längst nicht reibungslos klappte. Zwischen 1963 und 1966 plante die Bundesrepublik, sich im Rahmen einer Multilateral Force (MLF) nuklear zu beteiligen. Deshalb stellte die Bundesmarine 1964/65 für einige Monate rund ein Siebtel der Besatzung des US-Zerstörers »Claude V.

Ricketts«. Das Projekt fiel jedoch nach heftigen Querelen zwischen den Bündnispartnern dem Strategiewechsel zum Opfer. Dies kam den deutschen Seestreitkräften insofern zugute, als die Marineflieger, entgegen den Forderungen der Luftwaffe, vom nuklearen Strike-Auftrag ausgenommen wurden. Angesichts der rasant wachsenden sowjetischen Marinerüstung, etwa durch Lenkwaffenzerstörer, geriet die Bundesmarine in den Sechzigerjahren in eine »Lenkwaffenkrise«. Erst mit der Entwicklung gleichwertiger Schiffe leitete sie zu Beginn der Siebzigerjahre einen erneuten Generationswechsel ein.

Ende der Fünfzigerjahre unterstanden dem Inspekteur der Marine die drei Kommandos der Flotte, der Flottenbasis und der Marine-Ausbildung. Zu ersterem gehörten die beiden Befehlshaber der Seestreitkräfte Ostsee und Nordsee sowie die Stammkommandos für die seegehenden Einheiten und der Marineflieger. Zur Flottenbasis zählten neben den Marine-Abschnittskommandos Nord (Nordsee) und Ost (Ostsee) verschiedene Spezialabteilungen. Das Kommando der Marine-Ausbildung führte die Schulen sowie die Waffen und Verwendungsbereiche. Im Verlauf der frühen Sechzigerjahre erfolgte eine Umgliederung, deren Ergebnisse bis in die Achtzigerjahre fortbestanden: Zum Kommando der Flotte gehörten die Flottillen der Zerstörer, der Schnellboote, der Minensuchboote und der U-Boote sowie die Marinefliegerdivision und die Amphibische Gruppe. Den Flottillen wiederum unterstanden die jeweiligen Geschwader. Dem seit 1962 bestehenden Marinekommando oblag die Führung der Ausbildungseinrichtungen, während die Flottenbasis 1965 aufgelöst und ihre Bereiche in das Flottenkommando integriert wurden. Mit Klärung der maritimen Verantwortungsbereiche im Rahmen der NATO gehörte die Bundesmarine ab April 1962 zum Befehlsbereich Ostseeausgänge BALTAP (NAVBALTAP, Naval Baltic Approaches). Der Befehlshaber der Flotte trug als Flag Officer Germany ab September 1961 damit zusätzlich zum deutschen einen »NATO-Hut«. Ende 1966 verfügte die Marine über einen Personalbestand von 33 044 Mann, davon 38,7 Prozent auf seegehenden Einheiten, 13,7 Prozent bei den Marinefliegern und 28 Prozent in Ausbildung. Der Rest des Marinepersonals war in Dienststellen von Bundeswehr und NATO beschäftigt. Nach dem Stellenbesetzungsschlüssel von 6 (Heer) zu 3 (Luftwaffe) zu 1 kam ihm ein Zehntel der Dienstposten zu.

Reifephase 1968–1990 Mit dem Strategiewandel um 1967/68 waren die Einsatzmittel der Flotte auf rund 200 Schiffe oder Boote sowie rund 200 Luftfahrzeuge angewachsen. Die Hauptkräfte waren nach wie vor zum Schutz der Ostseeausgänge vorgesehen, sollten jedoch zu einem Drittel auch Aufträge in der Nordsee übernehmen. Im Rahmen der regional erweiterten Bedrohungslage besaß die Marine nun die angestrebte »ausgewogene Flotte«: zwölf Zerstörer, sechs Fregatten und zwei Reserveeinheiten, vier Schnellbootgeschwader mit je zehn Torpedoschnellbooten, elf U-Boote, 24 Landungsboote, fünf Flottendienstboote zur elektronischen Fernaufklärung, zwei Minenleger, 74 Minensuch- und -jagdboote, drei Schulschiffe (darunter die »Gorch Fock« und die »Deutschland«), zwölf Tender, drei Betriebsstofftanker, 61 weitere Trossschiffe und Hilfsfahrzeuge sowie 48 Spezial- und Versuchseinheiten, ferner acht Schul- und Sicherheitsboote (Arendt in 1.6 , S. 128). Neben einer Marinefliegerdivision mit vier (zeitweise fünf) Geschwadern waren diese Kräfte als drei Zerstörer-, zwei Geleit-, fünf Schnellboot-, zwei U-Boot- sowie neun Minensuch- und zwei Versorgungsgeschwader organisiert. Hinzu kamen ein Flottendienst- und (von 1965 bis 1972) ein Minenlegegeschwader sowie die Amphibische Gruppe. Die beiden letzteren traten faktisch aber vor allem bei der Versorgung der seegehenden Einheiten einschließlich der Müllentsorgung in Aktion. Zudem übernahm ein Seebataillon Aufgaben der Küstensicherung (1.34 Sander-Nagashima, S. 498).

Wegen der gestiegenen Bedrohung der Nordmeerflanke von der Norwegischen See in den Nordatlantik hinein erweiterte sich das Aufgabenspektrum der Bundesmarine im Verlauf der Siebzigerjahre. Dies kam dem deutschen Wunsch entgegen, endlich in die Liga der etablierten Marinen aufzusteigen. Folgerichtig gaben die 1972 und 1975 fortgeschriebenen Konzeptionsdokumente die strikte Trennung der Operationsgebiete Nord- und Ostsee auf. In der Ostsee stellte die Bundesmarine um 1980 drei Viertel aller NATO-Seestreitkräfte; im nördlichen Raum fuhren ein Drittel der NATO-Verbände unter deutscher Flagge. Im Juni 1980 beschloss der Bundessicherheitsrat auch formal die Aufhebung der bisherigen regionalen Beschränkung. Damit war die Entsendung deutscher Einheiten in Seegebiete westlich der Linie Dover–Calais und nördlich der Linie Shetland–Bergen (Norwegen) offiziell legitimiert. Auf NATO-Ebene entstand im selben Jahr eine Gesamtkonzeption für den Einsatz alliierter Seestreitkräfte. Bereits im Folgejahr verständigten sich die drei NATO-Befehlshaber für Europa (SACEUR), den Atlantik (SACLANT) und den Kanal (CINCHAN) über die flexiblere Koordinierung der Land-, Luft- und Seestreitkräfte in der Nordsee. Dadurch erhöhten sich insbesondere die Einsatzmöglichkeiten der deutschen Marine, beispielsweise wenn es um die Entsendung von Schnellbooten nach Norwegen ging. Die weitere deutsche Beteiligung beinhaltete nicht nur die Beteiligung an NATO-Manövern im Nordmeerraum, sondern auch am ständigen Einsatzverband der NATO im Atlantik STANAVFORLANT. Auf die Erweiterung des regionalen Aufgabenspektrums deutete ab 1987 die Beteiligung am NATO-Einsatzverband im Mittelmeer (NAVOCFORMED) hin. Auf ihren weltweiten Ausbildungsfahrten als »Botschafter in Blau« aufzutreten, galt ohnehin als Auftrag der bundesdeutschen Marine.

Im Lauf der Achtzigerjahre konnte die Bundesmarine eine zweite, teils sogar dritte Ausrüstungsgeneration einführen. Planungen, ältere Einheiten vollständig durch neue zu ersetzen, ließ die Marine angesichts steigender Personalkosten, eines Kaufkraftverlustes und absehbarer Haushaltsengpässe bereits vor 1989 fallen. Die 1987 vom Inspekteur Hans Joachim Mann initiierte Bestandsaufnahme mündete in das Konzept der »Flotte 2005«. Dieses sah die Reduktion der Seestreitkräfte um die Hälfte vor – bei gleichzeitiger Runderneuerung der in ihrer Tonnage deutlich aufgewerteten Fregatten und U-Boote (Arendt in 1.6). Hiermit wurden ungewollt die Grundlagen für Aufgaben »out of area« geschaffen, denen sich die »Deutsche Marine« erstmals im Gefolge des Ersten Irakkrieges von 1991 stellen musste, als Einheiten zum Minenräumen in den Persischen Golf entsandt wurden (Schiel in 9.1). Die Personalstärke blieb von 1972 bis 1989 mit rund 35 000 Soldaten weitgehend konstant.

Der Sanitätsdienst

Im Amt Blank bestand seit 1954 das Referat Sanitätswesen Gesamtstreitkräfte, das im November 1955 als Unterabteilung Gesundheitswesen in die Abteilung Streitkräfte überführt wurde. Hieraus ging im Juni 1957 die »Inspektion des Sanitäts- und Gesundheitswesens« im Bundesministerium für Verteidigung hervor. Diese Bezeichnung implizierte die formale Gleichwertigkeit mit den Teilstreitkräften. Zur Kränkung des ersten Inspekteurs Theodor Joedicke wurde der Sanitätsdienst in der Aufbauphase der Bundeswehr jedoch kaum ernst genommen (Bormann in 1.33). In früheren deutschen Streitkräften waren Ärzte entweder keine Offiziere oder ihr Status als Sanitätsoffiziere wurde in der kämpfenden Truppe als nachrangig erachtet. Sowohl im Amt Blank als auch in den politischen Gremien und Standesorganisationen wie den Ärztekammern entstanden kontroverse Diskussionen darüber, ob die künftigen Streitkräfte von Sanitätsoffizieren, verbeamteten oder angestellten zivilen Ärzten oder externen Vertragsärzten medizinisch versorgt werden sollten (Grunwald/ Vollmuth in 1.6). Als Anfang April 1956 der Sanitätsdienst aufgebaut wurde, entschied man sich für Sanitätsoffiziere als Militärärzte. Nachdem am 10. Juli 1957 dieser Status auch für Zahnärzte, Apotheker und Veterinäre verankert wurde, existierte erstmals in der deutschen Militärgeschichte ein eigenes Sanitätsoffizierkorps. Dessen Ausbildung sollte unter Berücksichtigung der besonderen Gegebenheiten der Teilstreitkräfte möglichst einheitlich sein. Für die Lehrinhalte galt derselbe Maßstab wie im zivilen Gesundheitswesen. Anfangs wurden die Sanitätsoffiziere nach Beendigung ihres zivilen Studiums als approbierte Ärzte von der Bundeswehr übernommen. Allerdings herrschte bis in die Achtzigerjah-

◂ Abb. 9: Die Bundesmarine leistete den Hauptbeitrag im Bündnis zum Schutz der Ostseeausgänge, insbesondere mit ihren Schnellbooten und den Minenstreitkräften. Im Bild: Schnellboot S 148 der Klasse 143. *Bundeswehr*

▸ Abb. 10: Erst ab dem zweiten Jahrzehnt ihres Bestehens erhielt die Bundesmarine die Schiffe, die es ihr ermöglichten, einen Beitrag zum Schutz der Seewege im Nordatlantik zu leisten. Im Bild: Auftanken der Lenkwaffenzerstörer »Lütjens« und »Rommel« am Betriebsstofftanker »Frankenland«. *Bundeswehr*

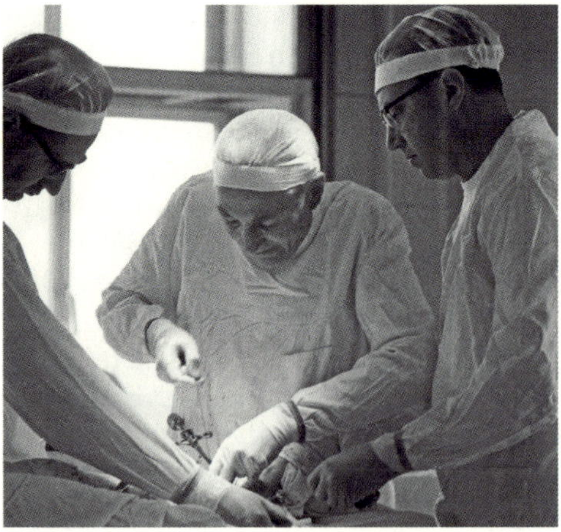

◂ Abb. 11: Insbesondere der Sanitätsdienst der Bundeswehr litt lange Zeit unter Personalnot. Im Bild: Operation im Bundeswehrlazarett (später: Bundeswehrzentralkrankenhaus) Koblenz 1965. *BArch, B 145 Bild-F015114-0004/Ludwig Wegmann*

re ein drastischer Mangel an ärztlichem Personal von bis zu 50 Prozent. Erst ab 1969 stellte die Bundeswehr Sanitätsoffizieranwärter von Beginn an als Soldaten ein. Diese absolvierten zunächst eine militärische Ausbildung in der Truppe und an der Sanitätsakademie und seit 1973 ein Studium an einer zivilen Universität – finanziert von der Bundeswehr, aber unterbrochen durch Praktika in Bundeswehrkrankenhäusern und in der Truppe. Auf die Approbation folgte dann eine spezifische wehrmedizinisch-militärische Einweisung. Vorrangig bei Truppenärzten auf Bataillonsebene griff die Bundeswehr zudem auf Wehrpflichtige zurück. Entsprechend ihrer vorherigen Qualifikation wurden diese nach der Grundausbildung im Dienstgrad Stabsarzt (vergleichbar einem Hauptmann) eingesetzt. In den Achtzigerjahren erhöhte sich der Anteil der längerdienenden Sanitätsoffiziere auf 75 Prozent des Sollumfangs. Von den 3000 Dienstposten für Sanitätsoffiziere waren um 1985 nur 1800 von Berufs- oder Zeitsoldaten besetzt, unter ihnen 100 Frauen (1.73 Weißbuch Nr. 254).

Truppensanitätsdienst und Sanitätstruppe Der Aufbau des Sanitätsdienstes begann 1956 mit der Aufstellung der Sanitätstruppenschule in Degerndorf, die im Folgejahr als »Sanitätsschule der Bundeswehr« nach München verlegt wurde. Gleichzeitig entstand in Bonn-Beuel das Wehrmedizinalamt, dem die militärärztliche Grundlagenarbeit oblag. Ab 1958 wirkten Sanitätsinspizienten in den Teilstreitkräften als Leiter des Fachdienstes. Ab 1957 entstanden die Lazarette in Gießen, Koblenz, Glückstadt, Amberg und Detmold; in den beiden Jahren darauf wurde die Sanitätstruppe aufgestellt. Ab 1962 erfolgte der Aufbau von vier weiteren Lazaretten sowie der Spezialinstitute, zunächst des Hygienisch-Medizinischen Instituts in Koblenz, später der Institute für Flugmedizin, U-Boot- und Taucherphysiologie. Der erst 1967 geschaffene Sanitätsdienst gliederte sich in drei Ebenen: den Truppensanitätsdienst, die Sanitätstruppe und den Zentralen Sanitätsdienst. Im Truppensanitätsdienst war je ein Truppenarzt an der Spitze einer Sanitätsgruppe für die medizinische Versorgung auf Bataillonsebene verantwortlich. Ihm war eine kleine Gruppe Sanitätssoldaten zugeteilt. Zur Sanitätstruppe gehörten eigenständige Truppenteile auf Divisions- und Korpsebene. Die Sanitätsbataillone mit ihren Hauptverbandplatzzügen sorgten für die chirurgische Erstbehandlung, daneben existierten Krankenkraftwagenkompanien und Feldlazarette. Bei der Luftwaffe gehörte zu jedem Verband eine Sanitätsstaffel sowie Reservepersonal für den Verteidigungsfall. Der Sanitätsdienst der Marine sah für die Schwimmenden Verbände Ärzte und Sanitätspersonal an Bord vor, bei den Verbänden an Land entsprach er dem der Luftwaffe. Das sanitätsdienstliche Personal verteilte sich nach dem üblichen Schlüssel von 6:3:1 (Heer zu Luftwaffe zu Marine) auf die Teilstreitkräfte.

Zentraler Sanitätsdienst Der Blankeneser Erlass von 1970 legte die Zentralen Sanitätsdienststellen der Bundeswehr in die Hand des Inspekteurs des Sanitätsdienstes. Dieser trug die Verantwortung für alle zentralen Dienststellen: das Sanitätsamt, die Akademie des Sanitäts- und Gesundheitswesens (bis 1962: Sanitätsschule), das Zentrallazarett in Koblenz, die 13 Lazarette sowie die Institute und Sanitätsdienstlichen Untersuchungsstellen (Grunwald/Vollmut in 1.6). Darüber hinaus oblag ihm die Aufsicht über alle sanitätsdienstlichen Dienststellen und Soldaten der Teilstreitkräfte. Seit 1980 war der Inspekteur des Sanitätsdienstes befugt, fachdienstlich in eigenem Namen zu handeln. Alle anderen Führungsstäbe hatten ihn in die Planung, Organisation, Ausstattung, Ausrüstung, Infrastrukturordnung und Ausbildung ihrer Sanitätsdienste zu involvieren. »Lazarette« wurden in »Bundeswehrkrankenhäuser« umbenannt. Die nun zwölf Häuser wurden an moderne medizinische Maßstäbe angepasst, stärker in die Zivilversorgung eingebunden und für Zivilpatienten geöffnet. Mit der Neuordnung des Sanitätsdienstes entstanden ab 1979 komplexe ortsfeste Versorgungsstrukturen. So bildeten sich 100 Sanitätszentren im Heer, 35 für Luftwaffe und Marine sowie 64 Facharztgruppen an 29 Standorten. Diese sollten im Frieden den Truppensanitätsdienst entlasten, im Verteidigungsfall Personal als Kader für die »Lazarette 200« (mit je 200 Betten) oder für die Reservelazarettgruppen stellen. Ziel war ein raumdeckendes Netz zwischen Truppensanitätsdienst und beweglichen Sanitätskompanien der Divisionen einerseits und den im Westen der Bundesrepublik gelegenen Lazarettgruppen andererseits.

Auslandseinsätze Zusammen mit den Transportfliegern der Luftwaffe schuf der Sanitätsdienst die Grundlagen für Auslandseinsätze im Rahmen humanitärer Hilfeleistung. Im März 1960 wurde Sanitätspersonal äußerst zügig zur Erdbebenhilfe nach Marokko entsandt. Hier errichtete das Sanitätsbataillon 5 aus Koblenz drei Wochen lang einen Hauptverbandplatz bei Agadir. Abgesehen vom grassierenden Karneval im Heimatstandort bestand die Herausforderung vor allem darin, das erforderliche Material aus verschiedenen Depots zusammenführen; außerdem waren die Transportflugzeuge vom Typ »Noratlas« nicht in der Lage, Non-Stop bis Nordafrika zu fliegen. 1976 leistete der Sanitätsdienst Erdbebenhilfe in der Türkei und erneut um die Jahreswende 1980/81 in Süditalien (Chiari in 1.40 Chiari/Pahl); dies sind nur einige Beispiele für eine Reihe weiterer humanitärer Einsätze der Bundeswehr und ihres Sanitätsdienstes.

Territoriale Verteidigung und Heimatschutz

Angehörigen des zuerst aufgestellten und im Kern gepanzerten Feldheeres galt das Territorialheer oft als zweitrangig. Diese Sichtweise ist jedoch einseitig: Erstens entsprach vor allem das Territorialheer der Selbstwahrnehmung als »deutsches Heer«: Im Frieden wie im Verteidigungsfall stand es unter »nationaler«, sprich bundesdeutscher Verantwortung, die Korps des Feldheeres hingegen waren NATO-integriert. Zweitens bot erst ein Territorialheer die Basis für das freie Operieren gepanzerter Kräfte. Trotz der Verflechtungen von Territorial- und Feldheer und ungeachtet ihrer mit der Heeresstruktur 3 vollzogenen Fusion galt eine jeweils eigene Logik: hier das Vorhalten aufwuchsfähiger Reserven, dort die Präsenz hoch beweglicher Kräfte. Schon in den frühen Fünfzigerjahren gab es Überlegungen, dem gepanzerten Kernheer eine Heimatschutzorganisation an die Seite zu stellen. Besonders beim BGS wurde erwogen, sich eher als kopfstarkes, mobilisierungsabhängiges Heimatschutzheer zu organisieren (6.4 Rink). Doch diese Funktion als grenznahe Heimatverteidigung widerstrebte den auf militärische Gleichberechtigung und »Modernität« der Truppe drängenden Planern im Amt Blank.

Aufgaben und Gliederung Anfangs wurde die territoriale Verteidigung bei der Bundeswehrplanung vernachlässigt. Am 1. Juni 1957 begann der Aufbau des Amtes für Territoriale Verteidigung, dem späteren Kommando Territoriale Verteidigung (KTV). Die Territorialverteidigung stellte das Bindeglied zwischen der administrativen Struktur der Bundesrepublik und den NATO-Streitkräften einschließlich der ihnen zugeordneten Bundeswehrverbände dar. Dies führte zu vielfältigen Koordinations- und Kooperationsaufgaben im Zusammenspiel mit NATO-Dienststellen und -Verbänden, der Bundeswehrverwaltung, mit den zivilen Verwaltungsorganen sowie dem BGS und der Polizei. Hinzu kamen die Sicherung rückwärtiger Gebiete, Objekte und Küsten, die Gewinnung und Auswertung von Nachrichten, Militärische Verkehrsführung und militärpolizeiliche Ordnungsaufgaben, Psychologische Kampfführung, die zentrale Fernmeldeführung, Pionieraufgaben, ABC-Abwehr und Selbstschutz, Versorgungsführung, Öffentlichkeitsarbeit, Reservistenbetreuung sowie zentrale Sanitäts- und Infrastrukturaufgaben. Angelehnt an die Bundesländer bestanden sechs Wehrbereiche. Diesen Gliederungen der Bundeswehrverwaltung entsprachen militärisch die Wehrbereichskommandos analog zur Divisionsebene. Diese waren 1956/57 zunächst dem Verteidigungsminister direkt unterstellt und wurden ab Oktober 1957 als Organisationsbereich »Kommando Territoriale Verteidigung« in Bad Godesberg zusammengefasst. Dessen Befehlshaber war zivildienstlich dem Minister, truppendienstlich aber der Abteilung Streitkräfte, also dem Generalinspekteur verantwortlich. Dem Kommando unterstanden die Territorialkommandos Nord, Süd und Schleswig-Holstein. Diese bildeten die Schnittstelle zu den NATO-Kommandobehörden, Armeegruppen (NORTHAG und CENTAG) sowie LANDJUT, Luftflotten (2. und 4. ATAF), nationalen Oberkommandos der verbündeten Streitkräfte und Höheren Kommandobehörden der Bundeswehr. Den Wehrbereichskommandos oblag die Unterstützung der Korps und Divisionen des Feldheeres und ihrer Luftwaffen- und Marineverbände. Zusammen mit der Wehrbereichsverwaltung fungierten sie als Mittler zu den Länderbehörden. Die zwischen 1959 und 1961 aufgebauten 25 Territorialkommandos wurden ab 1964 zu Verteidigungsbezirkskommandos umgegliedert und kamen der Brigadeebene gleich. Auf Ebene der Städte und Landkreise entstanden 143 Standort- und 17 Truppenübungsplatzkommandos. Aus ihnen wurden Mitte der Sechzigerjahre »Verteidigungskreiskommandos«.

Um das gewachsene Reservistenpotenzial organisatorisch integrieren zu können, wurden die statischen Stäbe durch die mobilen Truppenteile des Territorialheeres ergänzt (5.4 Brugmann). Abgesehen vom – auch hinsichtlich der Prestigewirkung herausragenden – Wachbataillon waren diese größtenteils mobilisierungsabhängig. Bei ihrem Aufbau spielten die Fernmelde- und Pioniertruppen eine herausragende Rolle, letztere vor allem deshalb, weil sie Brücken über die großen Flüsse Norddeutschlands zu schlagen hatten. Hauptauftrag des Territorialheeres war die Sicherung des rückwärtigen Gebietes: Sowohl die Truppenteile und Einrichtungen der hochtechnisierten Bundeswehr als auch die zahlreichen »Empfindlichen Punkte« der westdeutschen Infrastruktur mussten gegen Sabotageakte, Luftlandungen und durchgebrochene Angriffsspitzen des Gegners geschützt werden. Zu diesem Zweck wurden zwar Anfang der Sechzigerjahre erste Jägerbataillone und Sicherungskompanien für den Raum- und Objektschutz aufgestellt, doch erst durch die Wehrpflicht standen die erforderlichen Reservisten zur Verfügung. Ende 1962 war ein Personalstand von 27 000 Mann erreicht. Bis 1967 wuchs die Territorialreserve aus Freiwilligen auf nahezu 35 000 Mann an. Nachdem 1965 die zwölfte Division des Feldheeres geschaffen worden war, nahm die Bedeutung des Territorialheeres erheblich zu – zumal das bald folgende NATO-Konzept der Flexible Response stärkere konventionelle Kräfte forderte.

Heeresstrukturen 3 und 4 Die Heeresstruktur 3 vereinte 1969 Feld- und Territorialheer. Seitdem bestanden drei Territorial- und sechs Wehrbereichskommandos sowie 29 Verteidigungsbezirks- und 80 Verteidigungskreiskommandos. Die Heimatschutztruppe verstärkte sich in den Siebzigerjahren beträchtlich. Mit der Heeresstruktur 4 traten sechs Heimatschutzkommandos hinzu. In Gliederung und Ausrüstung fast identisch mit den Brigaden des Feldheeres, waren sie lediglich stärker gekadert. Zwei von ihnen waren zuletzt als aktive Brigaden den Divisionen des Feldheeres unterstellt, weitere sechs erwuchsen als Geräteeinheiten. Zusätzlich verfügte die Heimatschutztruppe über 45 Heimatschutzbataillone, zusammengefasst in 15 Regimentern, 150 Sicherungskompanien und 300 Sicherungszüge, alle als mobilisierbare Truppenteile. So waren binnen eines Jahrzehnts starke Kräfte erwachsen, um einer Bedrohung unterhalb der atomaren Schwelle zu begegnen. Das ursprünglich geplante Panzerheer war nun durch Unterstützungskräfte vielfältig eingerahmt. Durch das Konzept von Kaderung und Aufwuchs wurde das Heer nun freilich milizähnlicher. Um 1980 war in der Tat die Hälfte aller Alarmreservisten für das Territorialheer vorgesehen, dessen Mobilisierungsanteil 85 Prozent betrug. Immerhin war aber auch das Feldheer in dieser Zeit zu 45 Prozent mobilmachungsabhängig (1.83 Schössler).

Die Bundeswehr nach Artikel 87b: die Bundeswehrverwaltung

Die im Grundgesetz verankerte Trennung zwischen Streitkräften und Bundeswehrverwaltung verursachte die charakteristische Dualität von »ziviler« und »militärischer« Bundeswehr. Die aus der Verschärfung dieses Gegensatzes resultierenden Friktionen blieben prägend für die bundesdeutsche Armee. Die Vielzahl der zu bewältigenden Aufgaben erforderte einerseits, die Verwaltungs-, Rechts-, Rüstungs-, Liegenschafts- und Personalergänzungsangelegenheiten in kompetente Hände zu legen, um die Streitkräfte zugunsten ihres Kernauftrages zu entlasten. Gleichzeitig blieb auf diese Weise eine »zivile« Fachkompetenz unabhängig von einer spezifisch militärischen bestehen. Tatsächlich ist anzunehmen, dass viele der in früheren deutschen Armeen auftretenden Bruchstellen hierdurch vermieden werden konnten: Im Zweiten Weltkrieg hatte die Orientierung am Kämpferideal erhebliche Defizite bei Verwaltung, Logistik und Personalführung nach sich gezogen. Zugleich wirkte beim Gesetzgeber und in Teilen der Beamtenschaft institutionelles Misstrauen gegenüber den Streitkräften fort. So bezeichnete sich die Bundeswehrverwaltung selbst gern als »Wehrverwaltung des Bundes«, womit auch semantisch deren Trennung von den Streitkräften zum Ausdruck kommen mochte. Dabei gilt es jedoch zu differenzieren: Der ständige Kontakt zwischen beiden Bereichen ließ die Handlungslogik des jeweils anderen plausibel und unterschiedliche Verhaltensweisen verständlich erscheinen. So unterschied sich die Einstellung der Truppe zu Angehörigen truppenferner Dienststellen deutlich von der zu den »eigenen« Verwaltungsbeamten. Letztere begleiteten als wehrübende Reserveoffiziere ihr Bataillon zu Übungen. Eine Laufbahn nach dem Muster vormaliger Verwaltungssoldaten war dagegen nicht vorgesehen. Noch 1969 unterstrich das erste Weißbuch, dass die Bundeswehrverwaltung »wie die Streitkräfte ein Teil der Bundeswehr« sei, um einem offenbar verbreiteten Missverständnis entgegenwirken. Fünf Jahre später hieß es bündig: »Die Streitkräfte führen die Waffen, die Bundeswehrverwaltung versorgt sie« (1.67 ; 1.70).

Ober- und Mittelbehörden Am 24. Oktober 1955 nahm die Verwaltungsstelle Andernach, eine administrative Neuschöpfung, ihre Arbeit auf. Auch dass der »öffentliche Geburtsakt der Bundeswehrverwaltung« (Johanni in 1.6) früher als bei den Streitkräften erfolgte, spiegelte das Charakteristikum der Bundeswehr wider, die in den zuvor etablierten institutionellen Rahmen der jungen Bundesrepublik eingefügt wurde. Nachdem der Gründungsprozess der Europäischen Verteidigungsgemeinschaft (EVG) abgeschlossen war, wurde eine umfassende Neuplanung notwendig. Das einstige Konzept einer europaweit integrierten Militärverwaltung mit europäischem Beamtenstatut war obsolet geworden. Erst nach einem halben Jahr entstand der Entwurf einer Wehrverwaltung, die sämtliche Ebenen von Bund, Ländern, Regierungsbezirken und Kreisen administrativ durchzog. Die beiden Hauptaufgabenbereiche Wehrverwaltung und Rüstung oblagen dem am 22. Oktober 1956 in Mainz gebildeten Bundeswehrersatzamt. Als oberster Behörde unterstanden ihm die Wehrbereichsverwaltungen in den sechs Wehrbereichen: I (Schleswig-Holstein/Hamburg), II (Niedersachsen/Bremen), III (Nordrhein-Westfalen, IV (Hessen, Rheinland-Pfalz und Saarland), V (Baden-Württemberg) und VI (Bayern). Aus der Koblenzer Außenabteilung des Verteidigungsministeriums ging im Oktober 1958 das Bundesamt für Wehrtechnik und Beschaffung (BWB) hervor. Das Bundeswehrersatzamt ging am 1. August 1962 in dem neu geschaffenen Bundesverwaltungsamt (BWVA) auf. Damit existierte (bis Ende 2012) eine zentrale Oberbehörde für Bundeswehr-übergreifende Fach-, Querschnitts-, Koordinierungs- und Steuerungsaufgaben, zu denen auch die Vorbereitung von Gesetzen, Verwaltungsverordnungen und Ausführungsbestimmungen zählten.

Personeller Aufbau und Aufgabenspektrum Wie die Streitkräfte musste auch die Wehrverwaltung ab 1955 im Eiltempo aufgebaut werden. Hier wie dort waren die Rahmenbedingungen suboptimal: Pro Jahr waren 10 000 bis 20 000 Ersteinstellungen vorzunehmen, und auch die Wehrverwaltung konkurrierte in puncto Attraktivität mit alternativen Berufsfeldern. Wie bei den Streitkräften fehlten zwölf »weiße Jahrgänge«, doch anders als dort konnte nicht auf weiterverpflichtungswillige Wehrdienstleistende zurückgegriffen werden. Neben ehemaligen Wehrmachtbeamten entstammte daher ein Großteil des Personals anderen Verwaltungen wie denen der Bahn oder der Post. Ausgeschiedene Zeitsoldaten zu rekrutieren, stellte erst Jahre später eine Option dar, und auch dies erst nach Durchlaufen einer Verwaltungsausbildung. Der Umfang der Wehrverwaltung wuchs von 15 000 Mitarbeitern im Jahr 1956 auf mehr als das Zehnfache ein Jahrzehnt später an. In klarem Kontrast zu den Streitkräften, denen Mitte der Sechzigerjahre nach wie vor 60 000 Soldaten fehlten, war 1966 mit rund 170 000 Beschäftigten der personelle Höchststand nahezu erreicht. Dieser lag 1989 bei 180 000. Um 1985 waren 99 000 Zivilbeschäftigte in den zentralen Dienststellen von Bundeswehrverwaltung, Bauwesen, Lagerhaltung und Rüstungswesen tätig, weitere 77 000 arbeiteten in den Organisationsbereichen der Streitkräfte, von ihnen besaßen 30 000 den Status als Beamte (oder vergleichbar als Richter und Professoren), 60 000 als Angestellte und 86 000 als Arbeiter (1.73 Weißbuch Nr. 521–525).

Die grundgesetzlich vorgegebene Gleichrangigkeit von Streitkräften und Wehrverwaltung ließ beide organisatorisch erst im Verteidigungsministerium zusammentreffen. Verfassungsmäßig gehörten das Personalwesen und die »unmittelbare Deckung des Sachbedarfs der Streitkräfte« in den Aufgabenbereich der Bundeswehrverwaltung. Angelegenheiten der Beschädigtenversorgung und des Bauwesens konnten ihr gesetzlich ebenso übertragen werden wie solche, die Eingriffe in die Rechte Dritter erforderten – ein dezenter Hinweis auf Wehrüberwachung, Musterung und das Einziehen von Wehrpflichtigen. Die Wehrverwaltung gliederte sich in die Territoriale Wehrverwaltung, den Rüstungsbereich und die zu den militärischen Dienststellen und Verbänden der Streitkräfte gehörende (aber selbstständig agierende) Truppenverwaltung.

Die Wehrverwaltung war für sämtliche nicht spezifisch militärische Aufgaben zuständig. Diese glichen an Vielfalt den zivilen Berufsbildern. Daraus resultierte die außerordentliche Bandbreite der »zivilen« Bundeswehr: Neben der Rüstung, Wehrersatzorganisation und Truppenverwaltung gehörten Ausbau, Pflege und Betrieb der Infrastruktur zum Verantwortungsbereich der Bundeswehrverwaltung: Kasernen, Stabs- und Büroliegenschaften, Truppenübungsplätze, Depots, Hafenanlagen, Flugplätze und Führungsanlagen. Zudem vermittelte die Wehrverwaltung in vieler Hinsicht zwischen den Streitkräften und der zivilen Gesellschaft, beispielsweise wenn das Alltagsleben durch Manöverschäden und später auch Fluglärm beeinträchtigt wurde oder im Rahmen der Wehrpflicht. Neben den das Bild vordergründig prägenden Juristen und Verwaltungsbeamten umfasste die Wehrverwaltung so unterschiedliche Berufsgruppen wie Sozialarbeiter, Geografen, Ärzte, Lehrer, Ökonomen, Dolmetscher, Geistliche, Wissenschaftler, Bibliothekare, Psychologen, Radarbeobachter, Fluglotsen, Feuerwehrleute, Schneider, Schuster,

Küchenkräfte, Raumpfleger, Pflegepersonal, Gärtner, Munitionsarbeiter, Mechaniker und Lagerarbeiter – und im Gegensatz zur Truppe all diese Berufe auch in weiblicher Form. Zwar war auch die Welt der Soldaten äußerst heterogen, doch vermittelte dort die Allgemeine Grundausbildung und die Schwerpunktlegung auf die Kampftruppen den Eindruck eines homogenen Berufsbildes. Bei der Wehrverwaltung stach dagegen die Heterogenität ins Auge.

Ortsbehörden Unterhalb der Wehrbereichsverwaltungen entstanden in den frühen Sechzigerjahren Wehrbezirksverwaltungen, die 1967 in die Wehrbereichsverwaltungen integriert wurden. Auf Sachgebietsebene bestanden in den Wehrbereichen je ein Wehrbereichsgebührnis-, Wehrbereichsverpflegungs- und Wehrbereichsbekleidungsamt. Zu ihnen gesellte sich eine wechselnde Zahl von Stellen für maschinelles Berichtswesen, von Bundeswehrfachschulen und von Fachschulen der Streitkräfte. Auf Ortsebene bildeten die Kreiswehrersatzämter das Bindeglied zwischen Bundeswehr und wehrpflichtiger männlicher Bevölkerung. Bis Ende der Fünfzigerjahre war die Zahl der Kreiswehrersatzämter auf 109 gestiegen und blieb dann weitgehend konstant. Zu ihren Aufgaben gehörten die Wehrerfassung und -überwachung, die ärztliche Untersuchung der Eignungstauglichkeit, die Prüfung von Kriegsdienstdienstverweigerungen und später die berufliche und schulische Weiterbildung von Armeeangehörigen durch den Berufsförderungsdienst. Hier und in den Freiwilligenannahmestellen waren um 1980 rund 150 Wehrdienstberater tätig. Alle bürokratischen Angelegenheiten oblagen den Standortverwaltungen. Diese waren zudem, bezogen auf die Liegenschaften der Truppenteile und Dienststellen, für allgemeine Bewirtschaftungs-, Liegenschafts- und Betreuungsfragen verantwortlich. Hierunter fielen auch die Sozialberatung sowie die Familien- und Wohnungsfürsorge.

Qualifikation, Berufsförderungsdienst, Bundessprachenamt Die Bundeswehrverwaltung unterhielt vier eigene Schulen. Die wichtigste von ihnen war die 1956 in Mannheim gegründete Bundeswehrverwaltungsschule, ab 1961 »Akademie für Wehrverwaltung und Wehrtechnik« (seit 1974 »Bundesakademie«). Während Führungskräfte der Wehrverwaltung im höheren Dienst ein Bundeswehr-externes Universitätsstudium zu absolvieren hatten, wurde an der Mannheimer Einrichtung ebenso wie im Fachbereich Bundeswehrverwaltung der seit 1979 am selben Ort bestehenden Fachhochschule des Bundes für Öffentliche Verwaltung Nachwuchs für den gehobenen Dienst in Eigenregie ausgebildet. Damit glich die Prägewirkung der Institution für ihre Absolventen schon in jungen Jahren derjenigen, die Soldaten in ihrer Truppengattung erfuhren – zumal die Sachbearbeiterebene im gehobenen Dienst bis heute das Rückgrat der operativen Verwaltungstätigkeit und des dort akkumulierten Fachwissens bildet. Neben der Laufbahnausbildung diente das Institut in Mannheim der regelmäßigen Aus- und Weiterbildung aller Beschäftigten. Nicht selten versuchten andere Verwaltungen, Absolventen abzuwerben – durchaus ein Qualitätsbeweis. Die berufliche Qualifikation von Zeitsoldaten ermöglichte der Berufsförderungsdienst. Das verfügbare Angebot der Bundeswehrfachschulen (42 im Jahr 1966) reichte von Beratungen bis hin zu speziellen Maßnahmen vor oder nach der Dienstzeit. Bis das Pflichtstudium für Offizieranwärter an Bundeswehrhochschulen im Jahr 1973 eingeführt wurde, konnten Armeeangehörige nur hier einen höheren Qualifikationsgrad erlangen; für Unteroffiziere und längerdienende Mannschaftsdienstgrade blieben Bundeswehrfachschulen die einzige Bundeswehr-interne Weiterbildungsmöglichkeit. Aus der Fusion des Übersetzungsdienstes der Bundeswehr in Mannheim und der Sprachenschule der Bundeswehr in Euskirchen ging 1969 das Bundessprachenamt in Hürth bei Köln hervor. Dieser Bundesoberbehörde im Geschäftsbereich der Bundeswehr obliegt seitdem die Sprachausbildung sowie der Sprachmittlerdienst für alle Bundesressorts.

Nachrichtendienste

»Org. Gehlen« Eine wichtige Behörde für die bundesrepublikanische Sicherheitspolitik war die »Org[anisation] Gehlen«, die ab Ende 1947 in Pullach bei München beheimatet war. Aus ihr entwickelte sich bis zum April 1956 der Bundesnachrichtendienst (BND). Der zuletzt als Chef der Aufklärungsorganisation des Heeres »Fremde Heere Ost« tätige Generalmajor a.D. Reinhard Gehlen bleibt eine schillernde Figur der bundesrepublikanischen Geschichte. Seine Biografie illustriert zum einen den antikommunistischen Konsens, der es nationalkonservativen Eliten ermöglichte, sich durch ihre Tätigkeit für die Westalliierten den Weg in die bundesdeutsche Behördenwelt zu ebnen. Zum anderen verdeutlicht seine Ausbildung als Generalstabsoffizier die militärische Arbeitsweise, die den BND durch die Sechzigerjahre hinweg prägte – teils in Konkurrenz zur Bundeswehr, teils integriert in ein weitgespanntes Netzwerk aus alten Kameraden und Verwandten. Gehlen, dem es gelungen war, die nachrichtendienstlich abgerüstete U.S. Army mit seinem Wissen und seinem zwischenzeitlich vergrabenen Aktenbestand zu versorgen, scharte ab Herbst 1946 zahlreiche ehemalige Soldaten, aber auch politisch fragwürdige Mitarbeiter des Reichssicherheitshauptamtes um sich. Seine wie ein Versicherungsunternehmen geführte Organisation arbeitete zunächst für den Heeresnachrichtendienst der U.S. Army, dann für die CIA und ab Dezember 1950 auch für den Bundeskanzler. Durch den engen Kontakt zu Hans Globke, von 1953 bis 1963 Staatssekretär im Kanzleramt, verfügte Gehlen über den Zugang zu einer Schlüsselfigur der Ära Adenauer. Als Beschäftigungs-, Durchgangs- und Qualifizierungsstelle war die »Org.« ein »Rettungsfloß« (2.9 Krüger) für frühere Wehrmacht- und NS-Funktionäre mit geheimdienstlichem und militärischem Hintergrund. Der Status als eigenständige Behörde gründete ebenso auf Emanzipationsbestrebungen gegenüber den Amerikanern wie auf die Rivalität zu anderen Diensten. Ungeachtet der Ansprüche von Verteidigungsministern wie Blank und Strauß blieb der BND unabhängig.

Bundesnachrichtendienst Mit Kabinettsbeschluss vom 11. Juli 1955 wurde Gehlens Organisation als Behörde in den Bundesdienst übernommen. Der militärische Teil firmierte seit 1961 als »Amt für Militärkunde« (AMK) in Gelsdorf bei Ahrweiler. Im Zuge mehrfacher Umgliederungen des Dienstes wuchs die Zahl der Mitarbeiter (nach DDR-Angaben) von 1245 im Jahr 1956 auf 2500 im Jahr 1963 auf schließlich 5000 im Jahr 1968 und 6500 im Jahr 1977. Zur Belegschaft gehörten Beamte, Angestellte, Arbeiter – und von der Bundeswehr abgestellte Soldaten (8.36 Uhl/Wagner, S. 63 f.). In der Hochphase des Kalten Krieges bildete die Militäraufklärung, beispielsweise die Standortüberwachung in der DDR, den Aufgabenschwerpunkt. Allerdings führten die zunehmende Repression nach dem 17. Juni 1953 und vor allem der Mauerbau zur Verschlechterung des Informationsflusses; gleichzeitig relativierten die verbesserten technischen Möglichkeiten der westlichen Dienste den bisherigen Vorsprung des BND. Da er als Nachrichtendienst naturgemäß geheim operierte, erlaubten der Öffentlichkeit lediglich eine Reihe von Skandalen kurze Blicke auf den »Dienst« – abgesehen von lancierten Presseartikeln und Gehlens Selbststilisierung (2.5). Das von Gehlen eingeführte Filialsystem, das nur Insider durchschauten, stärkte zwar dessen eigene Machtposition, verursachte aber auch Fehlentwicklungen. Dies offenbarte beispielsweise die »Spiegel«-Affäre (in deren Vorfeld ein Mitarbeiter den betreffenden Artikel für unbedenklich gehalten hatte) oder die Enttarnung des Referatsleiters für Gegenspionage Heinz Felfe als Doppelagent des Ostens.

Anfangs unterstand der Generaldirektion in Pullach ein Filialnetz aus Generalvertretungen, Untervertretungen und einfachen Filialen, die ihrerseits als Wirtschaftsunternehmen, Versicherungsagenturen, Steuerberatungs-, Übersetzungs- und Werbefirmen auftraten. Diese konfuse Struktur der späten Sechzigerjahre wurde von Gehlens Amtsnachfolger und einstigem Ziehsohn Gerhard Wessel reorganisiert. Fortan gab es vier Abteilungen: eine zur »Beschaffung« (von Aufklärungsergebnissen), eine für Technik, eine zur Auswertung und eine für Verwaltungs- und Personalangelegenheiten. Auch Wessel war im

Ressort Fremde Heere Ost und anschließend in der »Org. Gehlen« tätig gewesen. Nachdem er sich mit Gehlen überworfen hatte, wechselte er ins Amt Blank und machte später im Verteidigungsministerium im Bereich G 2 (Feindlage und Militärische Sicherheit) Karriere. Nach seiner Verwendung als Deutscher Militärischer Bevollmächtigter bei der NATO führte er von 1968 bis 1978 den BND als Präsident. Dieses an sich zivile, aber im Dienstgrad eines Generalleutnants der Bundeswehr versehene Amt illustriert, wie stark die Bundeswehr auch hier involviert war. Dies zeigte sich auch darin, dass Wessel die schwierige Aufgabe oblag, die vom Kanzleramtschef der sozialliberalen Koalition durchgesetzten SPD-nahen Führungskräfte mit der oft nationalkonservativen, CSU-konformen Belegschaft zu synchronisieren (Krüger in 2.9 ; 8.36 Uhl/ Wagner). Das in Teilen Militär-affine Profil des Dienstes schwächte sich unter späteren BND-Präsidenten wie Klaus Kinkel (1979–1982) ab, blieb aber bestehen.

»Stay Behind« In der »Org. Gehlen« waren Konzepte entwickelt worden, die die Mobilisierung von Zivilpersonen vorsahen. Sie erfolgten im Rahmen paramilitärischer Organisationsformen um das Konzept »Stay Behind«. Die Existenz solcher »NATO-Geheimarmeen« (8.28 Ganser) wurde erst im Oktober 1990 durch einen politischen Skandal in Italien um die analoge Organisation »Gladio« publik. Auch in der Bundesrepublik befassten sich Mitarbeiter des BND bis 1991 – oft vormalige Soldaten der Fallschirmjägertruppe – mit der Anlage geheimer Waffendepots und der Rekrutierung von Unterstützern für die Aufklärung oder den verdeckten Kampf im Rücken einer etwaigen sowjetischen Invasion. Es ist nicht auszuschließen, dass bei der Umsetzung des Unternehmens nationalkonservative Geheimbünde eine Rolle spielten. Zumindest in der Anfangszeit der Ära Gehlen scheinen die Grenzen zwischen nachrichtendienstlicher Tätigkeit und konspirativer Geheimarmee fließend gewesen zu sein (8.31 Keßelring); später wurde die »Stay-Behind«-Organisation mehr und mehr vernachlässigt. Die 2011 ins Leben gerufene »Unabhängige Historikerkommission zur Erforschung der Geschichte des BND« verspricht hierzu neue Erkenntnisse zu liefern (8.27 UHK).

Militärischer Abschirmdienst (MAD) Das Amt für Sicherheit der Bundeswehr, das 1984 in Anlehnung an seine inoffizielle Bezeichnung in »Amt für den militärischen Abschirmdienst« umbenannt wurde, geriet ebenfalls meist durch Negativschlagzeilen in die öffentliche Wahrnehmung. Die Behörde mit Sitz in Köln beschäftigte um 1984 rund 2100 militärische und zivile Mitarbeiter, davon 500 Offiziere. Entsprechend der Wehrbereiche bestanden sechs MAD-Gruppen. Analog zum Auftrag des Verfassungsschutzes oblag dem Amt die Sammlung und Auswertung von Informationen über verfassungsfeindliche Aktivitäten und Militärspionage durch fremde Nachrichtendienste. In der Aufbauzeit der Jahre 1956/57 übernahm Wessel die Leitung der Dienststelle – noch als Angehöriger des Verteidigungsministeriums. Aus seiner Sicht geschah dies 16 Monate zu spät, da somit »dem Gegner einmalige Möglichkeiten der Infiltration« eingeräumt worden waren (8.32 Kloss, S. 103). Zweifellos boten die im Zeichen von erzwungener Massenmigration, Kriegsgefangenschaft und staatlicher Teilung stehenden Nachkriegsverhältnisse vielerlei Gelegenheit, in Deutschland Spionage zu treiben. Die von 1957 bis 1984 stets von einem Brigadegeneral oder Flottillenadmiral geführte Dienststelle gliederte sich um 1984 in fünf Abteilungen: Neben einer Abteilung für Zentrale Aufgaben gab es die Abteilung I, die Sicherheitsüberprüfungen von längerdienenden Soldaten und ausgewählten Wehrpflichtigen vornahm. Die Abteilung II diente der Abwehr verfassungsfeindlicher Kräfte wie links- und rechtsextremistischer Bewegungen innerhalb der Bundeswehr. Die Abteilung III war für die Abwehr gegnerischer Nachrichtendienste, also für Gegenspionage, verantwortlich, in deren Rahmen zum Teil auf »Counter-Men« als umgedrehte Spione zurückgegriffen wurde. An die Stelle der 1973 aufgelösten Abteilung Auswertung trat 1984 die Abteilung IV für Technische Unterstützung. Als empfänglich für die Anwerbung durch fremde Nachrichtendienste galten Bundeswehrangehörige mit charakterlichen, familiären oder sexuellen Auffälligkeiten. Als solche eingestufte Merkmale wurden im Zuge der Sicherheitsüberprüfungen ausgewertet und führten mitunter zu fragwürdigen Auswüchsen, etwa der Affäre um den General Günter Kießling. Schon ein halbes Jahrzehnt zuvor hatte Verteidigungsminister Leber aufgrund der als unzureichend empfundenen Informationspolitik zur MAD-Tätigkeit seinen Rücktritt einreichen müssen. Deshalb wurden ab 1978 die parlamentarischen Kontrollrechte gestärkt. Ein bereits zu dieser Zeit gefordertes MAD-Gesetz konnte erst im Dezember 1990 verabschiedet werden.

Personal, Tradition und Innere Führung

Zwischen Neuanfang und »bewährten Kräften«

Insbesondere die innere Geschichte der Bundeswehr war durch eine Vielzahl von Konflikten gekennzeichnet. Sowohl das Personalwesen als auch das Innere Gefüge gehörten organisatorisch zum sogenannten Führungsgrundgebiet 1. Allerdings waren sie oft unterschiedlichen Sachzwängen unterworfen: Denn zum einen verband sich mit der Integration der Bundesrepublik ins Bündnis das versprochene quantitative Streitkräfteziel, zum anderen bestand die Notwendigkeit, die Bundeswehr in den politisch-gesellschaftlichen Rahmen einzugliedern. In verschiedenen Phasen wurden unterschiedliche Schwerpunkte gesetzt: In der Ära Blank stand die geistige Neuausrichtung im Vordergrund, in den 15 Jahren nach 1955 dagegen wurde dem quantitativen Aufwuchs Vorrang eingeräumt; um 1970 traten dann wieder qualitative Aspekte in den Fokus.

Netzwerke und Karrierechancen Seit den späten Vierzigerjahren und vermehrt nach Gründung der Bundesrepublik widmeten sich zahlreiche Veteranenverbände neben der Kameradschaftspflege dem Ziel, Ansprüche für »den deutschen Soldaten« zu formulieren. Darüber hinaus stellten sie Plattformen für die Vermittlung von Arbeitsplätzen dar. Auch in seiner Zentrale für Heimatdienst versammelte Schwerin bevorzugt Gefolgsleute seiner früheren »Windhunddivision«. Das weitaus einflussreichere »Triumvirat« um Speidel, Heusinger und Hermann Foertsch baute ein breiter gespanntes Netzwerk auf (2.17 Searle, S. 104). Die unter US-amerikanischer Ägide agierende Historical Division und die »Org. Gehlen« als Zuträgerin für die CIA trafen ebenfalls die personelle Vorauswahl für spätere Karrieren. Hinter diesen Aktivitäten stand auch der Bundeskanzler – allerdings weit genug entfernt, um sich jederzeit von denen zu distanzieren, die ihm allzu weit vorzupreschen schienen. In der künftigen Bundeswehr hatten besonders diejenigen gute Aufstiegschancen, deren Auftreten sich vom schneidigen Offiziertypus vormaliger preußisch-deutscher Armeen abhob. Auf diese Weise bildete sich ein typisch bundesrepublikanische Ausprägung vom Offizier heraus – zwischen äußerer Abkehr von älteren Verhaltensmustern und deren stillem Fortbestehen. Charakteristisch für die westdeutsche Militärelite wurde der Typus des gewandten Gehilfen, der seinen militärischen Habitus einzuhegen verstand, dahinter jedoch seiner Generalstabssozialisation treu blieb (Greiner in 1.19, S. 850). Einigkeit herrschte bei den führenden Köpfen im Amt Blank in Bezug auf die Ablehnung paramilitärischer Organisationen. So geiferte die Himmeroder Denkschrift gegen den »moralischen und militärischen Unwert der Dienstgruppen-Angehörigen«.

Anders hielt es die Marine. Bezeichnenderweise spielte das frühere Luftwaffenpersonal im Amt Blank nur eine geringe Rolle, was die spätere äußere »Amerikanisierung« der Luftwaffe begünstigte. Auch der BGS galt im Amt Blank nicht als vorbildlich, obwohl er Mitte 1956 die Hälfte seines Personalbestandes an die Bundeswehr abgeben sollte. Auch damit blieb ein Einfallstor für die Wehrmachtvergangenheit, von der die westdeutsche Armee noch lange geprägt war.

Von frühen Konzepten zur Definition

Der anfangs als »Inneres Gefüge«, ab 1953 als »Innere Führung« bezeichnete Komplex umfasste diejenigen Gestaltungsfelder innerhalb der Streitkräfte, in denen die Werte des westlichen Gesellschaftsbildes – und des Grundgesetzes – verwirklicht werden sollten. Nicht wenigen erschienen die propagierten »Streitkräfte in der Demokratie« als Widerspruch in sich – genauso wie die Vereinbarkeit von favorisiertem Menschenbild und militärischer Effektivität. Die im Amt Blank geschmiedeten Konzepte verkoppelten jedoch beides direkt miteinander.

Himmeroder Denkschrift In der Himmeroder Denkschrift schlugen sich gravierende Generations- und Auffassungsunterschiede nieder. Einerseits forderte das Dokument einen Neubeginn »ohne die Anlehnung an die Formen der alten Wehrmacht«. Sonderrechte des Offizierkorps seien überlebt. Über das rein Militärische hinaus sei die »Erziehung des Soldaten im politischen und ethischen Sinne« erforderlich. »Selbstbestimmung«, »soziale Gerechtigkeit« und »Freiheit« seien zu verteidigen, nun unter Erweiterung der Perspektive auf die (west)europäische Dimension. Andererseits wirkten manche Formulierungen der Denkschrift auch konservativ, etwa wenn die Einschränkung von Grundrechten während des Wehrdienstes gefordert wurde oder vom »hergebrachten Ansehen des Soldaten« die Rede war. Progressiv wie konservativ konnten die Passagen zur Erziehung interpretiert werden, so die Mahnung zur inneren Festigkeit gegen die Zersetzung durch »undemokratische Tendenzen«, insbesondere durch den »Bolschewismus«. Das frühe Konzept der Inneren Führung spiegelte den Zeitgeist aus der ersten Hochphase des Kalten Krieges wider, den Rückgriff auf älteres Gedankengut eingeschlossen (1.33 Nägler). Antitotalitarismus diente als Scharnier zwischen der Hinwendung zum Neuen und der Ablehnung des Alten.

Himmeroder Denkschrift – Abschnitt »Das innere Gefüge«

Bei der Aufstellung des Deutschen Kontingents kommt damit dem inneren Gefüge der neuen deutschen Truppe große Bedeutung zu. Die Maßnahmen und Planungen auf diesem Gebiet müssen und können sich auf dem gegenwärtigen Notstand Europas gründen. Damit sind die Voraussetzungen für den Neuaufbau von denen der Vergangenheit so verschieden, daß ohne Anlehnung an die Formen der Alten Wehrmacht heute grundlegend Neues zu schaffen ist [...] Es wird wichtig sein, einen gesunden Ausgleich zu finden zwischen notwendigem neuen Inhalt und den aufgelockerten Formen einerseits und dem berechtigten Wunsche nach dem hergebrachten Ansehen des Soldaten in der Öffentlichkeit andererseits [...]

Der Soldat des Deutschen Kontingents verteidigt zugleich Freiheit im Sinne der Selbstbestimmung und soziale Gerechtigkeit. Diese Werte sind für ihn unabdingbar. Die Verpflichtung Europa gegenüber, in dem diese Ideale entstanden sind und fortwirken sollen, überdeckt alle traditionellen nationalen Bindungen [...] Das Deutsche Kontingent darf nicht ein ›Staat im Staate‹ werden. Das Ganze wie der Einzelne haben aus innerer Überzeugung die demokratische Staats- und Lebensform zu bejahen. Doch ist aus Gründen der inneren Festigkeit der Truppe ihre überparteiliche Haltung zu fordern. Hieraus ergibt sich die Notwendigkeit, die Grundrechte des Einzelnen für die Dauer des Wehrdienstes einzuschränken [...] Der Erziehung des Soldaten im politischen und ethischen Sinne ist im Rahmen des allgemeinen Dienstunterrichts von vorneherein größte Beachtung zu schenken. Sie hat sich nicht auf das rein Militärische zu beschränken. Durch Schaffung eines europäischen Geschichtsbildes und Einführung in die politischen, sozialen und wirtschaftlichen Fragen der Zeit kann von der Truppe aus über den Rahmen des Wehrdiensts hinaus ein entscheidender Beitrag für die Entwicklung zum überzeugten Staatsbürger und europäischen Soldaten geleistet werden. Damit muß zugleich die innere Festigkeit gegen eine Zersetzung durch undemokratische Tendenzen (Bolschewismus und Totalitarismus) erreicht werden. Völkerrechtsfragen sind in den Unterricht mit einzubeziehen. Das Bewußtsein des Soldaten für eine soziale Einordnung ohne Sonderrechte und unter Wahrung der Menschenwürde ist zu stärken. Mit überlebten Einrichtungen ist zu brechen (z.B. Burschenwesen, Kasino-Ordonnanzen, Verbot des Zivil-Tragens außer Dienst)

Quelle: 1.15 Rautenberg/Wiggershaus, Die »Himmeroder Denkschrift«, S. 185–187

Baudissin Seit dem 7. Mai 1951 war der zwischenzeitlich als Töpfer und in der evangelischen Bildungsarbeit tätige Graf Baudissin in der Dienststelle Blank angestellt. Ende 1955 avancierte er zum Leiter der für das Innere Gefüge zuständigen Unterabteilung im Verteidigungsministerium, die er ab dem 30. Januar 1956 als Oberst führte. Mitte 1958 verließ er das Ministerium. In diesen sieben Jahren entstand, unter Mithilfe von Kielmansegg und de Maizière, das Grundgerüst für das Konzept der Inneren Führung. An Kritikern fehlte es nicht: Der bis 1954 im Amt Blank tätige Bogislaw von Bonin schmähte das Konzept als »inneres Gewürge«. Baudissin selbst kehrte nach seiner Verwendung als Brigadekommandeur nicht mehr auf die Hardthöhe zurück. Von 1961 bis zu seinem Dienstzeitende 1967 bekleidete er ausschließlich NATO-Funktionen, zuletzt als Generalleutnant. Die Karriere Baudissins dokumentierte den Prioritätswechsel im Ministerium in der Ära Strauß. Im Gegensatz zu de Maizière als Kommandeur der Schule für Innere Führung (1960–1962) und der Führungsakademie (1962–1964) blieb Baudissin die direkte Einwirkungsmöglichkeit auf die innere Entwicklung der Bundeswehr versagt. Er fühlte sich umso mehr ins Abseits gedrängt, als sein einstiger Mitarbeiter und (indirekter) Nachfolger Heinz Karst klar konservative Positionen vertrat. Nach Ende seiner Dienstzeit verfolgte Baudissin seine zweite, wissenschaftliche Karriere als Gründungsdirektor des Hamburger Instituts für Friedensforschung und Sicherheitspolitik. Nur mit Verzögerung und unter Inkaufnahme vieler Kompromisse fand sein Reformkonzept Eingang in die geplante Armee. Zudem war er verletzenden Vorwürfen durch »Traditionalisten« ausgesetzt, aber durchaus in der Lage, seine geistige Überlegenheit pointiert gegenüber anderen zu demonstrieren. Die pauschale Unterteilung in »Reformer« und »Traditionalisten« ist daher zu relativieren: Eine solche Gegenüberstellung ließ sich ohne Weiteres dazu nutzen, die eigene Position in einer anfangs noch unklaren Situation zu behaupten.

Baudissins Konzept überwand den herkömmlichen Gegensatz zwischen Krieg und Frieden, Militär und Gesellschaft. Stattdessen sollte die Gesellschaft in das Militär hineinwirken. Konservativen Soldaten musste dies absurd erscheinen. In der Hochphase des Kalten Krieges Anfang der Fünfzigerjahre verortete Baudissin seinen »Staatsbürger in Uniform« in einem allumfassenden Systemantagonismus von »Freiheit« und Totalitarismus. Der politisch und gesellschaftlich im »Westen« beheimatete Bundeswehrsoldat sollte folglich auf vier Ebenen auftreten: politisch als »Soldat in der Demokratie«, gesellschaftlich als »Soldat in unserer sozialen Wirklichkeit«, im Kalten Krieg als »Soldat im permanenten Bürgerkrieg« und in einem »heißen« Krieg als »Soldat im heißen Gefecht« (1.62 Handbuch, S. 17). Somit verkoppelte die Konzeption der Inneren Führung politisch-gesellschaftliche Realitäten mit einer militärischen Ausbildung und Erziehung in der gesamten Bandbreite zwischen verdecktem Kampf und Atomkrieg. Das diesem Kriegsbild zugrunde liegende Soldatenideal propagierte den hart ausgebildeten, zum Teamwork wie zum selbstständigen Handeln fähigen »Einzelkämpfer«. Dies mündete in dem Dreiklang vom freien Menschen, guten Staatsbürger und vollwertigen Soldaten (Nägler in 1.5). Ziel war der »freie und selbstbewusste Mensch innerhalb der soldatischen Gemeinschaft, [der] aus Einsicht bewusst Pflichten auf sich nimmt« (nach Bormann in 2.20 , S. 115). Die in früheren Armeen gängigen Drillmethoden seien daher überholt. Im Übrigen ließ die immense Zerstörungskraft der inzwi-

◂ Abb. 12: Wolf Graf von Baudissin galt als Vater der Inneren Führung. Hier im Jahr 1954 in der Diskussion mit Jugendlichen um die Wehrpflicht.

BArch, B 145 Bild 183-27355-0001

▸ Abb. 13: Beginn der aktiven Wehrdienstzeit: Rekruten beim Bekleidungsempfang.

BArch, B 145 Bild 00019662/Denecke

◂ Abb. 14: Ende der aktiven Wehrdienstzeit: Reservistenbräuche beim »Ausscheiden«.

Bundeswehr

schen entwickelten Atomwaffen den Zusammenbruch jeglicher militärischen Führung erwarten. Dem Einzelkämpfer auf dem nuklearen Gefechtsfeld blieb letztlich nur die intrinsische Motivation, Soldat in der Demokratie zu sein, um im »Weltbürgerkrieg« gegen »das Totalitäre« zu bestehen. Damit war die klare Absage an den unpolitischen »ewigen Landsknecht« verbunden.

Das im September 1957 erstmals publizierte »Handbuch Innere Führung« stellte die maßgebliche Grundlage für diese Konzeption dar. In seinen bis 1970 erschienenen fünf Auflagen versammelte das Handbuch Vorträge, die Baudissin und seine Mitarbeiter Mitte 1956 vor dem künftigen Bundeswehr-Führungspersonal in Sonthofen gehalten hatten. Als Kernelemente der Inneren Führung bezeichnete das Handbuch erstens die »geistige Rüstung«, oder zugespitzt formuliert: eine politisch korrekte antitotalitäre Grundhaltung, und zweitens eine »zeitgemäße Menschenführung«, also eine menschenwürdige Behandlung der Soldaten. Daraus ergab sich die Baudissinsche Verknüpfung von Fortschritt und Tradition, denn »Innere Führung ist keine Erfindung der Bundeswehr« (1.62 Handbuch, S. 169). Paradoxerweise beinhaltete ausgerechnet dies gedankliche Anlehnungen an Denkmuster, die – in einem völlig anderen politischen Kontext – bereits vor 1945 verbreitet worden waren, namentlich von Hermann Foertsch oder auch dem jungen Kielmansegg (1.33 Nägler; 2.4 Feldmeyer/Meyer, S. 99 f.).

Schon im Aufbaujahrzehnt wandelte sich die Sicht auf den Konflikt: Entwarf Baudissin um 1957 noch das Szenario eines auch nuklear ausgetragenen »Weltbürgerkrieges«, stellte er im Jahr 1962 die »Eigengesetzlichkeit der Atomwaffe« heraus. Militärische Bewährung sei daher nur noch im »kalten Gefecht« der Abschreckung möglich. Der »Soldat für den Frieden« prägte spätestens ab 1970 die offizielle Leitlinie der Bundeswehr. Mit der auf Heroismus und Traditionalismus beruhenden Haltung konservativer Soldaten war dies unvereinbar (Nägler in 2.20; 2.2 Baudissin).

Definition und Handlungsfelder Der Inneren Führung kamen drei Aufgaben zu. Erstens sollte sie ihren Soldaten die *Legitimation* der Bundeswehr vermitteln: die Sicherung des Friedens. Zweitens diente sie der *Integration* der Streitkräfte in den demokratischen Staat und dessen verfassungs- und gesetzmäßige Ordnung. Drittens hatte sie die *Identität* des bundesdeutschen Soldaten zu stiften: als Staatsbürger, der seinem Land diente und gleichzeitig an dessen gesellschaftlichem und politischem Leben teilnahm. Soldaten, die das Wertesystem des Grundgesetzes zu verteidigen hatten, mussten dieses auch im Dienst erfahren können. Für westdeutsche Soldaten waren Einschränkungen der persönlichen Freiheit nur dann mit dem Grundrechtekatalog vereinbar, wenn sie aus unerlässlichen dienstlichen Gründen erfolgten und den Wesensgehalt des Grundgesetzes nicht antasteten. Darüber, welche dieser Einschränkungen überhaupt zulässig sein sollten, wurde im Parlament, in den Streitkräften und in der Gesellschaft lange diskutiert. Während die Akzeptanz der parlamentarischen Demokratie und des Primats der Politik außer Frage stand, blieb die demokratieverträgliche innere Gestaltung der Streitkräfte eine kontinuierliche Herausforderung. Politische Partizipationsrechte waren ebenso einzuführen wie Truppen-interne Mitbestimmungsmöglichkeiten. Die Bindung an den Rechtsstaat erforderte die konsequente Anpassung von Streitkräfte-internen Normen an die bundesdeutsche Rechtsordnung. Für die Verwaltungsbeamten der »zivilen« Bundeswehr gehörte dies ohnehin zum Berufsfeld. Für Soldaten dagegen, vor allem für traditionell geprägte, bildete das Bestehen im Gefecht den Maßstab des Handelns – gegebenenfalls auch juristischer Feinheiten und abseits komplizierter Administrationsdetails. Die auf dem Rechtsfrieden fußende Verwaltungspraxis musste schon aus sachlogischen Gründen mit den Erwartungen der Militärelite kollidieren. Auch die innere Ausrichtung der Streitkräfte hatte sich fortan am Verbot des Angriffskrieges nach Grundgesetzartikel 26 zu orientieren. Speziell in der Anfangsphase konnte dies gar nicht dem Erfahrungshorizont kriegsgedienter Soldaten entsprechen.

Das »Handbuch Innere Führung« versprach »Hilfen zur Klärung der Begriffe«. Die Definition der Inneren Führung als »geistige Rüstung« und »zeitgemäße Menschenführung« ließ bei der konkreten Ausformung viele Fragen offen: Doch dass das Handbuch »mehr Anregung als Lösung« sein müsse, liege im Wesen des Neuanfangs (1.62 Handbuch, S. 169, 175). Der von Baudissin verkörperte hohe Grad an Intellektualität brachte es mit sich, dass sich dieses Soldatenbild nicht jedem adäquat vermitteln ließ. Als »Führungsphilosophie« im Wortsinn wies das Konzept der Inneren Führung ein hohes Abstraktionsniveau auf. Dem konnten nicht alle folgen, die in dieses Gefüge hineingestellt wurden – namentlich die durch NS-, Kriegs- und Nachkriegszeit zwangsläufig bildungsferneren Geburtsjahrgänge um 1920. Die Herausforderung bestand darin, ein allgemeines (und damit abstraktes) Konzept den militärhandwerklich praktisch orientierten Soldaten angemessen zu vermitteln. Um definitorische Unklarheiten zu beseitigen, initiierte der Kommandeur der Schule für Innere Führung de Maizière 1961 einen Wettbewerb, dessen Ziel es war, eine allgemeinverständliche Begriffserklärung für die Innere Führung zu finden. Aus den anonym einzureichenden Vorschlägen wählte eine Jury je drei preiswürdige aus. Vier Entwürfe stammten aus der Feder des auf diesem Fachgebiet versierten Majors und späteren Generalleutnants Carl-Gero von Ilsemann. Seine und die Anregungen weiterer Wettbewerbsteilnehmer bildeten

Gero von Ilsemann, Definition der Inneren Führung:

Die innere Führung ist die Aufgabe aller militärischen Vorgesetzten, Staatsbürger zu Soldaten zu erziehen, die bereit und willens sind, Freiheit und Recht des deutschen Volkes und seiner Verbündeten im Kampf mit der Waffe oder in der geistigen Auseinandersetzung zu verteidigen. Hierbei geht sie von den politischen und gesellschaftlichen Gegebenheiten aus, bekennt sich zu den Grundwerten unserer demokratischen Ordnung, übernimmt bewährte soldatische Tugenden und Erfahrungen in unsere heutigen Lebensformen und berücksichtigt die Folgen der Anwendung und Wirkung moderner technischer Mittel.

Quelle: 2.8, de Maizière, S. 228

die Grundlage der künftigen Definition. Trotz allem blieb eine tendenziell unlösbare Schwierigkeit weiterhin bestehen: Die in Werteordnung und Menschenbild postulierte Freiheit war nur dann in konkrete Dienstvorschriften zu überführen, wenn es in der Praxis gelang, genau zwischen Norm und Normübertretung zu unterscheiden. Doch in diesem Fall drohte das Freiheitsideal bürokratisch verregelt zu werden. Defizite bei der Regelung oder allzuweite Spielräume ermöglichten wiederum – gewollt oder ungewollt – das Fortbestehen oder Wiederaufleben alter Denk- und Handlungsmuster; diese komplexe Problematik blieb über die Geschichte der Bundeswehr hinweg ein stetes Spannungsfeld.

Die Innere Führung wurde in den Bereichen »Menschenführung«, »Truppenbetreuung«, »Fürsorge«, »Politische Bildung«, »Soldatische Ordnung«, »Kriegsvölkerrecht« und »Wehrrecht« umgesetzt. Damit umfasste die Konzeption eine Vielzahl von Aspekten, die administrativ in recht unterschiedlichen Händen lagen. Als institutionelle Grundlage für die Vermittlung in der Truppe wurde im Oktober 1956 die »Schule der Bundeswehr für Innere Führung« geschaffen. Sie wurde im Februar 1957 nach Koblenz verlegt und firmiert seit 1981 als »Zentrum für Innere Führung«. Die bereits in der Ära Blank vorgesehene Bildung eines Beirates als unabhängiges Evaluationsgremium konnte erst im Juni 1958 auf Veranlassung Strauß' verwirklicht werden. Der Beirat führte gewissermaßen das Werk Baudissins weiter und erarbeitete Konzepte für die Schule für Innere Führung, die Truppeninformation und den staatsbürgerlichen Unterricht, das Wehrrecht, die Menschenführung und die Tradition. Insbesondere unter Strauß wurde seine Arbeit vom Ministerium zwar offiziell unterstützt, praktisch jedoch oft behindert (Stammler in 1.11). Unter Mitwirkung des Beirates erschienen am 12. Februar 1957 die »Leitsätze für Vorgesetzte«. Aber erst im August 1972 wurde mit der Zentralen Dienstvorschrift ZDV 10/1, »Hilfen für die Innere Führung«, eine verbindliche Dienstvorschrift herausgegeben.

Tradition und äußeres Erscheinungsbild

Auch in der von Zeitgenossen als »modern« wahrgenommenen Epoche des Kalten Krieges prägte die Geschichte die Diskurse über Politik und Militär. Sie wurde für die Delegitimierung des Gegners instrumentalisiert, den man in die Nähe des »Faschismus« beziehungsweise des »Totalitarismus« rückte. Auch in der Bundeswehr bestimmte die Vergangenheit einer Person deren Kennzeichnung als »konservativ« (bzw. »reaktionär«) oder »reformorientiert«. Dennoch basierten auch solche Denkmuster, die Eingang in das Konzept der Inneren Führung fanden, mitunter auf Vorstellungen, die bereits vor 1945 propagiert worden waren (1.33 Nägler; 6.14 Echternkamp). Kompliziert wurde die Haltung zur eigenen »Vergangenheit« dadurch, dass die Nationalsozialisten die deutsche Geschichte vollständig für sich vereinnahmt hatten. Die vom NS-Regime propagierte angebliche Wesensgleichheit von konservativem Preußentum, deutschem Nationalismus, Radikalmilitarismus und Nationalsozialismus kennzeichnete – natürlich spiegelverkehrt in ablehnender Haltung – auch die Demilitarisierungsbestimmungen der Siegermächte. Ein negatives Licht warf die »Vergangenheit« vor allem auch deshalb auf die Bundeswehr, weil die militärische Fassade des NS-Staates mit dem Militär als solchem gleichgesetzt wurde. Und tatsächlich hatten sich die Militärelite und ein Großteil der Wehrmacht bereitwillig für die Ziele der NS-Politik einspannen lassen – auch wenn diese Tatsache in der Nachkriegszeit und länger gerne verdrängt wurde.

»Armee ohne Pathos« Insbesondere die Veteranenorganisationen setzten sich für die Wiederherstellung des aus ihrer Sicht verdienten Ansehens deutscher Soldaten ein. Diesem Ansinnen entsprachen die Ehrenerklärungen Eisenhowers und Adenauers. Gleichzeitig blieb die Forderung nach der Abkehr von militärischer Selbstherrlichkeit bestehen. Der konservative Publizist Adelbert Weinstein prägte hierfür den Begriff der »Armee ohne Pathos« (1.16). Es war in erster Linie Baudissin, der versuchte, dieses Bild in der publizistischen und politischen Wahrnehmung zu etablieren. Zahlreiche in der Wehrmacht sozialisierte Ministerialplaner und Troupiers konnten sich mit einem solchen Image allerdings nicht identifizieren. So entstand die Bundeswehr in einer komplexen Gemengelage von äußerlicher Schlichtheit und innerer Rehabilitierung. In der Tat wurde der Gründungsakt der neuen westdeutschen Armee am 12. November 1955 laut Presse-Echo mit einer »erfreulich zivilen« – nach anderem Urteil: »mäßig eindrucksvollen« – Zeremonie in der Fahrzeughalle der Ermekeilkaserne begangen. Von den ersten 101 Soldaten besaßen erst zwölf eine Uniform. Einziger militärischer Schmuck war ein großes Eisernes Kreuz.

Auch in der Bundesrepublik mussten Staatsgewalt und Souveränität militärisch repräsentiert werden. Während Bundespräsident Heuss, der laut Grundgesetz für Uniformen und Ehrenzeichen verantwortlich war, alles rein Dekorative bei Uniformen und Brauchtum kritisierte, kam es dem ebenso wenig Militär-affinen Adenauer gerade darauf an: Auf seinen dringenden Wunsch hin wurde noch über die Weihnachtstage des Jahres 1955 das erste Musikkorps aus dem Boden gestampft, um ihm am 5. Januar 1956 ein Geburtstagsständchen darzubringen (Heidler in 1.44).

Die künftige westdeutsche Armee sollte ohne die einstige militärische Prachtentfaltung auskommen. Aus diesem Grund war das Traditionsverständnis der Bundeswehr fortan von der Trennung zwischen äußerlicher Konvention und Tradition bestimmt. Während zahlreiche Wehrmachtveteranen in der Nachkriegszeit ihr Handeln vor 1945 als völlig apolititisch darstellten, vertrat das »Handbuch Innere Führung« eine grundsätzlich andere Konzeption. Militärische Bräuche wie Gruß und Anrede könnten zwar das tägliche Leben erleichtern, seien aber im Prinzip teils »althergebrachte«, teils »nichtssagende« Förmlichkeiten. Tradition dagegen basiere auf einer bestimmten Werthaltung. In – allerdings falscher – Anlehnung an den preußischen Reformer hieß es: »An der Spitze des Fortschritts stehen (Scharnhorst), meint eine Haltung, die sich an den immer neuen Aufgaben misst und dabei stetig Kraft zu neuer Entfaltung entwickelt« (1.62 Handbuch, S. 51; dazu: Rink/Salisch in 1.42 , S. 24 f.). Erst später wurde die Tradition der Bundeswehr zum einen als wertbewusster Rückgriff auf die Vergangenheit, zum anderen auch als Abgrenzung von der Wehrmacht interpretiert.

20. Juli 1944 und Eidleistung Zahlreiche ehemalige Soldaten betrachteten die Vertreter des militärischen Widerstandes gegen Hitler als »Verräter«. Umgekehrt galt eine positive Einstellung zum 20. Juli 1944 als Bekenntnis zum demokratischen westdeutschen Staatswesen. Es war kein Zufall, dass mit Speidel, Heusinger und Kielmansegg Offiziere in den militärischen Führungszirkel der Bundesrepublik vorrückten, die sich aufgrund ihrer (indirekten) Verbindungen zu den »Verschwörern« in Gestapohaft befunden hatten. Auch der Personalgutachterausschuss legte die Ablehnung der Widerstandsbewegung als Ausschlusskriterium fest. Gemäß den Vorstellungen Baudissins und auf Vorschlag von Bundespräsident Heuss sollte das Gedenken an den 20. Juli zur Bundeswehrtradition gehören. Obwohl dieses Thema bei der Sonthofener Ersteinweisung des Bundeswehr-Schlüsselpersonals zunächst noch vermieden werden sollte, brachte es ein Mitarbeiter des Ministeriums dennoch zur Sprache (de Libero in 1.33). Das »Handbuch Innere Führung« griff dieses Bekenntnis zwar auf, erwähnte aber führende Köpfe wie Claus Schenck Graf von Stauffenberg oder Henning von Tresckow nicht namentlich. Ein Gutachten des Beirates für Innere Führung verankerte im Jahr 1959 den 20. Juli 1944 als eine der Hauptquellen der Tradition der Bundeswehr. So blieb die Haltung ambivalent: Ein ebenfalls 1959 angefertigter Referentenentwurf zum Traditionserlass zollte den Angehörigen des Widerstandes genauso Respekt wie denjenigen Soldaten, die den anderen Weg des Gehorsams eingeschlagen hätten. Erst ab 1961 würdigte man das Attentat auf Hitler öffentlich. Bei Ansprachen wurde dabei häufig eine Verbindung zwischen dem 20. Juli und dem Aufstand in der DDR vom 17. Juni 1953 hergestellt. Bald wurden Kasernen nach Männern des Widerstands benannt: etwa die Generaloberst-Beck-Kaserne in Sonthofen, eine ehemalige NS-Ordensburg. Dennoch existierte weiterhin eine gewisse Zwiespältigkeit, denn die »Indienstnahme des militärischen Widerstandes für die Traditionsstiftung der jungen Bundesrepublik führte fast zwangsläufig zu einer gewissen Heroisierung und Monumentalisierung in der Darstellung seiner Protagonisten« (1.49 Kroener, S. 88).

An den Umgang mit dem Attentat vom 20. Juli knüpfte sich insbesondere die Problematik der soldatischen Eidesleistung, denn viele vormalige Wehrmachtsoldaten fühlten sich an den Eid gebunden, den sie 1934 Adolf Hitler geschworen hatten. Es ging also um das grundsätzliche Verhältnis zwischen »Eidhaltern« und »Eidbrechern«, zwischen Treue und Treuebruch. In diesem Kontext stellte sich die Frage, inwieweit Wehrpflichtigen, die ohnehin zum Dienst verpflichtet waren, ein Eid zuzumuten war. Ein Kompromiss wurde dahingehend gefunden, dass das Bekenntnis zur freiheitlichen demokratischen Grundordnung bei Zeit- und Berufssoldaten in einem »Diensteid«, bei Wehrpflichtigen in dem weniger verbindlichen »Feierlichen Gelöbnis« bestand. Das erste Kapitel im »Handbuch Innere Führung« gab die Eidesformel der Bundeswehr wieder und erläuterte in diesem Zusammenhang Aspekte wie Treue,

Eidformel für die Bundeswehr

Ich schwöre [bei Feierlichem Gelöbnis: Ich gelobe]
Der Bundesrepublik Deutschland
Treu zu dienen
Und das Recht
Und die Freiheit
Des deutschen Volkes
Tapfer zu verteidigen
So wahr mir Gott helfe.

Quelle: 1.62 Handbuch Innere Führung, S. 13

Tapferkeit und »Recht und Freiheit« im Sinne einer göttlichen »letzten Instanz«. Bis in die Neunzigerjahre hinein sorgte die »wellenförmig verlaufende Debatte um Eid und Gelöbnis« für Grundsatzdiskussionen über die deutsche militärische Vergangenheit (6.20 Lange, S. 228).

Von der Zenker-Affäre zum Traditionserlass von 1965 Angesichts der westdeutschen Wiederbewaffnung wurden Forderungen laut, die (empfundene) »Diffamierung« früherer deutscher Soldaten zu beenden und als Kriegsverbrecher verurteilte Angehörige des Wehrmacht-Führungspersonals aus der Haft zu entlassen. In seiner ersten Ansprache an die Bundesmarine betonte der spätere zweite Inspekteur der Marine, Karl-Adolf Zenker, am 16. Januar 1956 die seit der Kaiserzeit ungebrochene Marinetradition. Zudem verlieh er seiner Loyalität der früheren Marineführung gegenüber Ausdruck, wobei er Karl Dönitz, Hitlers formalen Nachfolger in den letzten Kriegstagen, der seit 1946 im Spandauer Kriegsverbrechergefängnis einsaß, einschloss. Der öffentlichen Empörung über Zenkers Worte folgte eine kontroverse Bundestagsdebatte über militärische Traditionen. An den Tendenzen einer faktischen Retraditionalisierung der Bundeswehr änderte dies jedoch wenig. Schließlich sollte durch die Anerkennung der Lebensleistung früherer Wehrmachtsoldaten der prekären Personallage abgeholfen werden. Das betont nüchterne Erscheinungsbild der Bundeswehr stand im Gegensatz zum Bestreben der Truppe, sich ihr eigenes Brauchtum zu schaffen. Dabei musste zwangsläufig auf Formelemente früherer deutscher Armeen zurückgegriffen werden, die auch die Wehrmacht geprägt hatten. So entstanden bald äußerliche Merkmale, die von der Bundeswehrführung nicht geplant waren, aber von der Truppenführung geduldet wurden. So wurden etwa inoffizielle Wimpel mit dem Hubertuskreuz der Kasseler Jäger angefertigt, andere Einheiten führten den Totenkopf der preußischen Husaren. Im Jahr 1959 riet der Beirat Innere Führung zur Mäßigung bezüglich einer allzu detaillierten Regelung solcher Entwicklungen. Das Erscheinungsbild sollten die mitdenkenden »Staatsbürger in Uniform« vielmehr selbst bestimmen. Anders als von Baudissin beabsichtigt, bildeten sich aus diesem Grund in den frühen Sechzigerjahren vordergründig rein soldatische Bezüge zur Wehrmacht (6.11 Abenheim, S. 121–130; Krüger in 1.40).

Dem offiziell abgeschlossenen Bundeswehraufbau folgte die symbolträchtige Normalisierung: Am 7. Januar 1965 stiftete Bundespräsident Heinrich Lübke die erste Truppenfahne der Bundeswehr für das Wachbataillon. Die übrigen Verbände erhielten ihre Truppenfahnen am 24. April 1965. Als Ergebnis eines inzwischen über zehn Jahre lang ausgehandelten Kompromisses unterzeichnete Verteidigungsminister Kai-Uwe von Hassel am 1. Juli 1965 den Erlass »Bundeswehr und Tradition«. In diesem kam einerseits die Erkenntnis zum Ausdruck, dass die Traditionsbildung letztlich nicht ohne Steuerung von oben möglich war; andererseits legitimierte er zahlreiche Traditionsrelikte. Der Erlass verstand Traditionspflege zwar als Zeichen von »Dankbarkeit und Ehrfurcht vor den Leistungen und Leiden der Vergangenheit« und würdigte »soldatische Tüchtigkeit« und »Kampfentschlossenheit«, verurteilte aber gleichzeitig – ohne explizit auf den Nationalsozialismus Bezug zu nehmen – die »Entartung des Nationalbewusstseins«. Darüber hinaus forderte das Dokument zum »Treuen Dienen« für die Bundesrepublik und ihre Wertordnung auf und lehnte jeden Armeeangehörigen ab, »der sich, als unpolitischer Soldat einer falschen Tradition folgend, auf das militärische Handwerk beschränkt«. Die Verwendung des Hakenkreuzes verbot die Anordnung ausdrücklich. Eine katalogartige Auflistung informierte die Truppe über die traditionswürdigen Symbole, Bräuche und Formen des Zeremoniells, wobei die Übernahme von Traditionen früherer (Wehrmacht-)Truppenteile durch Bundeswehrverbände nicht vorgesehen war. Die »Pflege kameradschaftlicher Beziehungen« im Rahmen persönlicher Kontakte galt jedoch als »möglich und erwünscht«. Auf diese Weise war im Umgang mit der Vergangenheit eine Fülle verschiedener Verhaltensmöglichkeiten gegeben (6.11 Abenheim).

Bundeswehr und Tradition (»Traditionserlass«), Bonn, 1. Juli 1965

1. Tradition ist Überlieferung des gültigen Erbes der Vergangenheit. Traditionspflege ist Teil der soldatischen Erziehung. Sie erschließt den Zugang zu geschichtlichen Vorbildern, Erfahrungen und Symbolen; sie soll den Soldaten befähigen, den ihm in Gegenwart und Zukunft gestellten Auftrag besser zu verstehen und zu erfüllen [...]

9. Die deutsche Wehrgeschichte umfaßt in Frieden und Krieg zahllose soldatische Leistungen und menschliche Bewährungen, die überliefert zu werden verdienen. Als Gelegenheit zur Bewährung ist der Krieg jedoch nicht zu rechtfertigen, insbesondere nicht angesichts der modernen Waffenentwicklung. Die Bewährung des Soldaten liegt in seiner soldatischen Tüchtigkeit und in seiner Kampfentschlossenheit. Sie sollen jeden Gegner vom Angriff abschrecken und den Angreifer schlagen.

[...]

29. Die ehemaligen Soldaten sollen erkennen, daß die Bundeswehr ihre soldatische Leistung und ihr Opfer würdigt.

Quelle: 6.11 Abenheim, S. 224–229

Das Gros der in die Bundeswehr übernommenen Brauchtumselemente stammte aus dem preußischen Militär. Von ihnen war das im März 1813 erstmals gestiftete Eiserne Kreuz das markanteste – und sicher unumstrittenste – Symbol. Der Orden für Soldaten aller Dienstgrade konnte zudem als ein demokratisches Symbol gelten. Andere Elemente des militärischen Zeremoniells wie die tägliche Flaggenparade und das Singen von Soldatenliedern gehörten weiterhin zum Kasernenalltag. Das 1958 herausgegebene Liederbuch der Bundeswehr mit dem Titel »Kameraden singt!« enthielt zum Teil Liedgut aus der Wehrmacht – und bewahrte damit auch deren Pathos. Dies galt beispielsweise für das 1935 entstandene Panzerlied, das in einer textlich entschärften Form wieder gesungen wurde. Öffentliche Veranstaltungen waren weiterhin vom Zeremoniell des 19. Jahrhunderts bestimmt: Den vom preußischen König Friedrich Wilhelm III. komponierten »Präsentiermarsch« spielte man zum Abschreiten der Front, ansonsten erklangen zu feierlichen Anlässen oft Beethovens »Yorckscher Marsch« und Gottfried Piefkes »Preußens Gloria«. Viele Märsche waren Truppenteil-spezifisch oder regional gefärbt – etwa der »Bayerische Defiliermarsch« oder der »Gruß an Kiel« der Marine. Als Gelegenheit für Truppenparaden wurde bis in die Sechzigerjahre der Abschluss von Manövern genutzt – oft gefolgt von einem Manöverball. Eine herausragende Großveranstaltung war nach wie vor der Große Zapfenstreich, dessen Zeremoniell auf Friedrich Wilhelm III. zurückging. Er wird anlässlich der Verabschiedung oder des Amtswechsels von Bundespräsidenten, Bundeskanzlern und Verteidigungsministern sowie von militärischem Spitzenpersonal ab dem Dienstgrad Generalleutnant oder Vizeadmiral abgehalten. Um 1980 löste diese Zeremonie, wie militärische Feierstunden und die Sicherheitspolitik insgesamt, allgemeine Proteste aus, so im Mai 1980, als es bei einem öffentlichen Rekrutengelöbnis im Bremer Weserstadion zu gewalttätigen Ausschreitungen kam. Auch die Gelöbnisveranstaltung zum 25-jährigen Bestehen der Bundeswehr im selben Jahr in Bonn verursachte zum Teil starke Unruhen.

Ein wichtiger Bestandteil des militärischen Zeremoniells war das Gedenken an verstorbene Staatsmänner, hochrangige oder -dekorierte, aber auch im Dienst zu Tode gekommene Soldaten. Hervorstechend war das Leichenbegängnis für Konrad Adenauer am 25. April 1967. Nach der Ehrerweisung durch Ehrenformationen aller Teilstreitkräfte und einem Formationsflug der Luftwaffe, überführten Schnellboote Adenauers Sarg auf dem Rhein von Köln nach Rhöndorf. Die Vorstellungen vom militärischen Professionalismus blieben lange Zeit mit einem soldatischen Totenkult verbunden, oft in Zusammenhang mit dem Ehrgefühl besonderer Waffengattungen wie der Gebirgs- oder Fallschirmtruppe. Deren Gedenkveranstaltungen auf dem Hohen Brendten bei Mittenwald oder zum »Kretatag« am 22. Mai verknüpften den Truppenstolz neuer Soldaten mit den Gefechtsleistungen und -opfern der alten Kameraden. Ähnlich verhielt es sich mit dem Habitus von Jagdfliegern, U-Bootfahrern

◀ Abb. 15: Als Hoheitsabzeichen wurde das Eiserne Kreuz geführt. Im Bild: Erster Start eines bundesdeutschen Strahlflugzeugs vom Typ T 33 in Gegenwart von Verteidigungsminister Theodor Blank (2.v.r.) und Inspekteur der Luftwaffe Josef Kammhuber (2.v.l.).

BArch, Bild 183-41611-0001

▶ Abb. 16: Die Bundeswehr verstand sich als »Armee ohne Pathos«. Gleichwohl überdauerten auch hier Formen des militärischen Zeremoniells. Am 7. Januar 1965 erhielt das Wachbataillon als erster Verband eine der durch Bundespräsident Heinrich Lübke neu gestifteten Truppenfahnen.

BArch, B 145 Bild 00018131/ Ludwig Wegmann

◀ Abb. 17: Kritik an der Tradition der Bundeswehr stand vor dem Hintergrund der militärischen Vergangenheit Deutschlands. Zudem verknüpfte sie sich mit aktuellen verteidigungspolitischen Debatten wie der NATO-Nachrüstung. Im Bild: Protest gegen ein Öffentliches Feierliches Gelöbnis in Bonn im November 1980.

BArch, B 145 Bild 00168321 Ludwig Wegmann

und Panzermännern: Die Lebenden ehrten die Toten – und sich selbst (6.14 Echternkamp). Dass sich die innere Einstellung in Äußerlichkeiten widerspiegelt, sollten auch vermeintliche Nebensächlichkeiten zeigen. Als Abkehr von der Wehrmacht war beispielsweise die veränderte Handhaltung in der Grundstellung auf das Kommando »Stillgestanden« zu verstehen: nicht mehr langgestreckt an der Hosennaht, sondern angewinkelt. Spötter nannten dies »Kellnerpfötchen«. Als Baudissin sich bei einem Truppenbesuch über die vorschriftswidrige langgestreckte Handhaltung erregte und Heusinger bat einzuschreiten, gab dieser ihm Recht, unternahm aber nichts (Nägler in 2.20 , S. 158). Im Gegensatz zum Großteil der Truppe übergingen brauchtumsbewusste Truppenteile, etwa bei Marine, Panzeraufklärern oder Fallschirmjägern, mitunter derartige vorschriftsmäßigen Formalitäten. Nach und nach löste sich diese Verhaltenscodierung auf, denn gerade das Wachbataillon stellte die »falsche« Handhaltung ja öffentlich zur Schau. Im Jahr 2004 kehrte dann die gesamte Bundeswehr zur ausgestreckten Hand zurück.

Uniformen Die äußerliche Abkehr der Bundeswehr von Reichswehr und Wehrmacht zeigte sich an den neuen Uniformen. Der Stahlhelm, der zwischen 1916 und 1945 das Aussehen deutscher Soldaten einschließlich der Waffen-SS geprägt hatte, wurde zugunsten des US-amerikanischen Helmmodells aufgegeben. Zunächst fehlten auch die seit 1916 üblichen Kragenspiegel sowie die Unterscheidung der Tuchfarbe zwischen Heer und Luftwaffe. Dem von der Truppe als »Affenjacke« geschmähten zweireihigen Uniformrock folgte Ende 1957 ein überarbeitetes Uniformdesign. Die Kragenspiegel gaben nun wieder Auskunft über die Waffenzugehörigkeit im Heer: Rosa stand für die Panzer-, Goldgelb für die Aufklärungstruppe; neu war das Grün anstelle des bisherigen Weiß für die Infanterie. Die Luftwaffe erhielt die schon vor 1945 getragene blaugraue Uniform. Obwohl das Heer beim 1907 etablierten Feldgrau blieb, konnte die Bandbreite bei den sich selbst einkleidenden Offizieren alle Grauschattierungen zwischen hell und dunkel abdecken – oft aktueller Mode folgend. Um ihre Schlichtheit zu betonen, verzichtete die Bundeswehr auf eine Paradeuniform. Stattdessen wurde der kleine Dienstanzug mit schwarzem Lederkoppel und Stiefeln zum Großen Dienstanzug aufgewertet. Statt der bei der Wehrmacht üblichen Kampfstiefel, der »Knobelbecher«, erhielt die Truppe Stiefel mit angenähter Ledergamasche, die sich jedoch wenig für längere Fußmärsche eigneten. Die später eingeführten Schaftstiefel waren mit einer »Zieh/Zugschnalle« ausgestattet, die dann als »demokratische Schnalle« galt (7.4 Kunstwadl). Anfang der Siebzigerjahre wurden deutlich praktischere Schnürstiefel eingeführt. Höhere Offiziere trugen bis um 1970 gelegentlich noch den kleinen oder großen Dienstanzug während der Dienstaufsicht im Gelände oder bei

Großübungen. Dennoch blieb der Tuchanzug, vor allem in der Truppe, zumeist im Spint. Während des Tagesdienstes und anschließend in den Mannschafts-, Unteroffizier- und Offizierheimen bewegten sich die Soldaten meistens im Feldanzug. Im äußeren Erscheinungsbild der Bundeswehr dominierte daher die Farbe »Oliv«.

Für Kontroversen sorgten anfangs die im Zweiten Weltkrieg verliehenen Orden und Ehrenzeichen. Viele Dekorierte erblickten in ihnen ein Symbol ihrer Lebensleistung und bestanden darauf, sie »wie verliehen« zu tragen. Dass sie das Hakenkreuz auf den Orden nicht als ideologisch behaftetes Parteiabzeichen, sondern als Staatssymbol werteten, offenbarte eine weiterhin fortwirkende Indoktrination. Mit dem Ordensgesetz vom 26. Juli 1956 wurde das Tragen früherer Orden – ohne NS-Symbole – wieder statthaft. Fortan stellte das Wehrmachtgediente mittlere und höhere Führerkorps der Bundeswehr seine im Krieg erworbenen Dekorationen gern zu Schau; außer, man dokumentierte, wie Baudissin, Reformgeist durch betont schmucklosen Dienstanzug. Für den Dienst in der Bundeswehr verliehene Abzeichen waren dagegen zunächst rar. Besonders angesehen waren solche für Tätigkeiten in herausgehobenen Funktionen, etwa für U-Boot-Personal oder Flugzeugführer. Für letztere wurden am 4. Mai 1957 die »Wings« eingeführt. Als Möglichkeit feiner Binnendifferenzierungen veranlassten die Teilstreitkräfte bald die Stiftung vielfältiger Abzeichen – oft im Widerstreit zu den Vereinheitlichungsbestrebungen des Führungsstabes der Streitkräfte. Auch Abzeichen von Organisationen außerhalb der Bundeswehr wie die des Deutschen Sportbundes oder die Medaillen der Länder Hamburg und Niedersachsen für Helfer der Sturmflut von 1962 durften getragen werden. Für gute Schießleistungen wurde am 21. April 1965 die Schützenschnur gestiftet. Ab dem 15. Februar 1971 wurden Leistungen im Truppendienst, die einen Leistungsmarsch und gute Schießleistungen beinhalteten, ausgezeichnet. Beide Ehrungen, jeweils in den Stufen Bronze, Silber und Gold, waren geeignet, die Uniform dekorativ anzureichern, genauso wie Sonderabzeichen für anspruchsvolle Lehrgänge. Das Abzeichen für den kleinen Kreis der Heeresbergführer wurde im April 1959 vom Bundespräsidenten genehmigt. Ab 1965 kündete das Einzelkämpferabzeichen vom erfolgreichen Bestehen des physisch und psychisch fordernden Lehrgangs. Dessen Träger fühlten sich in der Truppe genauso herausgehoben wie die des Fallschirmspringerabzeichens. Den ersten, dem Fallschirmschützenabzeichen der Wehrmacht entlehnten Entwurf hierfür lehnte Heuss im August 1957 noch ab. Die Form des abstrakt gehaltenen bis 1965 verliehenen »Eisenbahnerabzeichens« wich später dem stilisierten Rundkappenfallschirm der anderen NATO-Armeen. Überhaupt boten Truppenbesuche bei den Partnerarmeen Gelegenheit, den nüchternen Dienst- oder Feldanzug mit Abzeichen zu verzieren, auch die Fliegerkombination von Flugzeugführern. Erst 1980 bewilligte das Bundespräsidialamt die Stiftung von Ehrenzeichen im eigentlichen Sinne: Gestaffelt nach geleisteter Dienstzeit konnten die Ehrenmedaille oder das Ehrenkreuz der Bundeswehr in Bronze, Silber und Gold verliehen werden. Für die Marine existierte seit 1988 das Kommandantenabzeichen. So unterschied sich das Gros der Marineoffiziere fortan von der Führungselite derer, die ein Boot oder Schiff aktiv führten (rechte Seite des Dienstanzugs) oder geführt hatten (linke Seite). Auch die Einführung des Baretts im Heer stellte einen Mittelweg zwischen Anpassung an die Partnerarmeen und Rückbesinnung auf die Wehrmacht dar. Im März 1970 genehmigte der Bundespräsident grüne Barette mit goldenem Eichenlaub für die Jägertruppe, bordeauxrote für die Fallschirmjäger- und schwarze für die Panzertruppe. Die Embleme dieser in vielen NATO-Armeen üblichen Kopfbedeckungen folgten äußerlich wiederum den Fallschirmschützen- und Panzerabzeichen der Wehrmacht; nun ohne Beanstandung durch den grundpazifistischen Bundespräsidenten Heinemann. Die Ausstattung aller Soldaten mit waffengattungsspezifischem Barett erfolgte 1978/79. Lediglich die Kampftruppen hoben sich mit ihren meist grünen und schwarzen Kopfbedeckungen weiterhin von den ansonsten hochroten – mitunter als »Zündhütchen« geschmähten – Baretten ab (7.4 Kunstwadl). Dagegen kam die Schirmmütze beim Heer weitgehend außer Gebrauch, traditionsbewusste Offiziere ausgenommen.

Aus den vielfältigen Beziehungen zu den USA resultierte eine gewisse »Amerikanisierung« der deutschen Luftwaffe (Schmidt in 1.31). Diese trat nicht nur bei Fliegersprache und Habitus, sondern auch bei der »Heraldik« hervor. In Kontrast zum – diesbezüglich weiterhin »deutschen« – Heer zierte zum Beispiel die Comicfigur Dagobert Duck den Schild der 2. Staffel der Waffenschule der Luftwaffe 30; ähnlich war es bei der 2. Staffel des Jagdgeschwaders (JG) 74. Die Verbandsabzeichen der Geschwader waren zwar neutraler, aber ebenfalls »moderner« als beim Heer: Die abstrakte Linienführung des Wappens des JG 74, des Jagdbombergeschwaders 33 und der Flugzeugführerschule »B« bedeutete die gänzliche Abkehr von der klassischen Wappenform.

Die Luftwaffe nahm Persönlichkeiten der Wehrmacht als apolitische Heroen für sich in Anspruch. Dies galt insbesondere für die »Fliegerasse«. Der Zusammenhang zwischen Äußerlichkeiten, anhaltender Präsenz der Vergangenheit und deren Umdeutung im Sinne der Bundeswehr kam am 21. April 1961 zum Tragen, als der Inspekteur der Luftwaffe Kammhuber den jeweils ersten Geschwadern ihrer Gattung Traditionsnamen verlieh: »Richthofen« für das Jagdgeschwader 71, »Boelcke« für das Jagdbombergeschwader 31 und »Immelmann« für das Aufklärungsgeschwader 51. In seiner Rede verschmolz Kammhuber die Erinnerung an die »drei Fliegerhelden« des Ersten Weltkrieges mit der moralischen Pflicht zur Verteidigung des deutschen Volkes »und der ganzen westlichen Welt« und dem Bekenntnis zur Demokratie. Das Bestreben, Persönlichkeiten der deutschen Militärgeschichte zu »zeitlosen« Vorbildern zu stilisieren, kontrastierte indessen mit dem Anspruch auf techniklastige Modernität, wie Kammhuber sie gegenüber dem ihm altmodisch erscheinenden Heer zur Geltung brachte. Zwölf Jahre später, am 22. November 1973, verlieh Luftwaffeninspekteur Rall dem Jagdgeschwader 74 den Traditionsnamen »Mölders« – nun nach einem Fliegerass des Zweiten Weltkrieges.

Welche Konsequenzen die vermeintlich apolitische Anlehnung an Vorbilder der Wehrmacht haben konnte, wurde im Oktober 1976 deutlich, als der hochdekorierte frühere Stuka-Pilot Hans-Ulrich Rudel – der sich nie vom NS-Regime distanziert hatte – an einem Kameradschaftstreffen des Aufklärungsgeschwaders 51 »Immelmann« teilnahm. Dies führte zu einem öffentlichen Skandal, in dessen Folge der parlamentarische Staatssekretär im Verteidigungsministerium sowie zwei Generale der Luftwaffe zurücktraten. Diese Affäre demonstrierte die Gefahren einer Brauchtumspflege, die sich auf »rein soldatische« Werte berief. Ungeachtet dessen wirkten Traditionsnamen wie Ärmelbänder als Zeichen korporativer Identität – mit Nachwirkungen, die über 1989 weit hinausreichen: Nachdem im April 1998 ein Bundestagsbeschluss das Gedenken an Angehörige der im Spanischen Bürgerkrieg eingesetzten »Legion Condor« untersagt hatte, wurde im Januar 2005 auch der Traditionsname »Mölders« getilgt. Dies führte zu heftigen Auseinandersetzungen innerhalb der Luftwaffe und im Kreis ihrer Ehemaligen. Selbst die »moderne« Luftwaffe, die sich aus der Vergangenheit in technokratische Professionalität gerettet zu haben glaubte, hatte ihre Vorbilder lediglich rein militärhandwerklich legitimiert.

Traditionsrichtlinien von 1982 Die Absage Heinemanns und Brandts an den Militarismus des Deutschen Reiches schlug sich in einem »bundesrepublikanischen« Geschichtsverständnis nieder, das in den Siebzigerjahren auch die Streitkräfte erreichte. Im Licht der jüngsten historischen Forschung wurde das Verhältnis der Bundeswehr zur NS-Vergangenheit bis 1980 erneut kritisch hinterfragt. Im Zusammenhang mit der NATO-Nachrüstungsdebatte stellte sich die grundsätzliche Frage nach dem Wert militärischen Zeremoniells. Die gebotene Distanzierung vom NS-Staat und auch von der Wehrmacht veranlasste Verteidigungsminister Apel, die seit 1965 geltenden Traditionsrichtlinien zu überarbeiten. Hierzu kamen am 23./24. April 1981 rund 50 Vertreter aus Parteien, Gewerkschaften, Arbeitgeberverbänden, Jugendgruppen, Erziehungsorganisationen sowie aktive Soldaten aller Dienstgrade und solche im Ruhestand auf der Bonner Hardthöhe zusammen. Ergebnis der Tagung waren die »Richtlinien zum Traditionsverständnis und zur Traditionspflege in der Bundeswehr«. Sie wurden am 20. September 1982, am Vorabend der Auflösung der sozialliberalen Koalition, erlassen – als letzte Amtshandlung Apels (Apel in 1.6). Die Richtlinien definierten Tradition als »Überlieferung von Werten und Normen«, die sich in »einem Prozess wertorientierter Auseinandersetzung mit der Vergangenheit« bildeten. Traditionsverständnis und Traditionspflege in der Bundeswehr sollten sich nun ausschließlich am Grundgesetz orientieren. In bewusster Abgrenzung zum NS-Staat – und indirekt, doch klar, auch zur Wehrmacht – sprach sich das Papier für die Weiterentwicklung eigener Traditionen aus. Die Bestimmungen, die auch Eingang in die Zentrale Dienstvorschrift ZDv 10/1 fanden, riefen bei konservativen Soldaten und Veteranen zunächst Ent-

Richtlinien zum Traditionsverständnis und zur Traditionspflege in der Bundeswehr, Bonn, 20. September 1982

1. Tradition ist die Überlieferung von Werten und Normen. Sie bildet sich in einem Prozess wertorientierter Auseinandersetzung mit der Vergangenheit. Tradition verbindet die Generationen, sichert Identität und schlägt eine Brücke zwischen Vergangenheit und Zukunft. Tradition ist eine wesentliche Grundlage menschlicher Kultur. Sie setzt Verständnis für historische, politische und gesellschaftliche Zusammenhänge voraus [...]
6. Die Geschichte deutscher Streitkräfte hat sich nicht ohne tiefe Einbrüche entwickelt. In den Nationalsozialismus waren Streitkräfte teils schuldhaft verstrickt, teils wurden sie schuldlos missbraucht. Ein Unrechtsregime, wie das Dritte Reich, kann Tradition nicht begründen [...]
20. Die Bundeswehr pflegt bereits eigene Traditionen, die weiterentwickelt werden sollen. Dazu gehören vor allem:

- der Auftrag zur Erhaltung des Friedens in Freiheit als Grundlage des soldatischen Selbstverständnisses;
- der Verzicht auf ideologische Feindbilder und auf Hasserziehung;
- die Einbindung in die Atlantische Allianz und die kameradschaftliche Zusammenarbeit mit den verbündeten Streitkräften auf der Grundlage gemeinsamer Werte;
- das Leitbild des »Staatsbürgers in Uniform« und die Grundsätze der Inneren Führung;
- die aktive Mitgestaltung der Demokratie durch den Soldaten als Staatsbürger;
- die Offenheit gegenüber gesellschaftlichen Entwicklungen und die Kontaktbereitschaft zu den zivilen Bürgern;
- die Hilfeleistung für die Zivilbevölkerung bei Notlagen und Katastrophen im In- und Ausland.

Das sind unverwechselbare Merkmale der Bundeswehr.

Quelle: 6.11 Abenheim, S. 230–234

rüstung hervor. Sie initiierten einen langen kontroversen Prozess, der erst allmählich in allseitige Akzeptanz mündete.

Die Wandlung im Taditionsverständnis widerspiegelten die Kasernennamen. Im Sinne des Mitte der Sechzigerjahre gültigen Traditionsverständnisses wurden viele Liegenschaften nach Soldaten der Wehrmacht benannt, soweit eine NS-Belastung nicht offenkundig war. Gleich mehrfach wurde der Name »Rommel« vergeben, dessen Träger in die Nähe des militärischen Widerstandes gerückt wurde. Ansonsten waren (um 1995) jeweils rund 30 Kasernen nach Persönlichkeiten aus den Befreiungskriegen und der Wehrmacht benannt, dagegen nur elf nach solchen des Widerstandes gegen das NS-Regime und 13 Namen aus der Geschichte der Bundesrepublik. 40 Kasernen trugen unverfängliche Namen von Personen des Mittelalters oder aus Herrschergeschlechtern, während bei 70 Kasernen auf Personen oder Schlachten des Ersten Weltkrieges zurückgegriffen wurde. Diese Tendenz endete ab Mitte der Neunzigerjahre. Infolge zahlreicher Standortschließungen entfielen viele der – nun als »belastet« eingestuften –Kasernennamen (6.19 Knab, S. 145; Mack in 10.2, 4/2014).

Ende der »alten Bundeswehr«? Die Distanzierung vom Mythos der »sauberen Wehrmacht« stellte für konservative (ehemalige) Soldaten und Politiker einen Affront dar. Entsprechend kündigte der CDU-Verteidigungspolitiker Manfred Wörner an, im Falle seines Wahlsieges das Traditionspapier Apels außer Kraft zu setzen. Doch auch nach dem Regierungswechsel im Oktober 1982 behielten die »Richtlinien« ihre Gültigkeit – bis zur Gegenwart (2015). Auch dies zeugt von der Herausbildung eines gewandelten Grundverständnisses in der Bundeswehr. Angesichts neuer Forschungsergebnisse und der Öffentlichkeitswirkung der Wanderausstellung »Verbrechen der Wehrmacht« (3.10 – 3.12) wurde der bisherige Umgang mit Tradition ab Mitte der Neunzigerjahre erheblich kritischer hinterfragt als zuvor. 1995 entschied Verteidigungsminister Volker Rühe, einige Kasernen, deren in den Sechzigerjahren gewählte Namensgeber sich mittlerweile als NS-belastet herausgestellt hatten, umbenennen zu lassen. Auch das Liedgut und historische Sammlungen in den »Traditionsräumen« der Verbände wurde unter der rot-grünen Regierung des Bundeskanzlers Gerhard Schröder 1998 einer kritischen Überprüfung unterzogen – ein weiterer Beweis für die Abkehr von der »alten Bundeswehr«. Gleichsam als Zusammenfassung der bisherigen Entwicklung legte Verteidigungsminister Rudolf Scharping 1998 drei wesentliche Bestandteile der Bundeswehrtradition fest: die preußischen Reformer, den militärischen Widerstand des 20. Juli 1944 und die Geschichte der Bundeswehr selbst. Kritische Stimmen warnen allerdings vor einer allzu dogmatischen Reduktion der Tradition auf eine kleinteilige Positivliste (Köster in 6.29).

Wehrverfassung und Wehrgesetze

Die deutsche Staatsgewalt, die mit der Niederlage am 8./9. Mai 1945 ihr Ende fand, wurde ab 1949 durch erweiterte Souveränitätsrechte sukzessive wiederhergestellt: Der Deutschlandvertrag vom 26. Mai 1952 stellte das Ende des Besatzungsstatuts in Aussicht. Die Pariser Verträge besiegelten am 23. Oktober 1954 den Tausch von bundesdeutscher Staatlichkeit und politisch-militärischer Integration – nun nicht mehr im Rahmen der EVG, sondern der NATO. Am 5. Mai 1955 trat das Vertragswerk in Kraft. Alliierte Vorbehaltsrechte galten bis 1990 für das Bundeswehr-freie Berlin, für Deutschland als Ganzes sowie für Angelegenheiten der Truppenstationierung und die Luftraumüberwachung; bis 1968 waren zudem Sonderrechte bei einem inneren Notstand inbegriffen. Wenn der Wehrbeitrag der Preis für die Souveränität der Bundesrepublik war, dann ironischerweise unter der Bedingung, dass zumal in der Anfangszeit die gesetzlichen Möglichkeiten zur Schaffung des Militärs sehr engen Restriktionen unterlagen. Dies erlegte dem Bundeswehraufbau Schwierigkeiten auf, die letztlich zum Verfehlen des Aufbauziels führten.

Verfassungsrechtliche Normen Der oft gebrauchte Begriff »Wehrverfassung« ist insofern irreführend, als die verteidigungsrelevanten Regelungen nicht eigenständig niedergelegt, sondern systematisch ins Grundgesetz eingefügt wurden – auch dies ein Zeichen angestrebter Integration der Streitkräfte ins Staatswesen. Indessen hielten es noch Ende der Neunzigerjahre hochrangige Bundeswehrjuristen für erstaunlich, dass in den einschlägigen Rechtskommentaren Aussagen zur Rolle der Streitkräfte völlig fehlten (Walz in 1.90, S. 305). Soweit kein Spezialrecht galt, waren die für die Bundeswehr verbindlichen Normen durch den rechtsstaatlichen Rahmen festgelegt. Die Fassung des Grundgesetzes vom 23. Mai 1949, in der eine deutsche Armee nicht vorgesehen war, garantierte in Artikel 4 (3) das Recht auf Kriegsdienstverweigerung; Artikel 26 untersagte alle »Handlungen, die geeignet sind und in der Absicht vorgenommen werden, das friedliche Zusammenleben der Völker zu stören« – also einen Angriffskrieg. Am 26. März 1954 verabschiedete der Bundestag die Erste Wehrergänzung, die in Artikel 73 die Wehrhoheit auf den Bund übertrug und die Basis für die eigentliche Wehrgesetzgebung bildete. Erst die Zweite Wehrergänzung vom 19. März 1956 ermöglichte es mit dem Grundgesetzartikel 17a, Grundrechte für Soldaten einzuschränken. Artikel 60 regelte das Ernennungsrecht von Offizieren und Unteroffizieren, während Artikel 45a die Einrichtung des Wehrbeauftragten festschrieb. Artikel 1, der alle staatlichen Organe zur Wahrung der Menschenwürde und der Grundrechte verpflichtet, wurde leicht abgeändert: Statt »Verwaltung« hieß es jetzt »vollziehende Gewalt«, nun unter Einbeziehung der Streitkräfte als Teil der Exekutive. Die Regelung der Befehls- und Kommandogewalt in Artikel 65a wurde 1968 in den Artikel 115b überführt.

Von Anfang an hatte das Grundgesetz die Richtlinienkompetenz des Bundeskanzlers gegenüber allen Kabinettsmitgliedern verankert. Die Zweite Wehrergänzung legte die Befehls- und Kommandogewalt zu Friedenszeiten in die Hände des Verteidigungsministers; im Verteidigungsfall fiel sie an den Bundeskanzler. Die Aufgaben des Bundespräsidenten blieben auf formale und protokollarische Befugnisse beschränkt. Von zentraler Bedeutung für die Spitzengliederung waren die beiden neu eingefügten Grundgesetzartikel 87a und 87b. Ersterer bestimmte, dass der Bund »Streitkräfte zur Verteidigung« aufstellt. Deren Organisation und Umfang müsse sich aus dem Haushaltsplan ergeben. Dem folgte ein abschließender Katalog über die Aufgaben der Streitkräfte – mit klarer Aufgabentrennung gegenüber anderen Institutionen, insbesondere der Polizei, und vorerst ohne die Regelung von Befugnissen im Katastropheneinsatz. Artikel 87b legte die Bundeswehrverwaltung fest: erstens als Bundesangelegenheit und nicht als Sache der Länder – angesichts der föderalen Verfasstheit der Bundesrepublik keine triviale Feststellung; zweitens als eine von den »Streitkräften« klar getrennte Säule der Verteidigungsorganisation.

Personalgutachterausschuss Am 15./16. Juli 1955, kurz nach der Aufwertung des Amtes Blank zum Verteidigungsministerium, wurde das Gesetz über den Personalgutachterausschuss verabschiedet. Um eine politische Vorbelastung der künftigen Bundeswehrspitze von vornherein auszuschließen, wurde festgelegt, dass die persönliche Eignung aller vormaligen Wehrmachtoffiziere, die sich für den Dienst in den neuen Streitkräften bewarben, ab dem Dienstgrad Oberst aufwärts durch einen unabhängigen Ausschuss zu überprüfen war. Der Personalgutachterausschuss war an keine Weisung gebunden. Er bestand aus Persönlichkeiten, die auf Vorschlag der Bundesregierung ausgewählt, vom Bundestag bestätigt und vom Bundespräsidenten berufen wurden: 13 frühere Berufssoldaten und 25 Zivilpersonen, unter ihnen zwei Frauen. Nach Beendigung der Prüfverfahren im Februar 1958 wurden alle Arbeitsunterlagen vernichtet, um spätere Anfechtungen auszuschließen. Von den 553 eingegangenen Bewerbungen (davon 83 von früheren Generalen) wurden 470, also fast sechs von sieben, positiv beschieden (61 Generale) und 51 abgelehnt (acht Generale); 32 zogen ihre Bewerbung zurück, um einer Ablehnung zuvorzukommen (13 Generale). Unter den Abgelehnten befanden sich interessanterweise einige Spitzenkräfte Blanks. Nur einem von ihnen gelang die Wiedereinstellung auf dem Klageweg. Im Gegensatz zu allen anderen Institutionen der jungen Bundesrepublik verhinderte der Personalgutachterausschuss eine allzu krasse Elitenkontinuität – allen süffisanten Pressekommentaren etwa des »Spiegels« oder der DDR-Propaganda zum Trotz.

Wehr- und Soldatenrecht Das am 23. Juli 1955 verabschiedete »Gesetz über die vorläufige Rechtsstellung der Freiwilligen in den Streitkräften« erlaubte die Einstellung von maximal 6000 Soldaten. Auf dieser Grundlage traten am 12. November 1955 die ersten 101 Freiwilligen in die Bundeswehr ein. Diesem offenkundigen Notbehelf folgte am 20. Januar 1956 das Eignungsübungsgesetz, das es gestattete, Bewerber vorläufig für vier Monate als Soldaten in Dienst zu nehmen; damit war die Zivilbeschäftigung einstweilen gesichert. Erst ein Jahr nach Einrücken der ersten Freiwilligen entstand die rechtliche Basis für den inneren Dienstbetrieb der gleichzeitig rasant wachsenden Truppe. Ganz im Sinn des Reformgedankens räumte die Wehrbeschwerdeordnung vom 23. Dezember 1956 jedem Soldaten das Recht ein, Beschwerden über Vorgesetzte oder Kameraden auf dem Dienstweg einzulegen. Die Wehrdisziplinarordnung vom 15. März 1957 regelte das Verhängen von Laufbahnstrafen für Berufs- oder Zeitsoldaten, die Ahndung von Dienstvergehen oder die förmliche Anerkennung besonderer Leistungen durch den Disziplinarvorgesetzten. Während die Disziplinargewalt lediglich auf Bundeswehr-interne Sanktionen abstellte, galt das Wehrstrafgesetz vom 30. März 1957 für schwere Verstöße, die nur durch richterliche Gewalt geahndet werden durften: Fahnenflucht, Meuterei oder die missbräuchliche Aneignung militärischer Befehlsgewalt. Das am 26. Juni 1957 verabschiedete »Gesetz über den Wehrbeauftragten des Bundestages« setzte die grundgesetzliche Regelung vom Vorjahr weiter um und trug damit entscheidend zur Wahrung der Soldatenrechte bei. Kurz darauf, am 26. Juli 1957, wurde die Rolle der Vertrauensmänner als Mittlerinstanz zwischen Soldaten und Vorgesetztenebene festgelegt. Die Dienst- und Sachbezüge von Zeit- und Berufssoldaten waren seit dem 1. April 1957 im Bundesbesoldungsgesetz festgeschrieben und lehnten sich an die Beamtenbesoldung an. Das Soldatenversorgungsgesetz garantierte ab dem 26. Juli 1957 die Hinterbliebenenversorgung sowie die Berufsförderung für ausgeschiedene Soldaten auf Zeit.

Es war lange umstritten, ob für Soldaten ein eigener Rechtsstatus zu schaffen war, anstatt einfach die für Beamten gültigen Regelungen zu übernehmen. Folglich musste geklärt werden, ob das Soldatsein ein Beruf wie jeder andere sei. Falls ja, bedurfte es keiner speziellen Regelung, auch wenn dann zu befürchten war, dass sachfremde Einflüsse die Streitkräfte dominierten; falls nicht, drohte ein Rückfall in die Isolation früherer Armeen. Erst das am 1. April 1956 verabschiedete »Gesetz über die Rechtsstellung des Soldaten« beantwortete diese grundlegende Frage. Im Spannungsfeld zwischen freiheitlich-demokratischer

Gesellschaftsordnung und militärischen Sachzwängen regelte dieses Soldatengesetz die Stellung des Soldaten in Staat und Streitkräften durch einen Kanon aus Rechten und Pflichten. Es garantierte die freie politische Betätigung, verknüpft mit der Pflicht zur Zurückhaltung, und das aktive sowie passive Wahlrecht, verknüpft mit der Pflicht zur Beurlaubung bei Antritt eines Parlamentsmandats. Die Rechtsstaatsbindung äußerte sich in der Pflicht, Befehle dann *nicht* zu befolgen, wenn diese eine Straftat darstellten oder die Menschenwürde verletzten. Die Bundeswehr war die einzige Institution der Bundesrepublik, für die die politische Bildung gesetzlich vorgeschrieben wurde. In Ergänzung des Soldatengesetzes hob die am 7. Juni 1956 erlassene Vorgesetztenordnung die funktionalen Aspekte des Dienstes hervor. Die Vorgesetzteneigenschaft beschränkte sich auf die Dienstzeit und vor allem auf den Disziplinarvorgesetzten. Daneben gab es Fachvorgesetzte sowie Vorgesetzte mit »besonderem Aufgabenbereich«. Die allein auf einen höheren Dienstgrad sich gründende Vorgesetzteneigenschaft hatte dagegen in den Hintergrund zu treten, insbesondere außerhalb der Dienstzeit und außerhalb militärischer Anlagen. Nachdem zwischen dem Führungsstab der Bundeswehr, dem Beirat Innere Führung und dem Verteidigungsausschuss des Bundestages um diese Verordnung heftig gerungen worden war, setzte im August 1960 das Referat für Innere Führung im Verteidigungsministerium im Alleingang eine Regelung durch, die die Vorgesetzteneigenschaft erheblich stärkte. Dadurch wurde angesichts der schlechten Nachwuchslage namentlich die Position der Unteroffiziere begünstigt. Beim Beirat, der sich übergangen fühlte, und im Verteidigungsausschuss führte dies zu starken Verstimmungen (1.33 Nägler, S. 412).

Am 21. Juli 1956 verankerte das Wehrpflichtgesetz die Allgemeine Wehrpflicht in der Bundesrepublik. Die Musterungsverordnung vom 25. Oktober 1956 regelte die Verfahrensweisen bei Musterung, Einberufung und dem Stellen von Anträgen auf Kriegsdienstverweigerung. Am Weihnachtstag 1956 folgte das »Gesetz über die Dauer der Wehrdienstzeit«, das zunächst eine Zeitspanne von zwölf Monaten vorsah. Das Unterhaltssicherungsgesetz vom 26. Juli 1957 schrieb die Unterstützung von Wehrpflichtigen und deren Familien für die Dauer des Wehrdienstes fest. Die Zahlung des Wehrsoldes und der Kündigungsschutz im bestehenden Arbeitsverhältnis wurden am 30. März 1957 im Wehrsold- und im Arbeitsplatzschutzgesetz niedergelegt. Trotz des frühzeitig im Grundgesetz verankerten Rechts auf Kriegsdienstverweigerung wurde das »Gesetz über den zivilen Ersatzdienst« erst am 13. Januar 1960 erlassen. Nicht nur Männer wurden für den Militärdienst herangezogen, sondern auch Sachgüter und Liegenschaften. Das am 18. Oktober 1956 verabschiedete »Bundesleistungsgesetz« erlaubte die Inanspruchnahme von

Waffen, Verkehrsmitteln, technischem Gerät und Betriebsstoffen. Das »Gesetz über die Beschränkung von Grundeigentum für die militärische Verteidigung« vom 7. Dezember 1956 regelte die Einrichtung von Schutzbereichen, über die die Bundeswehr oder verbündete Streitkräfte verfügen konnten. Das Landbeschaffungsgesetz vom 23. Februar 1957 schuf die Grundlage für den freihändigen Landerwerb aus privater Hand; dies war von zentraler Bedeutung angesichts des eklatanten Mangels an geeigneten Kasernen und für motorisierte Truppen unerlässlichen Übungsgeländen.

Notstandsverfassung Die zweite Grundgesetzergänzung vom 19. März 1956 forderte im neu eingefügten Artikel 143 ein besonderes Gesetz zum Einsatz der Bundeswehr im Falle eines inneren Notstands. Dass der Hamburgische Innensenator Helmut Schmidt angesichts der Sturmflut im Februar 1962 auf eigene Verantwortung die Bundeswehr anforderte, rettete zahlreichen Menschen das Leben und gereichte ihm und den eingesetzten Soldaten zur Ehre. Doch Schmidt bewegte sich damit noch außerhalb der Verfassung. Die Erweiterung der Rechte der Streitkräfte im Innern blieb ein heiß diskutiertes Politikum. Erst im Rahmen der parlamentarisch breit abgesicherten Großen Koalition gelang es am 30. Mai 1968, die umstrittenen Notstandsgesetze zu verabschieden. Maßnahmen im Spannungs- und Verteidigungsfall wurden in den Artikeln 80a und 115a-l präzisiert. Die Staatsorgane der Bundesrepublik erhielten erweiterte Vollmachten für den Verteidigungsfall sowie bei der Bekämpfung von inneren Unruhen und Naturkatastrophen. Ferner wurden die Eingriffsrechte des Bundes in die bürgerlichen Grundrechte – etwa bei der Beschränkung der Freizügigkeit, des Brief-, Post- und Fernmeldegeheimnisses – ausgebaut. Zudem erfolgte die Neuregelung der Operationsfreiheit und Versorgung der Streitkräfte im Spannungs- und Verteidigungsfall. Ihr Einsatz unterlag restriktiven Bestimmungen und galt nur dann als legal, wenn die freiheitlich-demokratische Grundordnung bedroht war und der Einsatz von Bundes- oder Länderpolizeien nicht ausreichte. Damit endete die bis dahin noch teils verfassungsrechtliche Stellung von Streitkräften und Soldaten.

»Legitimes Kind der Demokratie«: die Wehrpflicht

Das in Himmerod geplante Zwölf-Divisionen-Heer war auf Basis einer Freiwilligenarmee kaum realisierbar. Dass die neuen westdeutschen Streitkräfte als Wehrpflichtarmee entstehen würden, war durch die Ausarbeitungen im Amt Blank genauso vorgezeichnet wie durch das im Februar 1952 von der Lissaboner NATO-Ratstagung verabschiedete

Streitkräfteziel. Gleichwohl befürworteten manche nationalkonservative Stimmen, aber auch die Mehrheit der SPD eine Freiwilligenarmee. Auch die Frage der Wehrpflicht war mit der deutschen militärischen Vergangenheit verbunden. In Preußen galt der Wehrdienst seit 1813/14 als eine wichtige Station im Leben jedes jungen Mannes – von dessen durch den Versailler Vertrag erzwungenen Aussetzung in den Jahren zwischen 1918/19 und 1935 abgesehen. Und natürlich war das im Zeitalter der Weltkriege benötigte enorme Streitkräftepotenzial nur im Rahmen der Wehrpflicht mobilisierbar. Politisch verknüpfte sich diese Wehrform vor allem mit liberalen Ideen, wie sie im Gefolge der Französischen Revolution in das Gedankengut der Preußischen Reformer und dann der liberaldemokratischen Bewegungen des 19. Jahrhunderts eingegangen waren. In Anlehnung an solche Konzeptionen erläuterte der einflussreiche Verfassungsrechtler Ernst Rudolf Huber 1957 den elementaren Zusammenhang zwischen Wehrpflicht und Wahlrecht. Und schon im Januar 1949 trat Heuss im Parlamentarischen Rat für den »wehrpflichtigen Bürgersoldaten« ein, als er seine Meinung in dem hinfort oft zitierten Satz auf den Punkt brachte: Die allgemeine Wehrpflicht sei das »legitime Kind der Demokratie« (nach 6.1 Opitz/Rödiger, S. 208). Die Wehrpflicht als demokratische Wehrform verband sich Anfang der Fünfzigerjahre und erneut um 1970 mit der Idee einer bürgernahen Milizarmee. Sogar Speidel hatte sich im November 1948 mit solchen Gedanken getragen, um »eine Wiedererweckung jedes nazistischen Militarismus« auszuschließen. Nachdem die Himmeroder Denkschrift derartige Überlegungen nicht aufgegriffen hatte, fehlte auch in den offiziellen Planungen der Bundeswehr jede Andeutung einer semiprofessionellen oder irregulären Truppe. Darüber hinaus wurden anfängliche Vorstellungen, auch den weiblichen Teil der Bevölkerung zur Heimatverteidigung – bewaffnet oder in Unterstützungsdiensten – zu mobilisieren, fallen gelassen (6.4 Rink).

Aufgrund der Anforderungen an Streitkräfte in der Demokratie stellte sich in der Planungs- und Gründungsphase der Bundeswehr die Frage, ob auch die Binnenstruktur der Streitkräfte selbst demokratischen Mustern folgen sollte – ähnlich wie bei der Freiwilligen Feuerwehr, den Schützenvereinen oder dem Reservistenverband. Solche von den Planern im Amt Blank und später im Verteidigungsministerium nicht weiterverfolgten Ansätze wurden erst in den frühen Siebzigerjahren von der Wehrstrukturkommission erneut aufgeworfen. In ihrem Streben nach gesellschaftlicher Integration der Streitkräfte und nach höherer Wehrgerechtigkeit erörterte sie Konzepte einer milizähnlichen Organisation. Diese auch in der Publizistik behandelten Ideen vereinten Diskutanten politisch unterschiedlicher Richtungen zwischen »linkem« und konservativem Gedankengut: Das Ziel der demokratischen Zähmung des Militärs schloss die Aufstellung einer Miliz ebenso ein wie die Mobilisierung aller personellen Verteidigungsressourcen. Zudem blieben Divergenzen zwischen dem Interesse an einem – vorzugsweise von Freiwilligen zu bedienenden – technisch anspruchsvollen Verteidigungsinstrument einerseits und einer – nur qua Wehrpflicht möglichen – konventionellen Aufwuchsfähigkeit andererseits bestehen.

Die Frage nach dem demokratischen Charakter der Wehrpflicht bestimmte die Bundestagsdebatten von Mai bis Juli 1956. Dabei beschwor die CDU/FDP-Regierungskoalition die liberale Theorie einer demokratietauglichen Wehrpflicht, während sie die SPD-Opposition unter Hinweis auf die jüngste von Weltkriegen, Wehrpflicht und Militarismus geprägte Vergangenheit ablehnte. Es gelang der parlamentarischen Mehrheit zwar, die größte Oppositionspartei zum Einlenken zu bewegen, aber der Preis dafür waren Zugeständnisse der Regierung sowohl bezüglich der Sozialpolitik als auch in Hinsicht auf binnenmilitärische Regelungen, um militaristische Strömungen auszuschließen. Am 21. Juli 1956 stimmte die große Mehrheit des Bundestages für die Wehrpflicht. Die SPD bekannte sich erst 1959 in ihrem Godesberger Programm zum Wehrdienst. Diesbezügliche Verfassungsbeschwerden wurden vom Bundesverfassungsgericht 1960 endgültig zugunsten der Wehrpflicht abgewiesen (Pommerin in 1.6). Parallel zu den parlamentarischen Debatten veröffentlichte die Bundesregierung im Juni 1956 ihre Denkschrift »Warum brauchen wir die Wehrpflicht?«. Diese sollte der Bevölkerung vor Augen führen, dass die den Bündnispartnern vertraglich zugesicherten 500 000 Soldaten nur im Rahmen der allgemeinen Wehrpflicht aufzubieten waren. Dabei berief sich die Schrift der CDU-dominierten Regierung auch auf sozialistische Vordenker wie Jean Jaurès und August Bebel, die um 1900 die Wehrpflicht im Rahmen einer Miliz befürwortet hatten; ein Berufsheer dagegen verwarf sie als »Staat im Staate«. Bis zu ihrer »Aussetzung« im Jahr 2011 galt die allgemeine Wehrpflicht als eine Wehrform, die eine gesellschaftliche Integration in besonderer Weise gewährleistete. Ungeachtet zwischenzeitlicher Milizdebatten blieb die Wehrform konservativ. Der aus Zeit- und Berufssoldaten bestehende Personalrahmen wurde mit Wehrpflichtigen – sowohl Grundwehrdienstleistenden als auch Reservisten – aufgefüllt. Die Bundeswehr blieb eine Kompromissarmee: Um einen techniklastigen Kern etablierten sich in den späten Sechzigerjahren zunehmend gekaderte Verbände. In der vorgesehenen EVG-Kontingentarmee sollte der Grundwehrdienst 18 Monate dauern. Dies entsprach den Vorstellungen der militärischen Planer im Amt Blank. Doch zu deren Enttäuschung und entgegen dem Vorschlag der von Manstein geleiteten Expertengruppe setzte Adenauer zu Weihnachten 1956 eine Dienstzeit von nur 12 Monaten durch. Die ersten Wehrpflichtigen rückten zum 1. April 1957 in die Kasernen ein. Unter dem Eindruck der

Berlinkrisen und des Mauerbaus wurde der Wehrdienst zum 1. April 1962 auf 15 Monate, ab 1. Juli desselben Jahres auf 18 Monate verlängert. Die folgende Phase geburtenstarker Jahrgänge warf die Frage nach der Wehrgerechtigkeit auf. Auf Anraten der Wehrstrukturkommission beschloss Verteidigungsminister Schmidt, den Grundwehrdienst ab Anfang 1973 auf 15 Monate zu verkürzen. Beim »W-15er« blieb es dann. Zwar führte die Zeit geburtenschwacher Jahrgänge zu Überlegungen, den Grundwehrdienst ab Mitte 1989 auf 18 Monate zu verlängern. Aber stattdessen erfolgte zum 1. Oktober 1990 dessen abermalige Kürzung auf zwölf Monate.

Anfangs wurde der Wehrpflicht in aller Regel nachgekommen, deren Verweigerung war die Ausnahme. Verweigerten im Jahr 1960 nur rund 5500 Männer den Wehrdienst, waren es elf Jahre später bereits 27 000. Die Zahl der gestellten Anträge verdoppelte sich bis Mitte der Achtzigerjahre auf rund 60 000, um 1989 einen einstweiligen Höchststand von 77 000 zu erreichen. Der Fortfall der umstrittenen Gewissensprüfung ab 1977 im Antragsverfahren spiegelte die gewandelte Einschätzung des zivilen Ersatzdienstes wider. Galt der Wehrdienstverweigerer in der frühen bundesrepublikanischen Gesellschaft noch als »Drückeberger«, avancierte der »Zivi« milieu- und bildungsspezifisch nicht selten zur Leitfigur, vor allem bei Abiturienten. Zwischen 1985 und 1991 verdreifachten sich die Anträge auf Kriegsdienstverweigerung (Klein in 1.6 ; Wiesendahl in 1.5). In einer Untersuchung gelangte das Sozialwissenschaftliche Institut der Bundeswehr 1989 zur Einschätzung, dass faktisch nun ein »Wahlrecht zwischen Wehr- und zivilem Ersatzdienst« bestehe (10.3 SOWI-Studie 16). Zu Recht erschien die Wehr-Pflicht als »Zwangsdienst«: wenig geliebt, doch meist akzeptiert. Noch 1989 zogen über die Hälfte der befragten Bundesbürger die Wehrpflichtarmee einer Freiwilligentruppe vor. Viele westdeutsche Männer empfanden die Bundeswehrzeit, trotz einer extrem breit gefächerten (De)Motivationsspannbreite, als prägende Phase auf ihrem Weg zum Erwachsensein. Trotz aller Kritik blieb die Wehrpflicht eine Schnittstelle zwischen Streitkräften und Gesellschaft. Zum einen fanden durch sie viele junge Männer den Weg zur Bundeswehr, die sich später als Zeit- und Berufssoldaten weiterverpflichteten. Zum anderen strömten fortwährend Einflüsse von außen in die Streitkräfte hinein. Diese Austauschprozesse verbanden sich »zwangsläufig« mit unerwünschten Erscheinungen – für Führer und Geführte. In der Tat trug die Wehrpflicht zur »Verbürgerlichung« der Streitkräfte bei. Umgekehrt war die Zeit bei der Bundeswehr bald Bestandteil des Erfahrungshorizontes mehrerer Millionen »gedienter« Männer.

Die Aufbaukrise: der Weg in die Sechzigerjahre

In den ersten Jahren ihres Bestehens steckte die Bundeswehr in einer Aufbaukrise. Im Jahr vor dem »physical start« 1955 betrug das der NATO hinsichtlich der Personalstärke gemeldete Planziel 605 000 Soldaten. Dieses wurde im Januar 1956 auf 583 000 Soldaten nach unten korrigiert, die bis zum 31. Dezember 1959 hätten aufgestellt werden sollen. Im März 1956 sah Blank einen Personalstand von 499 711 Soldaten vor. Auch dessen Realisierbarkeit wurde angezweifelt, insbesondere von Strauß, der kurz nach seinem Amtsantritt drastische Kürzungen veranlasste: Bis zum 31. März 1961 waren 343 000 Soldaten aufzustellen. Zudem wurden zahlreiche Einzelheiten der Aufbauplanung terminlich verschoben, zeitlich gestreckt oder gänzlich fallen gelassen. Im April 1956 taten lediglich 5214 Soldaten Dienst in der Bundeswehr. Bis Januar 1957 war diese Zahl auf 67 971 angewachsen, zu Ende dieses Jahres auf 122 400. Erst 1975 wurde eine Stärke von knapp 500 000 Mann erreicht.

Durch die stetig wachsende Einwohnerzahl der Bundesrepublik von rund 49 Millionen (1955) auf 55 Millionen (1960) und 60 Millionen (1970) Menschen wurde das Rekrutierungspotenzial für die Streitkräfte zwar gesteigert, durch den wirtschaftlichen Aufschwung jedoch wieder vermindert: Während die Zahl der Erwerbstätigen von rund 23 Millionen im Jahr 1955 auf knapp 27 Millionen in den Sechzigerjahren stieg, ging die Arbeitslosigkeit im Zuge des »Wirtschaftswunders« Ende der Fünfzigerjahre rapide zurück. Waren im Jahr 1951 noch 1,4 Millionen Menschen ohne Anstellung, hatten 1955 nur mehr 928 000 Menschen keine feste Arbeit. Zur Zeit des rasanten Truppenaufwuchses um 1960 standen dem Arbeitsmarkt bloß noch wenige Menschen zur Verfügung: 1960 waren 271 000 Menschen arbeitslos, fünf Jahre später rund 150 000; diese Zahl blieb bis zu Beginn der Siebzigerjahre konstant (7.1 Abelshauser, S. 289). Diese Entwicklung wirkte sich nachteilig auf die Bundeswehr aus.

Die ersten Rekrutengenerationen, die Geburtsjahrgänge ab 1938, konnten nur von Veteranen der Vorgängerarmeen ausgebildet werden. Im Generationengefüge dominierte das kriegsgediente Personal, dagegen bestand ein Mangel bei den »Weißen Jahrgängen« zwischen 1929 und 1937. Entsprechend beklagten die Planer auf der Hardthöhe die »Kopflastigkeit« ihrer Streitkräfte: Im Jahr 1957 standen für die 400 bis 500 Kompaniechefstellen 2000 Hauptleute und 1000 kriegsgediente Oberleutnants zur Verfügung; die zu dieser Zeit vorhandenen 80 Stellen für Bataillonskommandeure hätten sogar von 1700 Stabsoffizieren besetzt werden können. Auf der anderen Seite fehlte es an Kasernen. Aus diesem Grund musste die Anwerbung von Freiwilligen zwischenzeitlich gestoppt, ab 1958 aber wieder forciert werden. Die Wehrpflicht erhöhte die Kopfstärke spürbar, sodass im August 1958 von den 195 741 Soldaten 36 093 ihren Dienst als Wehrpflichtige leisteten. Das für deren Ausbildung benötigte junge Personal war allerdings nur spärlich vorhanden. Die Zahl der altersmäßig besonders geeigneten ungedienten Offizieranwärter fiel von knapp 7000 im Jahr 1957 auf fast die Hälfte vier Jahre später. Die Zahl der Bewerber für die Unteroffzierlaufbahn hatte sich mehr als halbiert – von rund 38 000 Mann 1957 auf 18 000 im Jahr 1961 (Nägler in 1.5). Die bei vielen Offizierbewerbern fehlenden Bildungsvoraussetzungen kontrastierten mit der stetig vorangetriebenen technischen Ausstattung der Bundeswehr. Ende 1963 waren mehr als ein Viertel der Offizierstellen nicht besetzt. Gleichzeitig waren die Offiziere, in Bezug auf ihren Dienstgrad gegenüber der NATO-Norm, im Durchschnitt zehn Jahre zu alt. Erst für 1972 erwartete das Verteidigungsministerium eine »gesunde Altersstruktur« (10.1 »Spiegel« 52/1963). Gerade die Kriegsoffiziere, die als Zugführer und Kompaniechefs Schlüsselfunktionen bekleideten, befanden sich in einer schwierigen Lage: Im Vergleich zur älteren Generation der Stabsoffiziere hatten sie kaum Erfahrungen im Friedensdienst; verglichen mit der jüngeren Generation des »selbstgestrickten« Bundeswehr-sozialisierten Nachwuchses war ihre Schulbildung kriegsbedingt oft lückenhaft. Diese Umstände äußerten sich in einer unzureichenden Vorschriftenkenntnis und -treue. So klagte der Führungsstab des Heeres im Jahr 1957 über die mangelhafte Umsetzung der Ausbildungsmethodik auf allen Ebenen. Vielen militärischen Führungskräften erschien die Umsetzung der Inneren Führung gegenüber dem zu leistenden Streitkräfteaufbau als nebensächlich. Der von Baudissin abgelehnte Typ des »Nur-Soldaten« beherrschte somit weiterhin den Truppenalltag, die Wehrmacht wurde nicht selten als Maßstab militärischer Professionalität betrachtet. Ein aufs »Soldatische« reduziertes Selbstbild war zudem geeignet, die eigene Biografie angesichts struktureller Überforderung im Dienstgeschehen und äußerer Infragestellung zu retten. Erst Mitte der Sechzigerjahre endete die Aufbaukrise, zunächst quantitativ: bis 1970 stieg der Streitkräfteumfang auf 463 000 Mann. De facto war dies der Endstand, denn in der später offiziell angegebenen Stärke von 495 000 Mann waren die 30 000 Mann starke Einsatzreserve sowie 5000 Reservistenstellen enthalten.

Nachwuchswerbung, Information und Medien

Das in der »Deutschen Wochenschau« verbreitete NS-Propagandabild der Wehrmacht wirkte indirekt in die Nachkriegszeit hinein. Um dem entgegenzuwirken, versuchte die Bundeswehr in ihrer Binnen- und Außenkommunikation bewusst, ein ziviles »Gesicht der Bundeswehr« zu präsentieren. Anders als bei früheren Armeen war die Nachwuchswerbung nicht mehr Angelegenheit der Truppenteile; sie wurde nun zentral im Ministerium und im Streitkräfteamt entwickelt, von externen Werbeagenturen umgesetzt und ab den Sechzigerjahren hinsichtlich ihrer Wirksamkeit evaluiert. In den Werbeanzeigen der frühen Bundeswehr trat der Soldat als solcher in den Hintergrund – ganz im Gegensatz zum männlich-heroischen Wehrmachtbild der NS-Propaganda. Stattdessen nutzte die Freiwilligenwerbung abstrakte Darstellungen, um technische, erlebnisbezogene und moderne Aspekte des Soldatseins in den Vordergrund zu rücken. Grundsätzlich propagierte die Nachwuchswerbung den habituell »verbürgerlichten« Bundeswehrsoldaten; eine Ausnahme bildete die im Kontext des Berliner Mauerbaus verfolgte Werbelinie, bei der der »remilitarisierte« Soldat mit markanten Gesichtszügen das Bild beherrschte. Seitdem dominierte der Aspekt der Friedenssicherung das offizielle Bundeswehrbild, zunächst unter dem Schlagwort »Soldat und Technik«, ab den späten Sechziger- und in den Siebzigerjahren unter dem zivil gehaltenen Motto »Wir produzieren Sicherheit«. Die Werbekampagnen um 1970 hoben stets den Nutzen des Dienstes als (Zeit)Soldat für das Zivilleben und die materielle Versorgung hervor. Um 1980, parallel zur Nachrüstungsdebatte, wurden die Werbeplakate wieder abstrakter gestaltet. Einige Jahre später reagierte die Nachwuchswerbung auf ihre jugendliche Zielgruppe und deren gewandelte Geisteshaltung, indem sie ein von Hedonismus geprägtes Lebensgefühl aufgriff: »Bundeswehr – eine starke Truppe«. Militärische Aspekte traten ebenso in den Hintergrund wie die Sicherheitspolitik und die potenzielle Gefahr eines Krieges. Vielmehr verhieß die Freiwilligenwerbung finanzielle Unabhängigkeit, individuell-männliche Herausforderungen und betonte die technische Seite soldatischer Tätigkeiten. Vor allem in der Anfangszeit machte das neue »Gesicht der Bundeswehr« auf Kritiker innerhalb der Bundeswehr einen unsoldatischen Eindruck. Umgekehrt wurde es auch von außen als verharmlosend kritisiert. Beide Kritikansätze unterstreichen so die »vermittelnde« Funktion der Nachwuchswerbung zwischen Armee und Gesellschaft (1.32 Loch; 6.14 Echternkamp).

Schon vor Aufstellung der Bundeswehr erschienen Fachzeitschriften, in denen (ehemalige) Experten bisweilen kontroverse militärpolitische Themen diskutierten, so vor allem die 1952 vom »Verband deutscher Soldaten« gegründete Zeitschrift »Wehrkunde«. Als Bundeswehreigene Informationsplattform veröffentlichte der Führungsstab der Streitkräfte ab August 1956 das Blatt »Information für die Truppe« (IFDT). Dessen Beiträge zu Politik, Geschichte und Bundeswehr sollten der staatsbürgerlichen Bildung von Vorgesetzten dienen. Passend zum Inhalt wurde das Layout anfangs sachlich, ja spröde gestaltet. Es dauerte eine Weile, bis das zuständige Referat für »Geistige Rüstung

– Truppeninformation« in der Unterabteilung für Innere Führung erkannte, dass die Autorenbeiträge ein ausgewogenes, pluralistisches Meinungsspektrum widerspiegeln mussten, um dem Konzept der Inneren Führung Rechnung tragen zu können. Die IFDT wurde ab 1961 als Monatsschrift bis auf Kompanieebene verteilt und prägte maßgeblich das Meinungsbild innerhalb der Bundeswehr. Ab 1973 wandelte sich das Selbstverständnis: Als Mitarbeiterzeitschrift sollte das Blatt nicht die offizielle Meinung mitteilen, sondern Autoren frei zu Wort kommen lassen, etwa zur umstrittenen Traditionsthematik. Allerdings war durch die Mitwirkung von Fachleuten oder höheren Vorgesetzten eine wenigstens indirekte ministeriale Steuerung unleugbar – auch dies die Ironie einer zentral koordinierten Pflege des freiheitlichen Meinungsbildes.

Die ab 1958 erscheinende Zeitschrift »Soldat und Technik« spezialisierte sich auf Wehrtechnik. Andere Zeitschriften richteten sich an Offiziere (»Truppenpraxis«), Unteroffiziere (»Wehrausbildung«) oder wie die »Wehrmedizinische Monatsschrift« an organisatorische Einzelbereiche. Die seit Mitte 1961 monatlich stattfindende »Bundeswehrfilmschau« sollte die »Information für die Truppe« ergänzen. Dem Zeitgeist entsprechend vermittelte sie zunächst das Bild des »vernünftigen« Soldaten und hob die technikorientierte Modernität hervor. Gegen Ende des Jahrzehnts öffnete sich das Medium Film gesellschaftlichen Entwicklungen: So setzte die »Bundeswehrfilmschau« im September 1967 die Beatgruppe »The Lords« zusammen mit dem »Starfighter« in Szene. Dieses teilweise bemüht wirkende Aufgreifen der Jugendkultur zeigte, dass die Suche nach einem zeitgemäßen Soldatenbild um 1970 noch nicht abgeschlossen war. Doch allmählich wich der belehrende Sprecherkommentar aus dem Off einem lockeren Ton, teils unter Einbindung der Soldaten selbst. Gleichzeitig wurden soldatische Anforderungen wie Härte inhaltlich wieder in den Vordergrund gerückt, nun zur Propagierung einer »Abschreckungsarmee« (Protte in 1.5).

Ab 1958 waren Jugendoffiziere für die Informations- und Öffentlichkeitsarbeit der Bundeswehr verantwortlich. Deren Arbeit in Schulen, Universitäten und Jugendverbänden rief anfangs Skepsis hervor. Es wurde befürchtet, die Offiziere könnten diese Auftritte – auftragswidrig – zur Nachwuchswerbung missbrauchen. Wie der »Spiegel« ein Jahrzehnt später recherchierte, führte das Aufkommen der 68er-Bewegung zur vermehrten Nachfrage nach Informationen durch die Bundeswehr *und* ihre Gegner. Somit wurde ab den Siebzigerjahren ein »Dialog in Permanenz zwischen Wehraufklärern und Wehrverweigerern« zur Routine. Natürlich stieß die den Jugendoffizieren in den Bildungsinstitutionen entgegengebrachte Distanz bei vielen Soldaten auf Unverständnis – auch bei einem der Vorreiter der Inneren Führung, Eberhard Wagemann (10.1 »Spiegel« 11/1971; 15/1972). Die im Herbst 1976 von der Bundeszentrale und den Landeszentralen für politische Bildung als Beutelsbacher Konsens festgelegten Grundsätze für die politische Bildungsarbeit staatlicher Stellen betraf auch die Tätigkeit der Jugendoffiziere: Auch für diese galten das »Indoktrinationsverbot«, das Gebot der »Kontroversität« und das Prinzip der »Schülerorientierung«.

Die Ende der Siebzigerjahre plakatierten Slogans »Unsere Bundeswehr«, »Unser Heer«, »Unsere Luftwaffe« und »Unsere Marine« kennzeichnen die gesamte Außendarstellung: die Bundeswehr im Bemühen um Integration. Leitsprüche wie »Soldat und Technik« und »Wir produzieren Sicherheit« deklarierten sie als »normales« Unternehmen. Diese Ziele wurden durch eine zunehmend professionalisierte und auf die Zielgruppe genau abgestimmte Kommunikationsstrategie verfolgt. Gleichwohl war das in der Wehrmacht gültige Kämpferideal in den Köpfen oft noch präsent – sowohl bei truppenstolzen Soldaten als auch bei Bundeswehrgegnern, die die westdeutsche Armee an ihrer indirekten Vorgängerin maßen.

Der Wehrbeauftragte: Garant der Inneren Führung

Die Institution des »Wehrbeauftragten des Deutschen Bundestages«, an die sich jeder Soldat außerhalb des Dienstweges wenden konnte, stellte im Vergleich zu früheren deutschen Streitkräften eine Besonderheit dar. Die von dem Bundestagsabgeordneten Ernst Paul 1951 angestoßene Diskussion darüber, ob die schwedische Einrichtung des Militär-Ombudsmanns möglicherweise als Vorbild dienen könne, führte Anfang 1954 zur Reise einer Studienkommission nach Schweden. Nach Zustimmung von Abgeordneten der SPD, FDP und CSU (aber nicht der CDU) wurde das Amt im Zuge der Zweiten Wehrergänzung im März 1956 gesetzlich verankert. Artikel 45b des Grundgesetzes definiert den Wehrbeauftragten als Hilfsorgan des Parlaments bei der Ausübung seiner Kontrollrechte sowie zum Schutz der Grundrechte der Soldaten – letztlich also als Garanten des Konzepts der Inneren Führung. Zur Befugnis des Wehrbeauftragten gehörte es, umfassende Akteneinsicht zu verlangen, allen Dienststellen und Truppenteilen unangekündigt Besuche abzustatten und direkte Eingaben aller Soldaten der Bundeswehr entgegenzunehmen. Nach anfänglicher Uneinigkeit der Parteien über den Wahlmodus konnte das grundgesetzlich geforderte Ausführungsgesetz erst am 11. April 1957 verabschiedet werden. Nochmals zwei Jahre später, am 19. Februar 1959, wurde der niedersächsische Staatssekretär und Generalleutnant a.D. Helmuth von Grolman zum ersten Wehrbeauftragten gewählt. Dessen im ersten Jahresbericht 1960 geäußerte Kritik an der übereilten Streitkräfteaufstellung zog einen Konflikt mit Strauß nach sich, der daraufhin die Zuständigkeiten des Wehrbeauftragten einzuschränken suchte. Grolmans Amtszeit war nur von kurzer Dauer, denn Gerüchte um seine Homosexualität veranlassten ihn, am 14. Juli 1961 seine gesundheitsbedingte Entlassung einzureichen. Auch sein Nachfolger Hellmuth Heye, CDU-Bundestagsabgeordneter und Vizeadmiral a.D., beendete seine Amtszeit vorzeitig – offiziell aus denselben Gründen. Da Heyes Jahresbericht 1963, der unter anderem die menschenunwürdigen Ausbildungspraktiken der Fallschirmjägertruppe am Standort Nagold anprangerte, nicht die erwünschte Beachtung fand, sah er sich genötigt, seine Vorwürfe an die Öffentlichkeit zu bringen. Schon vorher war es wiederholt zu Spannungen mit dem Verteidigungsminister gekommen, und auch das Gebaren des Bundestages und seines Verteidigungsausschusses hatten Heyes Eindruck erhärtet, nicht ernst genommen zu werden. In einer dreiteiligen Artikelserie in der Zeitschrift »Quick« veröffentlichte er im Juni und Juli 1964 die Kernpunkte seines Jahresberichtes unter dem Titel »In Sorge um die Bundeswehr«. Hierin behauptete Heye, es bestehe erneut die Tendenz zum »Staat im Staate«. Vor allem aus den Reihen seiner eigenen Partei, der CDU, sah sich der Wehrbeauftragte wegen seines Gangs an die Presse massiver Kritik ausgesetzt. Aus diesem Grund zog er sich bald aus dem politischen Leben zurück (1.35 Schlaffer). Diese Affäre verdeutlichte die Mitte der Sechzigerjahre bestehende Kluft zwischen »Reformern« und »Reaktion«: Generalinspekteur Trettner kritisierte die »Anfechtung« durch Heye, während Baudissin aus Paris die »Reaktionäre« innerhalb der Bundeswehr auf dem Vormarsch sah.

Im folgenden Jahrzehnt konnten Heyes Nachfolger die Position des Amtes festigen. Gleichzeitig gewöhnte man sich an die institutionalisierte Kritik an der Bundeswehr. Matthias Hoogen gelang es, die Funktion des Amtes vom Kontrollorgan hin zum »Sachwalter der Bundeswehr gegenüber dem Parlament sowie als Mittler zwischen Armee, Politik und Gesellschaft« zu erweitern. Auch seine Amtszeit kennzeichneten Konflikte mit dem Ministerium – nun unter Helmut Schmidt. Erst Fritz Rudolf Schulz, der von 1970 bis 1975 amtierte, lobte im Jahresbericht 1974 die gute Zusammenarbeit mit dem Verteidigungsministerium. Damit war die Grundlage für das Wirken Karl-Wilhelm Berkhans, der gleich zweimal hintereinander (1975–1985) gewählt wurde, geschaffen. Als vormaliger Parlamentarischer Staatssekretär im Verteidigungsministerium und als »Vorzeigesozialdemokrat« musste er als Idealbesetzung gelten (Schlaffer in 1.5 , S. 402). An diese Entwicklung konnte der Wehrbeauftragte Willi Weiskirch von 1985 bis 1990 anknüpfen. Augenscheinlich hatte sich die Institution des Wehrbeauftragten im parlamentarischen System, in der Bundeswehr und in der Öffentlichkeit nun etabliert; obwohl bisweilen als »Briefkastenonkel der Bundeswehr« verniedlicht (10.1 »Spiegel« 12/1972) ist sie zweifellos der Erfolgsgeschichte der Bundeswehr zuzurechnen. Dabei war diese Institution stets dem vierfachen Spannungsfeld von auferlegtem Gesetzesauftrag, innerparlamentarischen Wirkungsmöglichkeiten und ihrem Verhältnis sowohl zur Bundeswehr als auch zur Öffentlichkeit ausgesetzt. Die Novellierung des Wehrbeauftragtengesetzes von 1982 verankerte die Doppelfunktion als selbstständiges Verfassungsorgan und als parlamentarisches Hilfsorgan.

Die Bundeswehrreform um 1970

Bildungsreformen sind Gesellschaftsreformen. Und die Bundeswehrreform um 1970 war im Kern eine Bildungsreform. Ihr war eine durch den raschen Bundeswehraufbau verursachte quantitative Krise vorausgegangen, die wiederum zu qualitativen Defiziten geführt hatte. In den Bewältigungskonzepten prallten sehr unterschiedliche Vorstellungen von Soldatentum, Staat und Gesellschaft aufeinander. Zahlreiche Vorgesetzte weigerten sich, die als »Weiche Welle« verunglimpfte Konzeption der Inneren Führung umzusetzen. Angesichts der nicht zuletzt vom Wehrbeauftragten vorgebrachten Kritik ordnete Generalinspekteur Trettner im Jahr 1964 eine Umfrage zum inneren Zustand der Bundeswehr an. Die Befragung der Soldaten darüber, ob die Innere Führung die Kampfkraft beeinträchtigen würde, zeitigte ernüchternde Resultate; sie blieben unter Verschluss: Während ältere Offiziere zwischen Innerer Führung und Kampfkraft überwiegend keinen Widerspruch sahen, ging die Mehrheit der jüngeren (meist kriegsgedienten) Stabsoffiziere von einer erheblichen Einschränkung der Kampfkraft aus. Wie defizitär die Prägung des Offiziernachwuchses in der Aufbaukrise war, zeigten die Antworten der Leutnants: Auch zwei Drittel von ihnen glaubte, die Innere Führung schwäche die Kampfkraft (1.33 Nägler, S. 460–465).

Der Generationswechsel in der Bundesrepublik und ihrer Armee führte gegen Ende der Sechzigerjahre zu zwei gegenläufigen Entwicklungen: Während die Medien, die Öffentlichkeit und die jüngere Generation innerhalb der Bundeswehr »progressive« Auffassungen an die Streitkräfte heran und in sie hinein trugen, bildete sich in den ausschließlich Wehrmacht-geprägten Führungseliten der Bundeswehr eine Art »Gegenreformation«, besonders im Heer. Baudissins einstiger Mitstreiter Karst, nun General für das Ausbildungswesen, koppelte das Konzept der Inneren Führung an die Erfordernis der Kampfkraft – wie auch sein früherer Chef Anfang der Fünfzigerjahre. Konträr dagegen beurteilte Karst die Rolle der Gesellschaft, die sich seiner Meinung nach an militärischen Notwendigkeiten auszurichten hatte. Deutlicher forderte der vom konservativen Offizierkorps gern gelesene Publizist Hans Georg von Studnitz 1967 unter dem Titel »Rettet die Bundeswehr!«, sich vom Staatsbürger in Uniform zu verabschieden (6.9 Studnitz). In ähnlichem Sinne äußerte sich der Stellvertretende Inspekteur des Heeres, Hans-Hellmuth Grashey am 19. März 1969 an der Führungsakademie vor angehenden Generalstabsoffizieren. In seiner Rede bezeichnete er die Bundeswehr als »Kampf-, Schicksals- und Notgemeinschaft« und identifizierte drei Fehlerquellen: die »aufgeblasene Bundeswehrverwaltung«, die Rolle des Wehrbeauftragten sowie das Konzept der Inneren Führung, deren »Maske« es endlich abzulegen gelte. Diese sei ohnehin nur ein Zugeständnis an die SPD-Opposition gewesen, um die Wehrverfassung durchzusetzen. Diese Sichtweise deckte sich mit Aussagen von Bundeskanzler Kiesinger im Juni 1969. Während dieser aber im Bundestagswahlkampf stand, diffamierte Grashey öffentlich das Leitbild der Bundeswehr – ein »Generalangriff auf die Innere Führung« (2.21 Zimmermann, S. 382–400; 6.11 Abenheim, S. 176–178). Die in den Aufbautagen erarbeitete, parlamentarisch gebilligte und im Normengefüge verankerte Konzeption schien in Gefahr zu sein, bevor sie in der Truppe wirklich verwurzelt war.

Zur selben Zeit, im Juni 1969, gab Inspekteur des Heeres Albert Schnez eine Studie unter dem Titel »Gedanken zur Verbesserung der inneren Ordnung des Heeres« in Auftrag. Die unter maßgeblicher Mitarbeit Karsts erstellte »Schnez-Studie« gelangte im Dezember 1969 an die Presse. In ihr wurde betont, dass die Fähigkeit zur militärischen Abschreckung notwendig sei; der Kampf sei Ziel der Ausbildung. Aus dieser auch von Baudissin nie in Frage gestellten Forderung wurde indessen das Gegenteil geschlussfolgert: Es bestehe eine »Eigenständigkeit des soldatischen Auftrages und damit auch des Soldatenberufs«. Ungeachtet ihres Bekenntnisses zur Demokratie las sich die Schrift als Antithese zur Konzeption der Inneren Führung. Trotz »manchen Wohlwollens in der Bevölkerung« seien die Streitkräfte »noch nicht ausreichend in Staat und Gesellschaft integriert.« Es sei Aufgabe der Bürger, hieran mitzuwirken. Entsprechend kritisierte das Papier, dass die »neue Linke«, die Medien und die Öffentlichkeit einen »Antikomplex« entwickelt hätten. Auch seien die Streitkräfte »illegitimes Kind der Außenpolitik«. Zudem bestehe die Gefahr, dass die Bundeswehr der Traditionslosigkeit anheimfalle. Ihre Personalstruktur sei überaltert und unausgewogen, es fehle an Wehrgerechtigkeit, die Bildungs- und Ausbildungsmöglichkeiten für Zeitsoldaten seien unattraktiv, der Dienst verschult und bürokratisiert (1.58 Schubert, S. 429–442). Schonungslos und im Kern zutreffend analysierte die Heeresführung die innere Strukturkrise. Allerdings drückte der Verweis auf den »fehlenden Verteidigungswillen im Volk« Ansichten aus, die den Verdacht der Wiederbelebung des Militarismus wecken mussten. Hinsichtlich der Personal-, Ausbildungs- und Motivationsstruktur beschrieb die Heeresführung genau die Probleme, an deren Lösung die im Oktober 1969 neu gewählte Regierung ging. Auch aus der Luftwaffe wurde fundamentale Kritik laut. Während sich hier die Defizite vor allem auf Organisation und Technik-Management beschränkten, hatten die im Heer bestehenden Schwächen politische und gesellschaftliche Dimensionen. Ihnen war mit den herkömmlichen militärischen Lösungsmustern nicht beizukommen.

Innerhalb der Bundeswehr artikulierten sich diese Erneuerungsprozesse zuerst am unteren Ende der Dienstgradskala. In einem Positionspapier zu einem Gespräch mit Baudissin vom Dezember 1969, das schon im Januar 1970 in der »Frankfurter Allgemeinen Zeitung« erschien, wandten sich einige Leutnants der Hamburger Heeresoffizierschule gegen die »epigonale Reproduktion« überkommener Tradition. Dem von der Heeresgeneralität kurz zuvor noch proklamierten Sui-generis-Denken begegneten die Leutnants mit der Ablehnung einer »spezi-

»Leutnante 70«

Der Leutnant 1970 (Arbeitsthesen erstellt von Leutnanten der [Heeresoffizierschule] II, Lehrgruppe C für eine Diskussion mit Generalleutnant a.D. Wolf Graf von Baudissin am 18.12.1969

Ich will ein Offizier der Bundeswehr sein, der

1. ... eine Sache nicht um ihrer selbst willen tut.
2. ... es ablehnt, ein Verhalten zu praktizieren, das ›Offiziers-like‹ sein soll. Vielmehr will ich eine spezifisch offiziermäßige Rollenerwartung nicht erfüllen.
3. ... eine Tradition ablehnt, die lediglich aus epigonaler Reproduktion besteht und auf Neuschöpfung verzichtet.
4. ... das Verhalten eines Vorgesetzten in Frage stellen darf und sein eigenes Verhalten von Untergebenen bzw. von jedermann in Frage stellen läßt; ich möchte ein Offizier sein, der nichts selbstverständlich findet.
5. ... weder Personen, noch Dienststellen, sondern nur dem verfassungsmäßigen Auftrag Loyalität entgegenbringt.
6. ... jeden Verstoß gegen ein Wehrkonzept im Rahmen der Gesamtverfassung bestraft sehen will.
7. ... der nicht nur den Frieden erhalten, sondern auch gestalten will.
8. ... eine scharfe Trennung zwischen Dienst und Freizeit beansprucht, weil ich meinen Beruf als verantwortungsvollen und strapaziösen Job nehme.
9. ... die erforderliche Disziplinierung in einem Heranführen an die Mündigkeit und der aus ihr entspringende Selbstdisziplin sieht.

Quelle: Privatbesitz Oberst a.D. Dr. Hans Ehlert

fisch offiziermäßigen Rollenerwartung«. Dass sie sich ausschließlich auf die Verfassungsloyalität beriefen und eine »scharfe Trennung von Dienst und Freizeit« für sich in Anspruch nahmen, spiegelte ein gewandeltes Berufsverständnis wider: Nicht die Bevölkerung sollte sich an den Wertmaßstäben des Militärs ausrichten, sondern umgekehrt (1.58 Schubert, S. 442–447). Der gesellschaftliche Wertewandel war in die Köpfe künftiger Führungskräfte gedrungen. Darüber staunte auch Baudissin, der sich erstmals von aktiven Offizieren überholt sah.

Konservative Offiziere hielten mit ihrer Meinung ebenfalls nicht hinter dem Berg. Ermutigt durch ihren Divisionskommandeur fertigten 30 Kompaniechefs der in Unna stationierten 7. Panzerdivision im Dezember 1970 ein Papier über die Mängel in der Truppe an: Aufgrund fehlender Erziehungsmittel herrsche zu wenig Disziplin. Insbesondere für Ausbilder auf mittlerer Ebene sei der Dienst unattraktiv und die Vorschriftendichte übertrieben hoch, während auf den Ebenen darüber ein Absicherungsdenken dominiere. Von der sozialliberalen Regierung initiierte Reformmaßnahmen wie die Schaffung der »Ellwein-Kommission zur Neuordnung der Ausbildung und Bildung der Bundeswehr« taten die Hauptleute als »sachfremde Einflüsse« und »Experimente« ab. Ihre Kritik an der »Politisierung der Armee« mündete in der Behauptung, angesichts »allgemeiner Infragestellung der Bundeswehr« sei die »Idee vom Staatsbürger in Uniform als selbstständig mitdenkendem und eigenverantwortlich handelndem Soldaten gescheitert« (1.58 Schubert, S. 447–457). Alle drei Papiere sahen enormen Reformbedarf. Die Zurschaustellung des offen geführten Diskurses war durch eine gewisse Aufsässigkeit, ja sogar Illoyalität charakterisiert: Die Heeresgeneralität kämpfte gegen die offizielle Führungsphilosophie der Bundeswehr an; die Leutnants, aber auch die Hauptleute (sowie ihr Divisionskommandeur) trugen interne Papiere abseits des Dienstweges in die Öffentlichkeit. Dass Verteidigungsminister Schmidt die Soldaten zur aktiven Beteiligung am Reformprozess aufforderte, aber gleichzeitig beanstandete, dass die Hauptleute »geistig nicht straff genug geführt« worden seien (10.1 »Spiegel« 16/1971), offenbarte die Diskrepanz zwischen dem geforderten selbstständigen Denken einerseits und der Unterstreichung der militärischen Hierarchie unter dem Primat der Politik andererseits.

Mit der zweiten Bundeswehrreform ab 1970 erfolgte zweifellos eine Pluralisierung des Meinungsspektrums. Doch auch hier wurde politische Gestaltungsmacht konsequent gebraucht: Innerhalb der kurzen Amtszeit Schmidts von Oktober 1969 bis Juli 1972 gingen 61 Generale in den vorzeitigen Ruhestand, unter ihnen Karst und Grashey. Zwar geschah dies offiziell nicht aus politischen Gründen, doch war die Zahl der zuvor im Ausbildungs- oder Bildungswesen tätigen Offiziere auffällig hoch (4.5 Kutz, S. 217). Diese Umstände bahnten den Weg für neue Konzepte und Karrieren. Im Widerstreit mit mentalen Relikten vollendete die Bundeswehr ihre »Bundesrepublikanisierung«.

Als Ausdruck der »kritischen Bestandsaufnahme« legte die Bundesregierung bereits für das Jahr 1969 ein notgedrungen noch dünnes, aber programmatisches Weißbuch vor. Diesem folgten bis 1975/76 drei weitere in rascher Folge. Das Weißbuch 1970 entdeckte »mannigfache Beweise« dafür, dass »die Prinzipien der Inneren Führung von den Soldaten weitestgehend akzeptiert und auch mit gesundem Menschenverstand praktiziert werden. In Wirklichkeit ist die Bundeswehr weit stärker in die Gesellschaft integriert, als zuweilen vermutet wird.« (1.68 Weißbuch 1970, Nr. 163). Die auf Betreiben Schmidts gebildete Wehrstrukturkommission beabsichtigte, die Streitkräfte an die gewandelte Gesellschaft anzupassen. Unter anderem sollte durch die Verringerung der Wehrdienstdauer die Wehrgerechtigkeit erhöht werden. Markantestes Ergebnis war die Neugestaltung der Offizierausbildung.

Die Haar- und Barttracht der Soldaten war gemessen an der gesellschaftlichen Norm der Fünfziger- und frühen Sechzigerjahre tendenziell unproblematisch. Erst danach knüpfte sich der Generationswechsel in der Bundeswehr an kaum ein anderes äußeres Attribut derart stark wie an die Haarlänge. 1967 wurden Langhaarfrisuren untersagt. Ab 1970 gestattete das Weißbuch den Soldaten jedoch, »Haarschnitt und Barttracht selber zu bestimmen, soweit sie die Funktion [...] nicht beeinträchtigen« (1.68 Weißbuch 1970, Ziff. 154). Bezüglich der Bartlänge war zwar vorgegeben, dass die ABC-Schutzmaske dicht zu sein hatte, doch Verteidigungsminister Schmidt erklärte, ihm sei wichtiger, was sich in den Köpfen als auf denselben befinde. Der »Haarnetz-Erlass« vom 8. Februar 1971 erlaubte das Tragen langer Haare, wenn diese von einem Haarnetz zusammengehalten wurden. Von ihnen beschaffte die Bundeswehr 740 000 Stück. Dieses Experiment, das der Bundeswehr den Spottnamen »German Hair Force« eintrug, endete im Mai 1972. Parallel zum Protest der verunsicherten Generalität gab ein medizinisches Gutachten des Inspekteurs des Sanitätswesens den entscheidenden Ausschlag. Angesichts der dienstlichen Hygieneanforderungen kündigte es kostenträchtige Infrastruktur-Nachforderungen für Wasch- und Duschgelegenheiten an (10.1 »Spiegel« 22/1972). Truppendienstgerichte entschieden, Haar- und Barttracht dürften die Ausübung des Dienstes nicht behindern, gefährden oder zu Hygienemängeln führen. Ein neuer Erlass des Verteidigungsministers – der freimütig seinen Fehler eingestand – stammte vom 5. Februar 1971. Dieser bestimmte, dass die Länge der Haare nicht über Augen, Kragen oder Ohren reichen durfte (1.69 Weißbuch 1971/72, Nr. 94). Wie indessen die Fotografien der Siebzigerjahre belegen, verbreitete sich der Trend zu längerem Deckhaar und Koteletten bei Soldaten aller Dienstgrade und Statusgruppen. Als um 1980 neue Haarschnitte in der Bundeswehr aufkamen, trat eine Regelung in Kraft, die Irokesenschnitte, grelle Haarsträhnen und Ornamentschnitte untersagte. Wer sich einen Bart wachsen lassen wollte, musste dies in der Urlaubszeit tun. Vor allem bei den Kampftruppen des Heeres griff ab Mitte der Achtzigerjahre die neue Mode, dass Soldaten ihre Haare betont kurz hielten und dazu bisweilen noch eine »amerikanische« Falte hinter das Barettemblem zogen. Je nach individueller Vorliebe wurde das Barett selbst mal »lässig« übers rechte Ohr, mal »zackig« über die Stirn geschoben (Weisswange in 7.4 Kunstwadl, S. 119–221).

Offiziere, Unteroffiziere, Zeitsoldaten und ihre Generationen

Auswahl und Förderung des Offiziernachwuchses folgten lange überkommenen Mustern, sodass habituelle Prägungen bei Stellenbesetzungen indirekt überdauerten. Insbesondere in der Aufbauzeit galt die Bundeswehr als »CDU-Armee«: 1963 waren fast 80 Prozent der Zeit- und Berufssoldaten vom Dienstgrad Unteroffizier bis Hauptmann Anhänger der Regierungspartei; bei den Mannschaftsdienstgraden waren es nur rund 60 Prozent. Nicht zuletzt aus diesem Grund stellten die Reformmaßnahmen von Ministern der SPD die Kriterien bei Auswahl, Ausbildung und Karriereentwicklung auf den Prüfstand. Nach dem Regierungswechsel von 1982/83 wurden diese zwar abermals in Frage gestellt, aber dennoch weitgehend beibehalten.

Offizierkorps In der Aufbauphase stellte das Offizierkorps ein Einfallstor für traditionelles Gedankengut dar; dies erklärt sich teils aus der jeweiligen Biografie, teils aus bürokratisch-militärorganisatorischen Sachzwängen, die entsprechende Verhaltensmuster reproduzierten. Deshalb entstand mitunter der Eindruck, auch bei den bundesdeutschen Offizieren handle es sich um »karriereorientierte, traditionsgebundene Gewalttechnokraten« (Kutz in 1.5, S. 68 f.). Von einigen Ausnahmen abgesehen bevorzugte die bundesdeutsche Militärelite eher eine »neobürgerliche Unauffälligkeit« (3.15 Naumann, S. 8). Doch abseits der interessengeleiteten Selbsteinschätzung von Zeitgenossen greift die oft vorgenommene Gegenüberstellung von »traditionell« und »progressiv« (1.3 Bald; 4.5 Kutz) möglicherweise zu kurz: Das Offizierkorps und das (höhere) Unteroffizierkorps waren in sich derart heterogen, dass pauschale Charakterisierungen kaum möglich sind. Um 1960 dienten im Offizierkorps der Bundeswehr 12 360 vormalige Wehrmachtoffiziere. Hinzu kamen 300 Offiziere der Waffen-SS (die sich im Krieg selbst zu einem äußerst heterogen »Nebenheer« entwickelt hatte). Anfangs war das Offizierkorps stark preußisch-protestantisch geprägt. Der im 19. Jahrhundert und dann in der Reichswehr dominierende Adel verlor dagegen seine einstige Bedeutung. Gegenüber der Gesamtgesellschaft war er zwar überproportional vertreten, aber weder im Offizierkorps noch in der Truppe erreichte er mehr einen nennenswerten Anteil: Während noch 14 Prozent der 562 Bewerber vor dem Personalgutachterausschuss einen Adelstitel führten, waren Adlige im zweiten Aufstellungsjahr 1957 zu 5,5 Prozent, sechs Jahre später zu 2,5 Prozent und zu Ende der Sechzigerjahre nur noch zu einem Prozent im Offizierkorps vertreten. Dagegen spielten die seit dem 19. Jahrhundert als »erwünschte Kreise« geltenden Schichten in den Anfangsjahrzehnten noch eine wichtige Rolle. Im Jahr 1963 stammten 67 Prozent des Offizierkorps aus Familien des staatsnahen Bildungsbürgertums, davon 16 Prozent aus Offizierfamilien. Die Selbstrekrutierungsquote sank in den folgenden beiden Jahrzehnten auf 5 Prozent. Der Anteil der aus Beamtenfamilien stammenden Offiziere sank von 42 auf 26 Prozent zwei Jahrzehnte später. Umgekehrt entwickelte sich das Verhältnis bei Angestelltenfamilien. Aus Arbeiterfamilien stammende Offiziere waren um 1970 mit 17 Prozent nach wie vor unterrepräsentiert, ihr Anteil hatte sich aber gegenüber vorher vier Prozent vervierfacht.

Auch in der Bundeswehr war der Offizierberuf ein Aufsteigerberuf. Das galt auch für das Unteroffizierkorps, aus dem ein Teil des Offizierkorps, und nicht zuletzt der Fachoffiziere, hervorging. Dieser soziodemografische Wandel bei den Funktionseliten des westdeutschen Militärs stand in auffälligem Kontrast zur Fortdauer der sozialen Schichtung in anderen Berufsfeldern. Zwar hatten bis auf das unterste Fünftel alle Schichten am sozialen »Fahrstuhleffekt« nach oben teil. Dennoch blieben die bundesrepublikanischen Einkommens-, Bildungs- und Führungseliten erstaunlich homogen. Anders verhielt es sich bei der Bundeswehr: Sie entsprach dem Bild, das sich die Bundesbürger von ihrer Gesellschacht machten (10.1 »Spiegel« 53/1963; 4.5 Kutz; 4.7 Wehler).

In der Aufbauzeit war das Offizierkorps deutlich überaltert, insbesondere bei den Truppenverwendungen. Die kriegsgedienten Offiziere der Geburtsjahrgänge 1913 bis 1920 waren anfangs mindestens zehn Jahre zu alt für ihre Dienstposten: 1957 betrug das Durchschnittsalter der Hauptleute 40,8 Jahre; fünf Jahre später war es auf 42,4 Jahre gestiegen. Die Lücke in der Generationenabfolge setzte sich fort, denn die weder zum Krieg noch zum Wehrdienst in der Bundeswehr herangezogenen »Weißen Jahrgänge« zwischen 1929 bis 1937 waren auch als Freiwillige in der Bundeswehr unterrepräsentiert. Dagegen blieb die in der Aufbauzeit umworbene Generation der um 1940 geborenen Kriegskinder bis in die Neunzigerjahre überrepräsentiert. Die Bildungsvoraussetzungen waren umso defizitärer, je stärker sich der Krieg ausgewirkt hatte. Um 1960 verfügten die Generalität sowie die höheren Stabsoffiziere in aller Regel über die Hochschulreife. Dies galt zu 85 Prozent auch für die Oberstleutnants, aber nur für zwei Drittel der Majore und weniger als der Hälfte der Hauptleute (1.33 Nägler; Opitz in 1.5). Die horrenden Kriegsverluste von über 5,3 Millionen deutschen Männern mussten die generationsbedingten Prägungen unweigerlich mitbeeinflussen: Von den Geburtsjahrgängen zwischen 1906 und 1926 waren über 20 Prozent, von denen zwischen 1914 und 1924 über 30 Prozent gefallen; vom Geburtsjahrgang 1920 hatten sogar zu 40,1 Prozent der Männer den Krieg nicht überlebt (6.24 Müller, S. 89; 6.25 Overmans, S. 234, 266). Das eigene Kriegserlebnis bildete zusammen mit dem Gedenken an die gefallenen Kameraden jahrzehntelang den Hintergrund für die Diskussionen über Sinn und Unsinn des Soldatseins – stets in Zusammenhang mit der Wehrmacht. Auch die Kriegskinder, die ihre Jugendzeit in der Hochphase des Kalten Krieges verlebt hatten, prägten die »alte Bundeswehr« bis zu deren Ende. Zu den ersten Freiwilligen ohne Kriegserfahrung zählte etwa der 1928 geborene spätere Generalinspekteur Wolfgang Altenburg. Er begann seine Laufbahn im Oktober 1956 in Andernach und beendete sie Ende September 1989 als Viersternegeneral.

Schon für die Zeitgenossen der Aufbauzeit traten innerhalb des Offizierkorps deutlich voneinander abgrenzbare Gruppen hervor: Die Bundeswehr-Führungselite der Gründungszeit, die den Geburtsjahrgängen 1899 bis 1900 angehörte, war noch in der Kaiserzeit sozialisiert worden. Deren Vertreter hatten, wie Heusinger und Speidel, den Ersten Weltkrieg als junge Offiziere miterlebt. Die folgende, bis 1913 geborene Generation war von ihrer Dienstzeit in der Reichswehr geprägt. In der Phase des Bundeswehraufbaus stellte sie die älteren Stabsoffiziere und Berufsunteroffiziere. Die Kriegskindergeneration des Ersten Weltkrieges der Jahrgänge 1913 bis 1921 war ebenfalls noch in Friedenszeiten, nun in der Wehrmacht, ausgebildet worden. Die jungen Männer der Jahrgänge 1922 bis 1927 dagegen waren als Soldaten, Unteroffiziere oder Kriegsoffiziere bereits nach notdürftiger Ausbildung an die Front geschickt worden. Die in der Zeit des Nationalsozialismus indoktrinierte und während des militärischen Untergangs missbrauchte Flakhelfergeneration der Jahrgänge bis 1930 und die folgenden »Weißen Jahrgänge« stellten die jüngste Generation der frühen Bundeswehr (1.33 Nägler, S. 302–314; Schlaffer in 1.32). Seit 1956 rekrutierte sich die Bundeswehr zum Teil aus »Selbstgestrickten«, seit 1963 ausschließlich. Zu den ersten (noch freiwilligen) Wehrpflichtigen gehörten die Geburtsjahrgänge 1936 bis 1950, von denen die Kriegskinder des Zweiten Weltkrieges (bis Jahrgang 1946) noch einmal eine andere Prägung erfahren hatten als die in den Nachkriegsjahren Geborenen. Diese »angepasste Nachkriegsgeneration«, von dem Soziologen Helmut Schelsky als »skeptische Generation« bezeichnet, fügte sich oft leidenschaftslos, aber ohne Widerstand den Normen der Nachkriegsgesellschaft – und der Bundeswehr. Dagegen zwang die »Protestjugend« der Geburtsjahrgänge 1946 bis 1964 ab Mitte der Sechzigerjahre zum Umdenken in der Truppe. Aufgrund der gestiegenen Bildungschancen und der vollständigen Nachkriegssozialisation setzte sich diese Generation kritisch mit der NS-Vergangenheit auseinander und entfachte in Bundesrepublik und Bundeswehr fortwährend Kontroversen. Die weniger politisierte, materiell-hedonistisch orientierte »Erlebnisjugend« kennzeichnete ab Mitte der Achtzigerjahre die Kohl-Ära (Wiesendahl in 1.6).

Der anfängliche Personalmangel führte später zum strukturellen Übersoll bei bestimmten Jahrgängen: Noch 1985 stand einem Überhang von 5000 Offizieren der in der Aufbauphase eingestellten Geburtsjahrgänge zwischen 1935 und 1944 ein Fehl von 2000 Offizieren der älteren Jahrgänge zwischen 1925 bis 1934 gegenüber. Damit drohten den Angehörigen der überrepräsentierten Jahrgänge sowohl in der Truppe als auch beim Zivilpersonal Beförderungsstau und Überalterung (1.73 Weißbuch 1985, S. 263–267). Teilweise verharrten Offiziere bis ins Alter von 40 oder 45 Jahren im Dienstgrad Hauptmann, bevor sie die »Majorsecke« nahmen. Neben dem Versuch, die Einstellungs- und Beförderungspraxis für die Folgejahrgänge strikt an die Geburtsjahrgänge zu koppeln, sollte die Schaffung zusätzlicher Dienstposten, vor allem aber das im Juli 1985 verabschiedete Personalstrukturgesetz für Abhilfe sorgen. Dieses ermöglichte es zwischen 1986 und 1991 Berufsoffizieren, sich vorzeitig zur Ruhe zu setzen. Vor allem nach 1989/90 nahm ein großer Teil der Generation, die die »alte Bundeswehr« über drei Jahrzehnte geprägt hatte, diese Möglichkeit in Anspruch.

Schon im biologischen Sinne des Wortes waren die neuen Generale der neuen westdeutschen Streitkräfte notwendigerweise die alten. Doch kam es auf die Auswahl an. Zehn frühere Generale waren Teilnehmer der Himmeroder Tagung. Von den 15 Himmeroder Experten avancierten sieben zu Generalen oder Admiralen der Bundeswehr, zwei weitere zu Mitarbeitern des Bundesnachrichtendienstes. Ende 1957 waren 44 Generale oder Admirale der Wehrmacht für den Dienst in der Bundeswehr reaktiviert worden. Natürlich gehörten diese zu den jüngeren der rund 3000 Generale oder Admirale der Wehrmacht und hatten von den rasanten Karrieremöglichkeiten im Krieg profitiert. Besonders bei den Heeresgeneralen überwogen Erfahrungen im Bereich der operativen Führung. Logistik- und Technische Truppen blieben dagegen unterrepräsentiert (Stumpf in 1.6). Im Gegensatz zu anderen bewaffneten Institutionen, deren Personal sich zum Teil ebenfalls aus Wehrmachtpersonal rekrutierte, wie dem BGS, der NVA oder dem österreichischen Bundesheer, dominierte in der Bundeswehr die preußisch-deutsche Generalstabsprägung. Trotz Auflösung des Generalstabs als Institution blieben die von »Offizieren im Generalstabsdienst« (i.G.) bekleideten Dienstposten zentral. Besonders Speidel, Heusinger und de Maizière entsprachen dem Typus des »Büro-Generals«. Dagegen förderte das Personalwesen der Bundeswehr den stetigen Wechsel von Truppen- und Stabsverwendungen. Für die Ausbildung zum Generalstabsoffizier waren Berufssoldaten vorgesehen, die als Einheitsführer (in der Regel Kompaniechef) eine herausragende Beurteilung und zudem ein entsprechendes Ergebnis auf dem Stabsoffizierlehrgang erhalten hatten. Die Anfang 30-Jährigen durchliefen sodann den zweijährigen Lehrgang an der 1957 gegründeten Führungsakademie der Bundeswehr (seit 1958 in Hamburg). Damit standen in relativ jungen Lebensjahren die Anwärter auf Spitzendienstgrade fest. Äußerlich waren die Generalstabsdienst tuenden Offiziere an der karmesinroten Paspelierung der Schulterklappe und der Kragenspiegel erkennbar. Dieser »echten« Generalstabsausbildung wurden 1962 knapp einjährige Lehrgänge mit internationaler Beteiligung hinzugefügt, an denen auch deutsche Offiziere teilnahmen. Zudem wurde das Generalstabsmonopol durch die »Heusinger-Spende« aufgebrochen: Zum Ärger ihrer höher qualifizierten Kameraden waren 20 Prozent der Generalstabsdienstposten für Offiziere des Truppendienstes reserviert. Um die Gestaltung der Generalstabsausbildung wurde wiederholt gerungen, wobei sich inhaltlich-organisatorische Fragen zuweilen mit grundsätzlichen Aspekten von Politik und Menschenbild vermengten. In Bezug auf die Auswahlkriterien herrschte Uneinigkeit darüber, ob eine objektivierbare zentrale Prüfung oder die Truppennahe Bewährung vorzuziehen sei; von diesen Bestimmungen hingen unmittelbar die Einflussmöglichkeiten von Heer, Luftwaffe und Marine auf die künftige Führungsspitze der Bundeswehr ab. Die Langfristigkeit solcher Weichenstellungen zeigt sich darin, dass der erste Jahrgang, der ein Studium an den Hochschulen der Bundeswehr durchlaufen hatte, im Jahr 1983 den Generalstabsoffizierlehrgang absolvierte. Somit wirkten sich die Ergebnisse der Bildungsreformen um 1970 erst ab Mitte der Achtzigerjahre auf den Ausbildungsgang und das Denken des Spitzenpersonals aus.

Die erste Station auf dem Weg zum Offizierberuf war die Offizierbewerberprüfzentrale in Köln. Unter Rückgriff auf Methoden der Wehrmachtpsychologie war ein zwei- bis dreitägiger Auswahltest aus praktischen, sportlichen und intellektuellen Aufgaben zu bestehen – lange bevor Assessment-Center in der zivilen Wirtschaft zum Standard wurden. Alle Offizieranwärter hatten sich zunächst als Soldaten auf Zeit für 12 Jahre zu verpflichten. Für Abiturienten lohnte es sich angesichts einer Wehrdienstzeit von 18 oder 15 Monaten, sich gleich für zwei Jahre zu verpflichten, um dann als Reserveoffizieranwärter eine Vergütung als Zeitsoldaten zu erhalten. Während der Aufbaukrise war die Ausbildungszeit bis zur Leutnantsbeförderung notgedrungen auf 18 Monate beschränkt. Nach ihrer schrittweisen Verlängerung dauerte sie seit Anfang der Sechzigerjahre drei Jahre. Daneben wurden in den frühen Sechzigerjahren zahlreiche Reserveoffiziere übernommen, deren Ausbildungszeit kürzer als die von Zeit- oder Berufssoldaten war.

Im Gegensatz zu anderen Armeen stand der Bundeswehr keine zentrale Militärakademie zur Verfügung. Dadurch war die Offizierausbildung durch den Wechsel zwischen Truppendienst und Lehrgängen gekennzeichnet. Offiziere der Luftwaffe und der Marine wurden an der Offizierschule der Luftwaffe in Fürstenfeldbruck bzw. an der Marineschule in Mürwik bei Flensburg ausgebildet. Der Sanitätsdienst qualifizierte sich an der Sanitätsakademie in München. Die drei Heeresoffizierschulen befanden sich in Hannover, Hamburg und München. Während hier die allgemeine Ausbildung erfolgte, vermittelten die Truppenschulen spezifischen Stoff der Truppengattungen. Diese waren die geistige Heimat von Offizieren und Unteroffizieren des Heeres.

Der Wechsel von Führungsverwendungen in der Truppe, Lehrverwendungen und Stabsverwendungen hatte oft Stehzeiten von nur zwei bis drei Jahren auf demselben Dienstposten zur Folge. Für den Betreffenden bedeutete dies, sich stets in neue Fachgebiete einarbeiten und seinen Horizont erweitern zu können. Der Praxisbezug bildete den Hintergrund für die Debatten um die Offizierausbildung in der Bundeswehr. Nachdem kurzzeitige Pläne für eine Offizierschule im Rahmen der EVG obsolet geworden waren, wurde ab 1954 die Bedeutung der Inneren Führung für die Offizierausbildung diskutiert: politische und Allgemeinbildung, Wehrrecht, Menschenführung sowie die Methoden des wissenschaftlichen Arbeitens. Der ursprünglichen Forderung Baudissins, die Chancen eines Neuanfangs konsequent zu nutzen, stand bald der Leitsatz »Aufstellung geht vor Ausbildung« entgegen. Die daraus resultierende Vernachlässigung der »weichen« Aspekte führte bisweilen zur Herabwürdigung von Bildung allgemein.

In der Debatte um die Offizierausbildung ging es um den angeblichen Kontrast zwischen »Charakter« und »Geist«. Nach traditioneller Auffassung drückte sich Fachwissen in Verbindung mit einem offiziergemäßen Verhaltenskodex durch Sozialauswahl und Sozialisation aus. Daher wurden hier soldatische Tugenden und Tradition hervorgekehrt. Anliegen der »Reformer« hingegen war es, rationale Kriterien zu etablieren, die auch für soziale Aufsteiger offen waren – vor allem in einer Gesellschaft, die einen rasanten Modernisierungsschub zu verarbeiten hatte. Der oft betonte Gegensatz zwischen »Kämpfer« und »Denker« brachte die gesamte Bandbreite der Anforderungen an den Offizierberuf zum Ausdruck: zum einen Entschlussfreude und militärhandwerkliche Fähigkeiten, zum anderen Allgemeinbildung und eine ziviladäquate Fachqualifikation gepaart mit intellektuellen und kommunikativen Fähigkeiten, mit denen eine Brücke zur Gesellschaft und den aus ihr hervorgehenden Wehrpflichtigen geschlagen werden konnte. Bereits erste Planungen im Amt Blank bezogen allgemeinbildende, wissenschaftliche Inhalte in die Ausbildung ein. Die hierfür angesetzte Ausbildungszeit wurde jedoch im Planungsverlauf drastisch reduziert, um dann der »Aufstellungshektik« ganz zum Opfer zu fallen (4.5 Kutz, S. 179). Als Lehranstalt war eine zivilen Universitäten ähnliche Wehrakademie vorgesehen; dieses Projekt blieb unverwirklicht. Das erste Kaderpersonal der Bundeswehroffiziere erhielt im Gründungsjahr der Streitkräfte Einweisungslehrgänge in Sonthofen. Diese »Gründungsversammlung des neuen deutschen Offizierkorps« (so Baudissin 1955) blieb jedoch aus Zeitmangel von militärhandwerklichen Inhalten dominiert. Unter Minister Kai-Uwe von Hassel wurde ab 1964 ein Drei-Stufen-Plan für die Offizierausbildung entwickelt. Im Wechsel zwischen Ausbildungs- und Führungsverwendungen in der Truppe sollten Offizieranwärter und junge Offiziere erst die Offizierschule, dann eine Wehrakademie und schließlich eine Stabsakademie durchlaufen.

Das in der zweiten Hälfte der Sechzigerjahre wieder aufgegriffene Vorhaben, allgemeinbildende Inhalte in den Lehrplan aufzunehmen, scheiterte jedoch aufgrund der Personalnot. Angesichts der positiven Arbeitsmarktsituation sank das gesellschaftliche Ansehen des Offizierberufs. In einer Befragung von 1972 zur Attraktivität nannten 42 Prozent der Befragten den mäßigen Verdienst, 36 Prozent die schlechte Atmosphäre und zwölf Prozent den Vorrang ziviler Berufsperspektiven als Gründe gegen eine militärische Karriere. Um 1970 favorisierten 95 Prozent der Abiturienten bei ihrer Berufswahl ein Studium. Die auch von der konservativen Generalität geforderte Attraktivitätssteigerung des Offizierberufs musste also schon aus pragmatischen Gründen den bildungsbedingten Wertewandel berücksichtigen. Studierte Offizierbewerber waren von Anfang an von der Bundeswehr übernommen worden – zunächst solche, die in der Nachkriegszeit ein ziviles Studium absolviert hatten, dann vorzugsweise als Spezialisten für den militärgeografischen Dienst, Historiker und vor allem Militärärzte.

Nach der sozialliberalen Bundeswehrreform wurde das Studium für alle Offizieranwärter Grundvoraussetzung für den Dienst als Offizier. Hierbei ergab sich ein doppeltes Problem: Die konservative Militärelite hielt die Übertragung ziviler Bildungskonzepte auf die Truppenausbildung für fragwürdig, fiel doch das Studium in die berufliche Prägungsphase der Anfang 20-Jährigen. Die zivilen Wissenschaftsinstitutionen, besonders die Universitäten, wehrten sich dagegen gegen die von ihnen befürchtete Militarisierung. 1971 legte die sogenannte Ellwein-Kommission ihren Bericht zur »Neuordnung der Ausbildung und Bildung in der Bundeswehr« vor (1.63 Neuordnung). Resultat der Neuordnung war die Einrichtung eigener Hochschulen in Hamburg und München, an denen ab 1973 das fortan zur Offizierausbildung gehörende Studium erfolgte. Obwohl sich die Hochschulen in Organisationshoheit der Bundeswehr befanden, orientierte sich der Studienbetrieb an zivilen Maßstäben – zum Verdruss der Troupiers auch in Bezug auf die Kleidung der Studenten, die trotzdem aktive Soldaten blieben. Für sämtliche Studienfächer galten zivile Standards. Während Fächer wie Maschinenbau, Elektrotechnik, Bauingenieurwesen sowie Luft- und Raumfahrttechnik für militärische Fachverwendungen prädestinierten, zielten die Studiengänge Wirtschafts- und Organisationswissenschaften, insbesondere aber Pädagogik auf die Verbesserung von Führungs- und Managementfähigkeiten ab. Die Prüfungsordnungen richteten sich nach den Bestimmungen der Bundesländer Bayern und Hamburg. Den Erfordernissen der Truppe entsprechend war das in Trimester eingeteilte Studium zeitlich komprimiert in rund dreieinhalb Jahren zu absolvieren. In den ersten 15 Monaten ihrer vor dem Studium liegenden Dienstzeit durchliefen die Offizieranwärter die Allgemeine Grundausbildung und den Offizierlehrgang A mit Laufbahnprüfung an der Offizierschule. Nach dem Studium hatten die jungen Offiziere einen zweiten Lehrgang an der Offizierschule sowie fachliche Ausbildungen zu bestehen, um dann, in der Regel als Oberleutnant, zur Truppe zu stoßen. Üblicherweise folgten für Offiziere des Heeres sodann Verwendungen als Zugführer; als besonders qualifizierte Zeitsoldaten beendeten sie ihre Dienstzeit als Kompaniechefs nach einer Regelverpflichtungsdauer von zwölf Jahren. Die auf einen Mobilisierungsumfang von 1,3 Millionen Mann berechnete Aufwuchsfähigkeit favorisierte den Offizier auf Zeit, dem das Studium einen nahtlosen Einstieg in die zivile Berufswelt ermöglichte. Gegenüber anderen Großinstitutionen gehörte es zur Besonderheit der Bundeswehr, durch die Abstützung auf Soldaten auf Zeit jüngere Jahrgänge abzuschöpfen, um sie dann – höher qualifiziert – auf den zivilen Arbeitsmarkt zu entlassen. Die auf zehn bis 15 Prozent des Offizierjahrgangs veranschlagte Quote der Berufssoldaten stellte das Korps der Stabsoffiziere. Diese hatten sich zuvor an der Führungsakademie im Rahmen eines Grundlehrgangs (Fortbildungsstufe C) einer Ausbildung mit Laufbahnprüfung zu unterziehen, die dem Höheren Dienst der Verwaltung entsprach. Auf dieser Grundlage erfolgte die Auswahl zum Generalstabsdienst.

Unteroffiziere und Soldaten auf Zeit Die Laufbahn der Unteroffiziere litt notorisch unter Nachwuchsmangel: Noch Ende der Sechzigerjahre war ein Fünftel der Stellen unbesetzt. Zudem wertete es diese Laufbahngruppe ab, dass abgelehnte Offizieranwärter hierhin zurückgeführt wurden. Die gegenüber der Wehrmacht deutlich beschnittenen Befehlsbefugnisse, die durch das komplexe Regelwerk der Vorgesetztenverordnung festgeschrieben waren, stellten Unteroffiziere vor besondere Anforderungen: Einerseits mussten sie den zumal in der Aufbaukrise schwer erfüllbaren Forderungen seitens der Offiziere gerecht werden, andererseits hatten sie sich mit den zunehmend widerständigen Wehrpflichtigen auseinanderzusetzen. Im Rahmen der Neuordnung der Unteroffizierlaufbahn in den Siebzigerjahren sollten ebenfalls zivil verwendbare Qualifikationsmaßnahmen das Berufsbild aufwerten. Der Grundausbildung folgte eine Ausbildung in der Truppe; danach kam ein Unteroffizierlehrgang, der aus einer dreimonatigen Vorbereitung im Stammtruppenteil und einem ebenso langen Lehrgang an der Truppenschule bestand. Dessen Bestehen ermöglichte nach fünfzehn Monaten Dienstzeit die Beförderung zum Dienstgrad Unteroffizier; bei der Jägertruppe beispielsweise schloss sich dann die Tätigkeit als Gruppenführer mit Verantwortung für rund zehn Mann an. Nach einer Verpflichtungszeit von vier Jahren schieden Zeitsoldaten im Dienstgrad Stabsunteroffizier aus. Für die Feldwebellaufbahn war eine Mindestverpflichtungszeit von sechs Jahren erforderlich, eine Verpflichtungszeit von zwölf Jahren war jedoch aufgrund der berufsfördernden Ausbildung gegen Ende der Dienstzeit attraktiver. Um Feldwebel zu werden, bedurfte es eines militärfachlichen Lehrgangs mit Prüfung, auf den die Dienstzeit in der Truppe folgte – etwa als stellvertretender Zugführer. Gegen Ende der Dienstzeit erfolgte der Fachliche Teil B. Nach Verpflichtungszeit gestaffelt wurde hier eine zivil verwertbare Qualifikation vermittelt, so 18 Monate bei einer zwölfjährigen Dienstzeit. Während diese Förderung noch in der Dienstzeit erfolgte, konnten Maßnahmen des Berufsförderungsdienstes im Anschluss wahrgenommen werden: ein halbes Jahr für vier Jahre, ein Jahr für acht Jahre, 18 Monate für zwölf und drei Jahre für 15 Jahre Verpflichtungszeit. Wer sich als Zeitsoldat für zwölf Jahre verpflichtete, verließ seinen Truppenteil also nach rund zehn Jahren Dienstzeit als Oberfeldwebel und hatte dann drei Jahre der Qualifikation vor sich. Dies entsprach etwa dem dreieinhalbjährigen Studium der Offiziere. Zudem bestand mit dem »Zulassungs«- oder »Eingliederungsschein« die Möglichkeit, in den Öffentlichen Dienst übernommen zu werden – je nach Bildungsvoraussetzung in der mittleren oder der gehobenen Laufbahn. (Eine entsprechende Übernahmegarantie für den Höheren Dienst, etwa für Absolventen der Bundeswehruniversitäten, existierte nicht.) Der 1957 als Dienstgrad eingeführte Hauptfeldwebel blieb meist Berufsunteroffizieren vorbehalten.

Dieser im Lebensalter Anfang 30-Jährige wurde in der Truppe als Zugführer eingesetzt und konnte eine Karriere in der innerhalb der Truppe herausgehobenen Funktion des Kompaniefeldwebels (»Spieß«) absolvieren, oder aber in einer der zahlreichen Fachfunktionen. Den Dienstgraden Stabsfeldwebel und Oberstabsfeldwebel entsprachen die Besoldungs- und Verantwortungsstufen von Leutnant und Oberleutnant. Am 31. Juli 1969 wechselten die ersten 170 Unteroffiziere in die neu geschaffene Laufbahn der Offiziere des militärfachlichen Dienstes. Diese ermöglichte die Aufstiegschance bis zum Dienstgrad Hauptmann und sollte die beiden Spitzendienstgrade der Unteroffiziere allmählich ersetzen. Der ausgeprägte Korpsgeist im Unteroffizierkorps ließ dieses beabsichtigte »Absterben« versanden: Viele Stabs- oder Oberstabsfeldwebel zogen es vor, an der Spitze der Unteroffizierlaufbahn zu verbleiben, statt in die niederen Ränge der Offiziere aufzusteigen. Seit 1983 bestehen beide Karrieremöglichkeiten nebeneinander.

Obwohl die Bundeswehr eine Wehrpflichtarmee war, wurden 65 Prozent aller Stellen für Zeit- oder Berufssoldaten ausgeplant. Auch in Jahren mit guter Nachwuchslage blieb das meist unerreicht. Die ab Mitte der Siebzigerjahre gestiegene Arbeitslosigkeit kehrte diesen Trend um: Angesichts der nun steigenden Bewerberzahl für den freiwilligen Dienst sprach der »Spiegel« von der »Zuflucht Bundeswehr«. Als scheinbar normale Firma passte diese sich so dem Bild ihrer Werbebotschaften an. Zweifellos war dies auch eine Folge verbesserter Berufsbildungsmaßnahmen und Versorgungsansprüche. So bezeichnete sich die Bundeswehr als »das größte Erwachsenen-Bildungswerk der Nation«. Neben zivil nutzbaren Anteilen der militärischen Ausbildung wie dem Lkw-Führerschein konnte die Bundeswehr von der Gesellen- oder Meisterausbildung bis zum Fachhochschul- oder Universitätsabschluss sowohl den wirtschaftlichen als auch den sozialen Aufstieg ermöglichen; zumindest bot dies ein Äquivalent für die durch die Truppendienstzeit entgangene Zivilqualifikation. Ungeachtet der aktuellen NATO-Nachrüstungsdebatte vermeldete der »Spiegel« im August 1983 einen »Freiwilligenandrang wie nie zuvor«: Nun bewarben sich 60 000 junge Männer auf 25 000 Stellen in den Laufbahnen für Mannschaften und Unteroffiziere, 13 100 für die 2000 Offizieranwärterstellen. Von letzteren schaffte es also nur knapp jeder sechste. Dies deutete auf einen Wandel der Generationen und zugleich auf eine Polarisierung: Die einstige Prosperität war Wirtschaftskrise und Jugendarbeitslosigkeit gewichen; die damalige Protestgeneration stellte nun die jüngeren Lehrer. Zu den »hedonistischen« Zügen ihrer Schülergeneration zählte nun eine pragmatische Einschätzung der hohen Anfangsvergütung in jungen Jahren. Parallel dazu entwickelte sich die Alternative von Wehrdienst und seiner Verweigerung als legitim angesehene Wahlmöglichkeit innerhalb derselben Generation. Aus Wehrpflichtigen konnten Zeitsoldaten werden, aus diesen zivile Mitarbeiter der Bundeswehr: Um 1985 handelte es sich bei rund 13 Prozent der Arbeiter, 28 Prozent der Angestellten und sogar bei 41 Prozent der Beamten der Bundeswehrverwaltung um vormalige Soldaten (10.1 »Spiegel« 49/1975, 32/1983; 1.73 Weißbuch 1985, Nr. 574).

Militärseelsorge

Seit dem 19. Jahrhundert war das deutsche Militär preußisch-protestantisch geprägt. Dies wirkte nach: Im Jahr 1963 bekannten sich 70 Prozent aller Offiziere und sogar 81 Prozent der Generalstabsoffiziere zum Protestantismus. Ein entsprechendes Übergewicht bestand auch bei Bewerbern für die Offizier- oder Unteroffizierlaufbahn: Aus Schleswig-Holstein kamen rund doppelt so viele Bewerber wie aus dem katholischen Süden. Markant war auch das Bewerberaufkommen aus dem Kreis der Flüchtlinge und Vertriebenen: Unter den Zeit- und Berufssoldaten waren sie mit 35 Prozent gegenüber einem Schnitt von 25 Prozent in der Gesamtbevölkerung überrepräsentiert. Um 1963 waren sogar 42 Prozent der Offiziere und 48 Prozent der Offizieranwärter außerhalb Westdeutschlands geboren. In gewisser Weise wirkte der konfessionelle Gegensatz im Amt Blank nach, nun mit verkehrten Fronten. Als Personalchef der Bundeswehr von 1955 bis 1964 (und dann als Staatssekretär bis 1966) erweckte Karl Gumbel beim »Spiegel« den Eindruck, die Bonner Ministerial- und Verwaltungselite betriebe eine »katholische« Stellenbesetzungspolitik (10.1 »Spiegel« 29/1964). Mit dem Einströmen der in der Bundesrepublik sozialisierten Generationen schwand die konfessionelle Codierung des Offizierberufs genauso wie der konfessionelle Gegensatz. Ende der Sechzigerjahre waren 40 Prozent der Offiziere (aber noch 44 Prozent der Generalstabsoffiziere) protestantisch. Gegenüber 41 Prozent Katholiken entsprach dies nun fast dem Bundesdurchschnitt.

Evangelische Militärseelsorge Die evangelische – gesamtdeutsch, dezentral und bisweilen zerrissene – Grundhaltung zu Militär und Militärseelsorge widerspiegelte grundlegende Probleme zwischen Friedensethik und Bundeswehr. Das am 19. Oktober 1945 von der Evangelischen Kirche in Deutschland (EKD) verfasste »Stuttgarter Schuldbekenntnis« distanzierte sich vom »nationalsozialistischen Gewaltregiment«, aber auch vom überkommenen Nationalprotestantismus. Zu den Verfassern gehörte Martin Niemöller: Im Ersten Weltkrieg U-Boot-Offizier und während der NS-Zeit als Mitglied der Bekennenden Kirche Regimegegner, trat er in der Nachkriegszeit als prominenter Gegner von Wiederbewaffnung und Atomrüstung hervor. Der Militärbeitrag des westlichen deutschen Staates stellte die gesamtdeutsch organisierte Evangelische Kirche in Deutschland vor ein wesentlich größeres Problem als die katholische Kirche. So warnte die im Ostteil Berlins versammelte Synode der EKD 1950 vor einem Krieg zwischen Deutschen und Deutschen. Sechs Jahre später, parallel zu den Debatten über die Wehrform, thematisierte sie die Wehrpflicht in Ost und West. Um 1959/60 beschloss die EKD die Einrichtung eines ausschließlich auf die Bundesrepublik bezogenen Ausschusses, in dem auch die Militärseelsorge erörtert wurde. Aus ersten Kontakten zwischen EKD und Amt Blank Anfang 1952 entwickelten sich Verhandlungen über den Militärseelsorgevertrag, der am 27. Februar 1957 unterzeichnet wurde. Im Januar 1956 ernannte der Rat der EKD den Prälaten Hermann Kunst zum Evangelischen Militärbischof, im April nahmen die Wehrbereichsdekane sowie das Evangelische Kirchenamt ihre Arbeit auf. Nach dem Militärseelsorgevertrag sollte die Seelsorge in den Streitkräften ohne staatliche Bevormundung allein als kirchliche Arbeit unter kirchlicher Aufsicht erfolgen. Dabei übernahm der Staat den organisatorischen Aufbau und die Kosten. Evangelische und Katholische Militärseelsorge bilden somit zwar Teile der Bundeswehr, sind aber organisatorisch eigenständig. Die Militärgeistlichen sollten ihre Tätigkeit maximal zwölf Jahre lang ausüben. Hierbei sollten sie nur der Seelsorge sowie dem »Dienst am Wort und Sakrament« verpflichtet sein; die Furcht vor einer »Überfremdung des kirchlichen Dienstes« durch militärische Vereinnahmung bestand fort. In den seit Dezember 1956 stattfindenden Konferenzen der evangelischen Militärgeistlichen standen drei Fragekomplexe im Vordergrund: erstens der Militärseelsorgevertrag, zweitens der Lebenskundliche Unterricht und drittens die Aufgabe und Rolle der Militärgeistlichen. Leitend hierfür wurde die Formel der »kritischen Solidarität« (Scheffler in 1.5 ; Dörfler-Dierken in 1.42).

Die Diskussion um die Ausstattung der Bundeswehr mit Atomwaffenträgern ab Herbst 1957 hatte erneut Kontroversen innerhalb der EKD zur Folge, die auf Anregung Kunsts zur Bildung der Forschungsstätte der Evangelischen Studiengemeinschaft führten. Deren Heidelberger Thesen vom 29. April 1959 thematisierten die »verschiedenen im Dilemma der Atomwaffen getroffenen Gewissensentscheidungen als komplementäres Handeln« – unter Respektierung sowohl des Waffenverzichtes als christliches Handeln als auch der militärischen Abschreckung zur Friedenssicherung. Das Dilemma blieb. Ein Vierteljahrhundert später, nun angesichts der NATO-Nachrüstung, betonte die Friedensbewegung unter Bezug auf die Heidelberger Thesen die Hinfälligkeit einer gesicherten Abschreckung. Damit verband sich mitunter eine »Konfrontation von Christen, die sich ihr Christsein gegenseitig streitig machten« (Blaschke in 1.75 , S. 347). Aus dem Kreis der Evangelischen

Militärseelsorge erschienen 1959 Publikationen zum Komplex von Krieg und Frieden im Atomzeitalter, 1965 zur Rolle der Bundeswehr in Politik und Gesellschaft und 1976 Thesen zum »Bedingungsrahmen militärischer Gewaltanwendung«. Die Gegenthesen von 1980 bezweifelten, dass »Verantwortung des Soldaten für Töten und Sich-Tötenlassen« einem Beruf wie jedem anderen zuzurechnen sei. So stellte sich aus christlich-ethischer Sicht das Sui-generis-Problem neu. Die von der Bundeswehr selbst in Anspruch genommene Normalisierung konnte so als Verharmlosung der potenziellen Nuklearkatastrophe erscheinen. Die 1985 vorgelegte Publikation »De officio« über die »ethischen Herausforderungen des Offizierberufs« stieß auf große Resonanz bei der Zielgruppe. Die kritische Auseinandersetzung mit Soldaten einerseits, den zivilen Glaubensbrüdern und -schwestern andererseits wurde von vielen Militärgeistlichen als Kränkung empfunden (Scheffler in 1.5, S. 176), vermittelte aber auch Impulse in beide Richtungen.

Katholische Militärseelsorge Organisatorisch und dogmatisch konnte die katholische Kirche ein einfacheres Verhältnis zur Militärseelsorge pflegen. Hier wirkte die in der katholischen Ethik entwickelte Lehre vom »gerechten Krieg« (bellum iustum) fort. Hinzu trat die Autorität der Kurie in Rom: In seiner Weihnachtsbotschaft von 1948 warnte Papst Pius XII. vor der sowjetischen Expansionspolitik, zwei Jahre später erörterte der Kölner Kardinal Joseph Frings die Verteidigungspflicht. Zudem bot eine im April 1951 von der Kurie erlassene Instruktion die Grundlage für eine Militärseelsorge, die im Folgejahr zu einer Vereinbarung zwischen der katholischen Kirche und dem Amt Blank führte. Hier wurde eine organisatorisch und inhaltlich eigenständige Militärseelsorge verankert. Ab Mitte 1955 bestanden Grundlagen zur Militärseelsorge, sodass ab Februar 1956 der Münchener Kardinal Joseph Wendel seine Arbeit als erster Katholischer Militärbischof aufnahm. Ihm wurde ab März ein Militärgeneralvikar an die Seite gestellt. Parallel etablierten sich die Wehrbereichsdekanate und die ersten Standortpfarrer. Die im August 1956 vom Verteidigungsministerium erlassene Zentrale Dienstvorschrift zur Militärseelsorge beider Konfessionen bildete die Arbeitsgrundlage für die Militärgeistlichen zur Umsetzung des bereits vom Soldatengesetz festgeschriebenen Anspruchs auf Militärseelsorge und auf ungestörte Religionsausübung bei gleichzeitiger Freiwilligkeit des Gottesdienstbesuchs. Gleichwohl blieb das seit 1935 gültige Reichskonkordat mit dem Heiligen Stuhl bis September 1965 in Kraft und wurde in den inhaltlich angepassten »Statuten für die Seelsorge in der Deutschen Bundeswehr« verankert. Die Pastoralkonstitution des Zweiten Vatikanischen Konzils rechtfertigte Ende 1963 den Dienst des Soldaten als »Diener der Sicherheit und Freiheit der Völker«, soweit er zur Friedenssicherung eingesetzt ist. Auf dieser Basis folgten Grundlagenpapiere, etwa von 1983, die die »Verhinderung des Krieges, Verteidigung der sittlich-politischen Wertordnung gegen totalitäre Bedrohung [und] Ermöglichung von Abrüstung« in eine Linie stellten (1.75 Blaschke/Oberhem).

Männer, Frauen und Familie

»Soldat-sein« und »Mann-sein« erschien den Zeitgenossen im Zeitalter der Wehrpflicht oft als identisch. Als sich auf die vom Amt Blank initiierte Freiwilligenwerbung überraschend auch Frauen meldeten, kommentierte dies der »Spiegel« anzüglich-abwertend durch eine Karikatur mit dem Titel »Ich will unter die Soldaten« (1.32 Loch, Abb. 12). In den frühen Fünfzigerjahren wurden für kurze Zeit auch Ideen für die Mobilisierung von Frauen erörtert. Davon war ab 1956 keine Rede mehr. Das Grundgesetz zog enge verfassungsrechtliche Grenzen: Der Artikel 12a zur Wehr- und Ersatzdienstpflicht enthielt die Bestimmung, dass im Verteidigungsfall Frauen im Alter zwischen 18 und 25 Jahren auf gesetzlicher Grundlage zu Dienstleistungen im zivilen Sanitätswesen sowie in der ortsfesten militärischen Lazarettorganisation herangezogen werden dürften. Keinesfalls durften Frauen zum Dienst mit der Waffe verpflichtet werden. Um die Ausgestaltung dieses Artikels wurde im Rahmen der Debatte um die Notstandsverfassung über die Sechzigerjahre hinweg heftig gerungen: An die Frage, inwieweit der weibliche Teil der Bevölkerung zu Verteidigungsleistungen herangezogen werden könne, knüpfte sich die Furcht vor einer Militarisierung der Gesellschaft (4.4 Janßen).

Ritterlichkeit »Männlichkeit« blieb Kennzeichen der Bundeswehr – anfangs als Spiegel gesellschaftlicher Normalität, später möglicherweise als ihr Refugium. Paradoxerweise wurzelte dies in einer Vorstellung, die den wertfreien Soldaten zurückwies. Das in Ablehnung der »unritterlichen« Kriegsverbrechen im NS-Staat bereits vom »Handbuch Innere Führung« (1.62 Handbuch, S. 62 f.) beschworene »ehrenhafte« Verhalten im Krieg proklamierte ein Selbstbild. Ein Konzept von Ritterlichkeit wurde den nachwachsenden Generationen im Offizierkorps durch die Handreichung »Stil und Formen« vermittelt. In verschiedenen Überarbeitungen diente sie über die Achtzigerjahre hinaus als Leitfaden für die Offizierausbildung, oft ergänzt durch den Besuch einer Tanzschule mit Abschlussball. Neben Etiketteregeln für den affektregulierten, »herrenmäßigen« Umgang im Offizierkorps wurde dabei ein Bild von Männlichkeit mitgedacht – und entsprechend auch ein Gegenbild zur Weiblichkeit. Die in wohlwollender Absicht kommunizierte Rolle als Beschützer von Frau und Gesellschaft kam somit als »benevolenter Sexismus« zum Tragen (Kümmel in 1.5). Dies lebte im Bild vom »Offizier und Gentleman« fort: von den Anfangstagen über zeitgebundene Infragestellungen und Adaptionen bis hin zur Wiederbelebung; beispielsweise, als im Kontext des »zweiten Kalten Krieges« Richard Gere in der Hauptrolle des gleichnamigen Hollywoodstreifens von 1982 ein offiziergemäßes Verhalten idealtypisch verkörperte – natürlich »amerikanisiert« und zivilkompatibel. Das in den Kampftruppen gepflegte Ideal vom »Kämpfer« konnte im Rahmen der NATO-Strategie der Flexible Response auch offiziell durch das Bild der Bundeswehr-Werbebotschaften vom männlichen, »harten Einzelkämpfer« vermittelt werden (Protte in 1.5).

Soldatensprache und informelle Hierarchien Millionen wehrpflichtiger Männer haben – individuell verschieden – das sozialgeschichtlich noch nicht ausgeforschte Leben in der »geschlossenen Anstalt« der Kaserne erfahren. Hier vermengten sich Einflüsse aus der zivilen Welt mit typisch militärischen Sozialisationsprozessen. Auch der »Staatsbürger in Uniform« der Bundeswehr unterlag lebensweltlichen Prägungen einer militärischen Welt, die sich – ganz im Gegensatz zum Baudissinschen Konzept – in Teilen quer zu allen politisch-gesellschaftlichen Normveränderungen erhalten hatte und sich unabhängig davon reproduzierte (Müller in 1.47). Für die Wehrpflichtigen stellte sich der Alltag oft als Mischung aus kaserniertem Stumpfsinn, Langeweile und Hektik dar (2.14 Nadolny/Sparschuh). Viele Relikte überdauerten – etwa in der Soldatensprache –, andere Einflüsse kamen von außen. Mit einer subkulturellen Spezialsprache bei jeweils bestimmten Truppenteilen verbanden sich oft inoffizielle Habituserscheinungen in Körperhaltung oder Haartracht. Oft richtete sich dies gegen den Strom der »offiziellen« Bundeswehrnormen – auf der ganzen Skala vom »Gammler« bis zu straffem Halbstarkengebaren. Wesentlich kam es in dieser Jungmännerwelt darauf an, sich als Untergebener zu behaupten, den eigenen Platz in der Hackordnung unter Gleichgestellten zu verbessern oder sich als junger Vorgesetzter gegenüber den (teils älteren und lebenserfahreneren, teils im Bildungsstatus höher stehenden) Geführten durchzusetzen. Nonkonformes Verhalten zeigte sich nicht nur in Aufsässigkeiten gegenüber den Disziplinierungsnormen, sondern entwickelte eigene, von Vorgesetzten und Rechtsordnung nicht intendierte Verhaltensweisen. Die Soldatensprache gab diesbezüglich aufschlussreiche Einblicke. Die tradierte Bezeichnung »Landser« für die einfachen Soldaten blieb weiterhin üblich. Es charakterisierte die Jungmännergesellschaft zudem, dass sie die qua »Wehr-Pflicht« systemisch verankerte hierarchische Machtausübung mit sexuellen Begriffen verband: die »Schleiferei« schikanöser Vorgesetzter wurde als »Dummfick« bezeichnet; Rekruten galten als »Rotärsche«, »Muschkoten« oder »Muschis«. Dem entsprachen – je nach Duldsamkeit der Vorgesetzten – die in Wachlokalen und UvD-Stuben verbreiteten Periodika mit Abbildungen von »Seite-Drei-Mädchen« aus »Bild«-Zeitung oder Männermagazinen, deren Centerfolds bisweilen zur Ausstattung des Innenlebens der Spinde (oder der Stubenwände älterer Mannschaftsdienstgrade) gehörten. Bisweilen sorgten Zugführer oder Kompaniefeldwebel für deren Entfernen (oder für das Überkleben aufreizender Posen mit Schießpflaster). Zum Ende der Dienstzeit war es vielfach Usus, dass Wehrpflichtige täglich ein Stück ihrer eigens beschafften Maßbänder abschnitten. Dem im Mannschaftsheim bisweilen lautstark verkündeten Status als »Ausscheider« folgte zur Entlassung oft ein ritualisierter karnevalesker Umzug. All dies dokumentierte gegenüber Neuankömmlingen eine höhere Position in der Hackordnung. Das Phänomen, dass »Kameraden« Schwächere (oder einfach Missliebige) dem »Heiligen Geist« aussetzten, reichte von Hänseleien bis zur offenen Misshandlung. Dies setzte sich fort im Gegensatz zwischen frisch einberufenen »Füchsen« und älteren »(Reser)Visten«, also den Entlassungskandidaten – besonders in Einheiten, deren Mannschaftspersonal dem Takt von der Grundausbildung bis zum Ende der Wehrdienstzeit nicht gemeinsam folgte. Um solchen Differenzen im Kameradschaftsverhältnis entgegenzusteuern, wurden mit Übergang zur Heeresstruktur 3, soweit organisatorisch möglich, die Rekrutenjahrgänge quartalsweise gemeinschaftlich aufgefüllt.

Die überhastete Aufstellung forderte bereits beim ersten, zum April 1957 eingezogenen Rekrutenjahrgang ihren Preis. Schon am 3. Juni 1957 ereignete sich in Kempten ein folgenschweres Unglück, als bei einem fahrlässigen Übergang über den reißenden Gebirgsfluss Iller 15 Rekruten der Fallschirmjägertruppe ertranken. Die Ursachen lagen in einer Mischung aus mangelnder Dienstaufsicht und Überforderung des jungen Ausbildungspersonals. Zudem offenbarte der Vorfall auch ein Kommunikationsdesaster der Bundeswehr als Gesamtorganisation (2.16 Schmückle). Dazu gesellte sich das generationsbedingte Problem, dass die jungen Ausbilder den Kriegserfahrenen oftmals nachzueifern suchten. Dass einige Truppengattungen die Neigung zu übertriebener Härte entwickelten, zeigte sich im Sommer 1963, als in Nagold Rekruten der Fallschirmjägertruppe rücksichtslos behandelt worden waren und einer von ihnen zu Tode kam. Die männlich-heroische Selbstwahrnehmung stützte sich nicht zuletzt (und bis in die Achtzigerjahre) auf das Gedenken an die Fallschirmtruppe der Wehrmacht, aber auch auf das Vorbild ihrer französischen und amerikanischen Patentruppen. Dieser selbst erzeugte Nimbus wirkte auch dahingehend selbstverstärkend, dass die Nachwuchslage der dringend benötigten Freiwilligen hier besser war als in anderen Truppenteilen. Gleiches galt für die ähnlich traditionsbewusste Gebirgstruppe. Die Ereignisse von Nagold, aber auch in anderen Truppenteilen und an anderen Standorten, verwiesen auf allgemeine strukturelle Mängel der Bundeswehr. Sie veranlassten den Wehrbeauftragten Heye, in deutlicher Weise Verbesserungen anzumahnen (1.35 Schlaffer).

Homosexualität Bis in die Neunzigerjahre war Homosexualität kein Thema – außer als Grund für die Beendigung von Karrieren wie beim Wehrbeauftragten Grolman im Jahr 1961 und in der Kießling-Affäre um die Jahreswende 1983/84. Gerade letztere zeigte fortwirkende Restbestände einer Bundeswehr, die diesbezüglich weniger modern war als ihr Konzept. Von weiterhin verbreiteter Homophobie zeugte die Unterstellung, Kießlings angebliche Homosexualität stelle ein Sicherheitsrisiko dar – bestätigt von Minister Wörner und der Bundeswehrführung. Bereits in der Aufstellungszeit zeigte sich dies an einem organisatorischen Kuriosum. Das nach der Numerierungslogik unter der Ordnungsnummer 175 laufende Hamburger Feldartilleriebataillon erhielt im Jahr 1959 die Ordnungszahl »177«, um die Soldaten nicht dem in Anlehnung an den Strafgesetzbuchparagrafen 175 als Schimpfwort benutzten Begriff der »175er« auszusetzen.

Frauen Bis in die Siebzigerjahre waren Frauen in der Bundeswehr kaum ein Thema. Analog zum öffentlichen Dienst außerhalb der Bundeswehr arbeiteten sie zunächst vornehmlich in »Frauenberufen« auf der unteren und mittleren Hierarchieebene als Sekretärinnen, Telefonistinnen oder Arbeiterinnen in den Truppenküchen. Noch Anfang der Siebzigerjahre war die Hälfte aller Angestellten des mittleren Verwaltungsdienstes weiblich, typischerweise in Verwendungen als Schreib- oder Fernschreibkräfte. Zwar war die Zahl der weiblichen Bundeswehrangehörigen bis 1985 auf 48 000 Frauen angestiegen. Doch blieb der Anteil von Beamtinnen und Angestellten im höheren Dienst unterrepräsentiert – nicht zuletzt deshalb, weil viele Frauen nach ihrer Familiengründung die Berufstätigkeit unterbrachen oder beendeten. Daher waren um die Mitte der Achtzigerjahre 4000 Arbeitsplätze von 8800 Frauen (und kaum von Männern) in Teilzeitarbeit besetzt (1.73 Weißbuch 1985, Nr. 576–578). Gesellschaftstypisch verbanden sich Rollenbilder mit der auch im öffentlichen Dienst lange fortbestehenden »gläsernen Decke«, an der der Karriereverlauf geschlechtsspezifisch endete. Aus Sicht der Truppe blieb die Bundeswehr bis zum Jahr 2000 für Frauen eine terra incognita. Auch hier bildete die Sanitätstruppe eine Ausnahme: offenkundig wegen der Nähe zu »weiblichen« Berufsfeldern. Der Ruf nach einer echten Verwirklichung der vom Grundgesetz geforderten Gleichberechtigung der Geschlechter knüpfte sich an die reformorientierte sozialliberale Regierungspolitik. Ende 1973 nahm die Enquête-Kommission »Frau und Gesellschaft« ihre Arbeit auf. Zwei Jahre darauf, im Jahr der Frau, wurde Frauen der Dienst in den Streitkräften eröffnet. Am 19. Februar 1975 konnten auf Vorschlag von Verteidigungsminister Leber zivilberufliche Ärztinnen in die Bundeswehr als Sanitätsoffiziere (oder im laufbahnmäßig mit dem Sanitätsdienst verbundenen Militärmusikdienst) eintreten – jedoch nicht an der Waffe. Die ersten fünf von ihnen traten zum 1. Oktober 1975 ihren Dienst an (im März 1994 wurde mit der 1976 in die Bundeswehr eingetretenen Verena von Weymarn die erste Frau zum Dienstgrad Generalarzt befördert; Kümmel in 1.6). Diskussionen entbrannten, als der Wehrbeauftragte Berkhan 1979 erwog, den Dienst an der Waffe auch Frauen zugänglich zu machen. In der Kritik dagegen wichen die einst konservativ-biologistischen Argumente nun einer pazifistisch-antimilitaristischen Haltung von Verfechterinnen der Frauenbewegung. Der 1982 veröffentlichte Bericht einer Langzeitkommission zum demografischen Wandel und zu den personalstrukturellen Folgerungen empfahl einen freiwilligen, doch waffenlosen Dienst in den Streitkräften für Frauen. Dies erweckte den Eindruck, nicht Gleichberechtigung, sondern das Stopfen von Personallücken sei leitendes Motiv dieses Vorschlags. Davon war unter der konservativen Regierungskoalition von 1982 einstweilen keine Rede mehr. Frauen blieben Exotinnen. Von den 3000 Stellen für Sanitätsoffiziere waren 1985 nur 100 weiblich besetzt. Erst ab dem 1. Oktober 1989 durchliefen die ersten 50 Sanitätsoffizieranwärterinnen eine Bundeswehr-eigene Ausbildung und ein Studium im Status als Soldatinnen. Seit Januar 1991 durften Frauen eine Laufbahn als Unteroffiziere und Mannschaftssoldatinnen der Sanitätstruppe einschlagen. Die verfassungsmäßige und organisationskulturelle Prägung der Streitkräfte zu einer weitestgehend frauenfreien Zone wirkte nach, als ab 1989/90 Soldatinnen aus der NVA nicht übernommen wurden. Dort hatten Frauen seit 1982 – prinzipiell auch an der Waffe, faktisch aber in den rückwärtigen Bereichen – Dienst leisten können. Soweit sie nicht Angehörige des Sanitätsdienstes waren, wurden sie im September 1990 verabschiedet. Erst seit dem Urteil des Europäischen Gerichtshofs im Jahr 2000 stehen sämtliche Laufbahnen aller Teilstreitkräfte auch Frauen offen – mit weiterhin bestehenden mentalen Unsicherheiten bei ihrer Integration in ein (mittlerweile keineswegs mehr rein männliches) Berufsfeld.

Soldatenfamilien Der Laufbahnaufbau der Offiziere und der längerdienenden Unteroffiziere war durch häufige Dienstpostenwechsel geprägt. Dies forderte den Soldatenfamilien ein besonderes Maß an berufstypischer Mobilität ab – im Gegensatz zur Masse der Angehörigen der Bundeswehrverwaltung und anderer Bundesbediensteter. So standen die häufigen Umzüge als Besonderheit des Soldatenberufs letztlich im Gegensatz zum proklamierten Integrationsgedanken. Notorische und nur langsam behobene Infrastrukturprobleme an den neu angelegten Truppenstandorten führten

▶ Abb. 18: Für Frauen war eine Tätigkeit in der Bundeswehr auf die Wehrverwaltung beschränkt – auch hier vor allem in weiblich geprägten Berufsfeldern. Diätküche im Bundeswehrlazarett (später: Bundeswehrzentralkrankenhaus) Koblenz, März 1963.

BArch, B 145 Bild F015117-0006/ Ludwig Wegmann

◀ Abb. 19: Als der Wehrbeauftragte Karl-Wilhelm Berkhan im Jahr 1979 in einem Interview nicht ausschloss, dass auch Frauen Dienst an der Waffe leisten könnten, setzte er sich der Kritik von allen Seiten aus.

Pepsch Gottscheber

▶ Abb. 20: Im Herbst 1975 wurde der Dienst als Soldatin in der Bundeswehr für Frauen geöffnet – einstweilen nur für Ärztinnen und nicht an der Waffe. Im Bild: Verteidigungsminister Georg Leber mit den ersten weiblichen Sanitätsoffizieren.

Bundeswehr

zum Bau der – anfangs nicht geplanten – »Bundeswehrghettos«, die rasch und in Anlehnung an Kasernen meist auf neu erschlossenem Land abseits der gewachsenen Ortsstrukturen errichtet wurden (1.36 Schmidt). Hinzu trat die Bundeswehr-spezifische Problematik der Soldatenkinder, die häufig Schule und Schulsystem wechseln mussten – zwischen den diesbezüglich oft inkompatiblen Bundesländern oder ins Ausland. Ein anfangs diskutiertes Problemfeld stellten in der jungen Bundesrepublik die zahlreichen »Frühheiraten« dar: Um 1963 waren 23 Prozent der Leutnants verheiratet. Daher erörterten konservative Personalverantwortliche die Möglichkeit, das Heiratsalter durch Erlasslage zu regeln, um wirtschaftlichen oder gar moralischen Fehltritten vorzubeugen. Eine ähnliche Bestimmung existierte anfangs im BGS. Solche Gedanken wurden letztlich verworfen (1.33 Nägler). Dem bundesdeutschen Trend folgend verfestigte sich die Trennung von »privat« und »dienstlich« auch im Alltag der Soldatenfamilien. Obwohl Offiziergattinnen bisweilen den dienstlichen Status ihrer Ehemänner auch außerdienstlich zur Geltung brachten, etwa als »Kommandeuse«, brachen traditionelle Rollenmuster allmählich auf, ohne jedoch ganz zu verschwinden. Auch Frauen von Offizieren wurden zunehmend berufstätig. Dies führte durch die stetig verbesserte Verkehrsinfrastruktur bei erneuten Versetzungen zunehmend zum Verbleib der Familien am Wohnort; auch deshalb wurde die Bundeswehr zur »Pendlerarmee«. Als Laufbahnerwartung galt bei Berufsoffizieren der Dienstgrad Oberstleutnant (Besoldungsgruppe A 14), bei Unteroffizieren (später) der Dienstgrad Stabsfeldwebel. Mehr als anderswo »verschwanden die Soldaten buchstäblich in der prosperierenden nivellierten Mittelstandsgesellschaft« (Naumann in 3.22, S. 223). Die »kulturelle Hegemonie der Mittelschicht« trat dahingehend zutage, dass sie »beflissene Aufsteiger und nervöse Statussucher« unter Beachtung feiner sozialer und symbolischer Differenzen hervorbrachte (Vogel in 3.22). Die für den öffentlichen Dienst sozialstrukturell wirksame Einteilung in Besoldungsgruppen kennzeichnete bisweilen auch außerdienstlich den Grad beruflicher Arriviertheit, etwa bei der Unterscheidung zwischen dem nach A 15 besoldeten Oberstleutnant und dem »normalen« Vertreter dieses Dienstgrades. Beliebt bei der Wahl der Wohnlage, insbesondere bei Berufssoldaten, waren Standorte mit einer hohen Dichte an Ämtern, Schulen und Stabseinrichtungen: so der Großraum Hamburg zwischen Neumünster und der Lüneburger Heide beim Heer, so der Großraum Südbayern bei der Luftwaffe, so vor allem die Rheinschiene zwischen den Großstandorten Köln und Koblenz. Hier erübrigten sich Familienumzüge auch bei mehrfacher (nahräumiger) Versetzung. In unmittelbarer Nähe zum Bonner Hardtberg und zu anderen zentralen Stätten der Militärbürokratie entwickelten sich daher die Örtchen Meckenheim und Rheinbach zu beliebten Ruhestandsdomizilen für eine Endverwendung. Dabei schlugen sich – subtil, doch erkennbar – soziale Unterschiede und Unterschiede bei der Besoldungsgruppe in Wohnlage, Mietpreis und Nachbarschaft nieder. Auch diesbezüglich überdauerten Spezifika des Soldatenberufs, nun allerdings kaum mehr abgesetzt von anderen Berufsfeldern im Öffentlichen Dienst.

Staatsbürger in Uniform?

Wie in Diplomatie, Jurisprudenz und Wirtschaft lagen auch in der Bundeswehr die Schlüsselpositionen bis in die Siebzigerjahre bei alten Eliten in neuer Gestalt. Noch 1989 blickte ein Zehntel ihrer Generalität auf eine Jugendsozialisation im Krieg zurück. Anders als die zivilen Spitzenkräfte waren die der Bundeswehr jedoch durch das Prüfverfahren des Personalgutachterausschusses gegangen. Im Kern diente die Führungsphilosophie der Inneren Führung dazu, sich von der Vergangenheit zu distanzieren. Genau deshalb war dieses Konzept so umstritten – trotz seiner eigenen indirekten Anleihen bei ebendieser Vergangenheit. So durchwirkte die Wehrmacht die ganze »alte« Bundeswehr. Auch als Negativbilder wirkten die von der NS-Propaganda geformten Bilder weiter; genauso wie durch naive oder fahrlässige Truppenfolklore. Allen anfänglichen Befürchtungen zum Trotz integrierte sich die Bundeswehr in die sie umgebende Gesellschaft. Dabei hob sie freilich die in der Tat spezifische Eigenschaft heraus, dass sie ihre Existenz der Planung des total gedachten (Nuklear-)Krieges verdankte. Semantisch wurde dies spätestens ab 1970 »wegdefiniert«: Durch die Eigenwerbung als zivilähnliche »Produktionsstätte für Sicherheit« wurde eine Abkehr von der früheren Sonderrolle impliziert, allerdings unter Verharmlosung ihres Tätigkeitsprofils. Die teils noch bis 1969 beanspruchte Sonderrolle hatte gegenüber dem Primat der Politik keine Chance; auch insofern, dass Führungskräfte – und die es wurden – die höheren Orts erwünschten Auffassungen im Kontinuum zwischen Loyalität und Geschmeidigkeit verinnerlichten. Die im Begriff vom »Staatsbürger in Uniform« angelegte Spannung zwischen »uniformer« Loyalität und konfliktträchtiger Debattenkultur schlug sich bei den Führungseliten – zumindest öffentlich – in eher gering ausgeprägter Profiltiefe nieder. Zweifellos war auch dies ein Ergebnis der Reproduktion bürokratischer Kontinuität. Öffentlich im Truppengeist argumentierende Soldaten führten Nachhutgefechte – und oft erst nach ihrem Dienstzeitende.

◂ Abb. 21: In der Gefechtsausbildung musste in der Aufbauzeit mit Panzerattrappen improvisiert werden.

Bundeswehr

▸ Abb. 22: Organisation und Einsatzkonzeption des bundesdeutschen Heeres favorisierten gepanzerte Waffensysteme. Den Kern der zwölf Divisionen bildete der Verbund aus Kampf- und Schützenpanzern. Im Bild: Schützenpanzer HS-30, Munsterlager Juni 1965.

BArch, B 145 Bild F027418-0002/ Berretty

◂ Abb. 23: Das Heer und das Territorialheer der Bundeswehr wuchsen ab den Siebzigerjahren zu reservestarken Verbänden auf, die in den Großübungen des Heeres regelmäßig zum Einsatz gelangten. Im Bild: Soldaten einer Jägergruppe vor einem MTW 113 in der Übung »Fränkischer Schild«, September 1986.

BArch, B 145 Bild F073468-0017/ Arne Schambeck

Rüstung und Ausstattung

»Moderne Zeiten«: Soldat und Technik

Der Titel der Zeitschrift »Soldat und Technik«, die von Januar 1958 bis 2005 erschien, wurde im Truppenalltag zum geflügelten Wort. Er spiegelte das Menschenbild der technischen Moderne auch insgesamt, denn ziviler Lebensstil und Militär wurden von Zeitgenossen durchaus zusammen gedacht: So beim »New Look«, der taillierten Damenkollektion Christian Diors von 1947, auf die sich Eisenhower während seines Präsidentschaftswahlkampfes von 1953 bezog. Wohlstand durch Waffentechnik – dies verhieß dessen Parole »more bang for the buck«. Zur Finanzierung eines modernen Lebensstils sollte nukleare Rüstung konventionelle Kräfte sparen.

Auch in der Bundesrepublik trat die Technisierung in den Fünfzigerjahren in eine Beschleunigungsphase, die im Folgejahrzehnt massenwirksam wurde. Die Automobilisierung war »Gradmesser der Modernisierung der Lebensverhältnisse« (4.10 Wolfrum, S. 207; 3.29 Stöver). Dem entsprachen in militärischer Hinsicht die Motorisierung und Mechanisierung von Streitkräften. Letztlich wurde der Kalte Krieg vor allem durch den technischen Fortschritt ausgelöst und in Gang gehalten: durch die Atomwaffe und deren rückstrahlgetriebene Trägermittel. Die bundesdeutsche Luftwaffe und die Raketenartillerie des Heeres schlossen um 1960 zu dieser Entwicklung auf, die Marine mit ihrer Lenkflugkörperentwicklung im Folgejahrzehnt, noch ein Jahrzehnt später auch die Kampftruppen des Heeres mit ihren Panzerabwehrlenkraketen.

Neue Technik prägte neue Menschen. Elektronische Führungssysteme ermöglichten neue Formen von Aufklärung und Streitkräfteorganisation. Dies entwertete bisherige Kriegserfahrungen. Bereits während der Aufbauphase der Bundeswehr war die technische Ausstattung mit politischem Gerangel verbunden. Nicht nur »Spiegel«-Lesern galt Strauß als »Atomminister« (10.1 »Spiegel« 15/1961). Auf die Kehrseite der Rüstung wiesen Skeptiker bereits in den Fünfzigerjahren hin. Die in Militär und Gesellschaft gepflegte Technik-Euphorie endete jedoch erst mit der Wirtschafts- und Ölkrise von 1973, sodass sich von nun an eine Vielzahl von Bewegungen gegen die zivile und militärische Nutzung der Atomkraft formierte – bis hin zur Massenbewegung gegen die NATO-Nachrüstung um 1980. »Männer bauen Raketen« – in dieser Textzeile des Sängers Herbert Grönemeyer von 1984 schwang auch Rüstungskritik mit.

Von der Demilitarisierung bis zur Rüstungshilfe

Das Potsdamer Abkommen forderte nachdrücklich die wirtschaftliche Dezentralisierung: die Zerschlagung der »übermäßigen Konzentration der Wirtschaftskraft, dargestellt insbesondere durch Kartelle, Syndikate, Trusts und andere Monopolvereinigungen«. Dem entsprachen die ersten Entscheidungen der jungen Bundesrepublik – hinsichtlich der wirtschaftlichen Ordnungspolitik genauso wie in Bezug auf die für das Rüstungswesen zuständige »zivile« Bundeswehr nach Artikel 87b des Grundgesetzes. Auch im Bundeswehr-internen Rüstungs- und Beschaffungswesen zeigten sich »bundesrepublikanische« Züge: Dieses stand in oft kontroverser Wechselwirkung erstens mit den ihre jeweiligen Partikularinteressen verfolgenden Teilstreitkräften, zweitens mit den Rüstungsunternehmen und drittens mit dem steuerzahlenden Wahlvolk, als dessen Vertreter Politik und Presse auftraten.

Auf diesen Ebenen ergaben sich zwangsläufig grundsätzliche Konflikte zwischen übergeordneten Zielen einerseits und fachbezogener Sachkenntnis andererseits. In letztere mischte sich nicht selten Ressortegoismus. Rüstungstechnische Entwicklungsprozesse mussten anfangs noch genauso eingeübt werden wie angemessene verwaltungs- und wirtschaftskonforme Beschaffungsabläufe. Nicht selten säumten öffentliche Aufmerksamkeit erregende Skandale den Weg dorthin. Ihre wechselvollen Rahmenbedingungen ließen die Rüstungsgeschichte zu einem besonderen Teil der bundesdeutschen Wirtschaftsgeschichte werden. In diesem Geflecht unterschiedlicher Anforderungen hatte vor allem das Koblenzer Bundesamt für Wehrtechnik und Beschaffung (BWB) zu agieren. Die Bedeutung des Rüstungsbereiches zeigte sich in der Einrichtung eines zweiten, für die Rüstung zuständigen Staatssekretärs ab 1970 sowie in dem Rahmenerlass von 1971 zur Neuordnung dieses Bereiches. In der jungen Bundesrepublik waren wirtschaftliche Weichenstellungen eng an militärische Sicherheitsfragen gekoppelt. Gleichzeitig war die angestrebte Werte- und Wirtschaftsordnung mit einer allein auf Rüstung ausgerichteten Wirtschaftsstruktur unvereinbar – im Gegensatz zur Situation beim »totalitären« sowjetischen Gegner, aber auch zur Kriegswirtschaft im NS-Staat. Somit entsprach die Rüstungsgüterbeschaffung niemals allein militärischen Forderungen. Von Rüstungs- und anschließenden Selbstbeschränkungen abgesehen war das Verteidigungsministerium anfangs gar nicht in der Lage, eine eigene, zeit- und bedarfsgerechte Beschaffungsplanung zu betreiben. Naturgemäß standen das Amt Blank und spätere Verteidigungsministerium in Konkurrenz zum Außen-, Wirtschafts- und Finanzressort. Deren Interessen beeinflussten die außenpolitischen Rahmenbedingungen und rechtlichen Verfahrensabläufe.

Denn abseits der »zivilen« marktwirtschaftlichen Ordnung stellte die Rüstungspolitik ein probates Mittel zur Umsetzung außen-, wirtschafts- oder finanzpolitischer Ziele dar: als Ausweis bi- oder multilateraler Kooperation, zur Beseitigung von Außenhandelsüberschüssen und als Zeichen deutschen Integrationswillens (7.2 Kollmer; 7.6 Kollmer).

Von der Demilitarisierung zum Marshallplan Durch intensive Wirtschaftsbeziehungen wollten die westlichen Partnerstaaten die Bundesrepublik einbinden; diese wiederum strebte nach ungehinderter Gestaltung ebenjener Integration. Diese Interessen trafen sich in der supranationalen Kompromisslösung der Europäischen Gemeinschaften: der für Kohle und Stahl (EGKS oder Montanunion, 14. April 1951), der für die Nuklearindustrie (EURATOM) und der für Wirtschaft (EWG, beide vom 25. März 1957). Nicht zufällig besaßen zwei dieser drei Felder direkte rüstungspolitische Implikationen. Spezifische Rüstungsindustrien, namentlich im Flugzeugbau, konnten in der Bundesrepublik erst ab Mai 1955 entstehen. Deutsche Patente waren mit Kriegsende ohnehin an die Siegermächte abgetreten worden. Damit wurden aber auch deutsche Fertigungsweisen exportiert, was wiederum die wirtschaftliche Verflechtung zwischen der Bundesrepublik und dem Westen förderte – letztlich auch zugunsten deutscher Marktchancen. Zudem instrumentalisierten deutsche Unternehmerverbände das Demontageargument für ihre politischen Ziele. Im Übrigen waren die technisch-organisatorischen Fähigkeiten durch die Demilitarisierungsbestimmungen weniger eliminiert als vielmehr in zivile Sektoren verlagert worden. Hinzu kam, dass das NS-Regime und seine Kriegswirtschaft durchaus Innovationsvorteile für die Nachkriegswirtschaft generiert hatten – durch alliierte Flächenbombardements war die deutsche Kriegswirtschaft weniger beschädigt worden, als die Bilanz von rund 400 000 Todesopfern und verheerender Wohnraumzerstörung vermuten ließ. Eine »Stunde Null« existierte in moralischer Hinsicht, nicht aber bezüglich des Aufrüstungspotenzials. Technologische Fertigungsverfahren waren sowohl als personell wie auch als institutionell gespeichertes Wissen verfügbar. In diesem Zusammenhang spielten nicht zuletzt die (um 1961) rund 10 Millionen Heimatvertriebenen und die weiteren 3,5 Millionen Flüchtlinge aus der SBZ/DDR eine tragende Rolle (7.1 Abelshauser; 4.7 Wehler).

Das als »Marshallplan« im April 1948 aufgelegte European Recovery Program wirkte vor allem symbolpolitisch. Von realwirtschaftlicher Bedeutung war es, dass eine Hälfte der US-Hilfe vom nordamerikanischen Kriegsministerium (GARIOA) stammte. Diese Hilfe zur Selbsthilfe reduzierte gleichzeitig die Finanzierungslast der Besatzungsmächte. Somit entwickelten sich schon während der Besatzungszeit Formen transatlantischer und europäischer Zusammenarbeit. Das Bedürfnis nach Sicherheit vor Deutschland stand beide Male Pate. Auch setzte ein selbsttragendes Wirtschaftswachstum bereits vor der Währungsreform vom 20. Juni 1948 ein. Dennoch wirkte die Einführung der D-Mark als Wegscheide: als Symbol bundesdeutschen Wohlstandes. Dies wirkte sich unmittelbar auf die Sicherheitspolitik aus. Denn die sowjetische Besatzungsmacht reagierte auf die Währungsreform mit der Blockade Berlins, die die Westmächte wiederum mit der Luftbrücke beantworteten. Die dadurch sich beschleunigende Blockbildung führte zur Planung der EVG mit einem supranationalen Verteidigungshaushalt und einem supranationalen Kommissariat mit gemeinsamem Rüstungs- und Beschaffungswesen. Aufgrund dieser bis August 1954 bestehenden Überlegungen verzögerte sich die Herausbildung eines allein auf Bundeswehr und Bundesrepublik ausgerichteten Rüstungs- und Beschaffungswesens.

Rechtlicher und wirtschaftspolitischer Rahmen Auf der Londoner Konferenz vom 29. September bis zum 3. Oktober 1954 umrissen die Außenminister des westlichen Bündnisses Beschränkungen der künftigen westdeutschen Rüstungsgüterentwicklung, -produktion und -beschaffung. Hier trat der Konflikt zwischen den angelsächsischen Mächten und Frankreich offen hervor. Erstere drängten nach Aufstellung westdeutscher Streitkräfte, letzteres fürchtete neue deutsche Dominanz. In dieser Situation bot Adenauer den freiwilligen Verzicht der Bundesrepublik auf nukleare, biologische und chemische (ABC-)Massenvernichtungswaffen und deren Trägersysteme an. Damit rettete er, beraten von Kielmansegg, die Verhandlungen in letzter Minute (Kielmansegg in 2.4, S. 150–153). Das auf dieser Grundlage entstehende Vertragswerk übertrug der Westeuropäischen Union (WEU) die Rüstungskontrolle. Das Protokoll Nr. II der Kontrollbestimmungen untersagte es formal allen Bündnisstaaten, faktisch aber Westdeutschland, auf deutschem Gebiet ABC-Waffen herzustellen. Ferner galt für die Bundesrepublik das Verbot, gelenkte Geschosse, Influenzminen (ohne Kontaktzünder), Kriegsschiffe über 3000 Tonnen und U-Boote über 350 Tonnen sowie strategische Bomber zu produzieren. Änderungen waren lediglich auf Antrag des SACEUR und mit Zustimmung von zwei Dritteln der WEU-Ratsmitglieder möglich. Diese Beschränkungen waren der bundesdeutschen Luftwaffen- und Marineführung fortan ein Dorn im Auge.

Entsprechend der Bedrohungslage und des gestiegenen Gewichts der Bundesrepublik genehmigte die WEU am 24. Mai 1961 den Bau westdeutscher Schiffe bis 6000 Tonnen sowie die Entwicklung von Fernzündungsminen. Im Folgejahr lockerte sich die Tonnagebeschränkung für U-Boote von 350 auf 450 Tonnen. Für ABC-Waffen blieben die Beschränkungen ungeachtet der zwischenzeitlich komplexen

Beziehungen zwischen Frankreich und den USA erhalten. Die westdeutsche Nuklearrolle etablierte sich letztlich nicht über eine eigene Rüstung, sondern über die »Teilhabe« am Einsatz. Die grundgesetzlich verankerte Genehmigungspflicht für Kriegswaffen regelte ab 20. April 1961 das Kriegswaffenkontrollgesetz.

Als »Vater des Wirtschaftswunders« avancierte Ludwig Erhard zum bundesrepublikanischen Mythos. Obwohl nicht dessen alleiniger Urheber stand seine Person für die ordnungspolitische Ausrichtung auf die freie Marktwirtschaft. Dabei war es den Experten durchaus bewusst, dass die Festigung der staatlichen Grundordnung auf äußerer Sicherheit beruhte. Freilich konkurrierten die Prioritäten. Eine gelenkte Wirtschaft hätte zwar die rasche Wiederaufrüstung erleichtert, wie operationsfixierte Militärexperten möglicherweise noch denken mochten, aber der Gesamtgesellschaft war dies kaum vermittelbar: Erhards Buchtitel »Wohlstand für alle« (1957) spiegelte den Wunsch breiter Wählerschichten. Mit dem Koreakrieg verstärkten die USA und Großbritannien ihre Rüstungsproduktion; Frankreich war ohnehin in kostspielige Kolonialkriege verstrickt. Gleichsam als Ergebnis einer wirtschaftlichen Arbeitsteilung belieferte die westdeutsche Exportwirtschaft nun den zivilen Nachfragesektor Westeuropas und Nordamerikas. Dieser Korea-Boom führte zur Auslastung der deutschen Produktionskapazitäten. Zur selben Zeit – und letztlich aus demselben Grund – begannen Planung und Aufstellung der Bundeswehr.

Ein gravierendes Problem war zunächst die jeweils nur für ein Jahr festgesetzte Budgetierung im Verteidigungshaushalt. Angesichts fehlender praktischer Voraussetzungen wurden jedoch zwischen 1955 und 1957 weniger als die Hälfte der für die westdeutsche Aufrüstung vorgesehenen Gelder ausgegeben. Darüber hinaus gelang es dem Kanzler nicht, die gegenläufigen Interessen des Wirtschafts- und des Finanzressorts zugunsten der Aufrüstung zu kontrollieren. Den Vorrang ziviler Bedürfnisse bestätigte der Wahlsieg vom 15. September 1957: Neben der Politik der Westbindung und der Wiederbewaffnung stand die soziale Sicherung, insbesondere die Rentenreform, im Vordergrund. Die Kassen hierfür waren auch deswegen gefüllt, weil die Mittel für die Aufrüstung in den drei vorangegangenen Jahren nicht vollständig ausgegeben worden waren. All dies trug zur sozialpolitischen Stabilisierung bei – und zur Aufstellungskrise der Bundeswehr. Die boomende Exportwirtschaft bescherte der Bundesrepublik bald einen beträchtlichen Devisenüberschuss, der die Bündnispartner veranlasste, vermehrt bundesdeutsche Militäraufwendungen einzufordern. Hieraus erwuchsen Vereinbarungen zur Militärhilfe. Ein solches Support Cost Agreement wurde im Oktober 1958 mit dem militärisch exponierten und finanziell schwachen Großbritannien abgeschlossen: Deutsche

Rüstungsgüterlieferungen für die Insel knüpften sich an britische Stationierungszusagen auf dem Kontinent. Zur Wirtschaftsförderung wurden auch Verträge mit Frankreich und der Türkei abgeschlossen. Insbesondere die wenig zuverlässige »Türkenmunition« zeigte, dass militärische Qualitätsanforderungen hinter außenwirtschaftlichen Zielen rangierten. Mit den Vereinigten Staaten wurde am 24. Oktober 1961, kurz nach dem Mauerbau, das Offset Agreement abgeschlossen. Die durch den Export in die Bundesrepublik geflossenen US-Dollar sollten für den Kauf US-amerikanischer Raketenwaffen nach Amerika zurückfließen. Die bis 1973 vereinbarten acht Abkommen verkoppelten so die bundesdeutsche nukleare Teilhabe mit finanz- und außenhandelspolitischen Zielen. Erhard, als Wirtschaftsminister im Kabinett Adenauer noch hochgelobt, agierte als Kanzler weniger glücklich: Gegenüber US-Präsident Lyndon B. Johnson, der angesichts des Vietnamkrieges und des eigenen Handelsdefizits nach Devisenausgleich durch Aufwendungen für die in Deutschland stehenden US-Truppen drängte, bot er ein schwaches Bild. Auch dies bereitete das Ende seiner Regierung am 1. Dezember 1966 vor.

Bundesamt für Wehrtechnik und Beschaffung Ab September 1950 entstand im hessischen Bad Homburg eine Sonderabteilung für Besatzungslastenverteilung im Ressortbereich des Bundesministeriums der Finanzen. Teile davon wurden im September 1952 dem Amt Blank angegliedert und waren nach ihrer Standortverlagerung als »Außenabteilung Koblenz« für die Planung militärischer Beschaffung zuständig. Im Jahr 1956 wurde aus der Dienststelle, zusammen mit der Abteilung für Verteidigungswirtschaft, die »Abteilung XI, Rüstungsamt«. Einen Status als unmittelbar nachgeordnete Oberbehörde des Ministeriums erlangte sie ab November 1957 unter der (bis 2012) gültigen Bezeichnung »Bundesamt für Wehrtechnik und Beschaffung« (BWB). Im Gegensatz zur restlichen Wehrverwaltung war das BWB nicht regional, sondern nach Sachaufgaben gegliedert. Seine acht Abteilungen waren Bundeswehr-gemeinsam nach Gerätetypen ausgerichtet. Hinzu kamen vier querschnittliche Abteilungen für zentrale Verwaltungsaufgaben, allgemeine Technikangelegenheiten, Vertrags- und Preiswesen sowie die Güteprüfung. Das BWB war verantwortlich für die dezentrale Beschaffung von Gütern am Markt und für die zentrale Beschaffung von Wehrmaterial – von der Entwicklung über die Fertigungsvorbereitung und Erprobung bis hin zur Güteprüfung und -sicherung. Dem BWB nachgeordnet waren Erprobungsstellen, zwei Marinearsenale und Beschaffungsstellen. Die Bundeswehr-gemeinsame Gliederung verlieh dem BWB gegenüber den Anbietern eine starke Stellung als Nachfragemonopolist – auch dies in Abkehr von älteren Formen der nach Wehrmachtteilen gegliederten Kriegsrüstung. Die ineffiziente

Breitenrüstung hatte dem eine Vielzahl verschiedener Typen umfassenden Wehrmaterial der Wehrmacht einen teils skurrilen Sammelsurialcharakter verliehen. Dagegen beruhte die Überlegenheit vor allem der US-Streitkräfte auf überlegener Rüstungswirtschaft und modernen Managementmethoden. Die Operationsexperten im Amt Blank verachteten indessen den amerikanischen »Versorgungsluxus«. Auch daher rührte die Vernachlässigung der Technik- und Logistiktruppen, die sich in den Sechzigerjahren in der Bundeswehr offenbarte. Im Jahr 1972 entstand im BWB eine neue Abteilung »Projektbereich«. Die jeweiligen Projektbeauftragten arbeiteten hier gleichsam als Generalunternehmer.

Naturgemäß konnten Arbeitsprozesse bei der Beschaffung handelsüblicher, also ziviler oder zivilähnlicher (dual-use) Güter mit den in der staatlichen Materialwirtschaft gängigen übereinstimmen. Weder personell noch infrastrukturell, noch rechtlich war demgegenüber die Beschaffung oder Entwicklung spezifischer Rüstungsgüter vorgesehen. Wirtschafts- und Verteidigungsressort operierten anfangs gleichberechtigt: Der von beiden gebildete Sechserausschuss steckte seit Sommer 1955 den Rahmen der Rüstungsgüterbeschaffung ab – nicht immer mit optimalen Ergebnissen für die Truppe. Die »Verdingungsordnung für Leistungen« und die ihr nachgeordneten »Besonderen Bedingungen des Bundesministers für Verteidigung« schufen ab Mitte der Fünfzigerjahre die Grundlagen für die Ausschreibungsverfahren. Anfangs waren öffentliche Ausschreibungen die Regel. Die beschränkte Ausschreibung knüpfte sich an besondere Anforderungen an die Anbieter. Dieses Verfahren sollte, genauso wie die freihändige Vergabe, zunächst nur in begründeten Ausnahmefällen zum Tragen kommen – bis die Erfahrungen zum Umdenken zwangen (7.2 Kollmer, S. 47–65). Zudem drohten rüstungsspezifische Marktformen in ordnungspolitisch unerwünschte, teils auch strafrechtlich bewehrte Gefilde abzugleiten: Bilaterale Monopole – wie die zwischen dem Staat und einem hochspezialisierten Rüstungsunternehmen – boten Spielräume für unangemessene Profite und Nebeneinkünfte. Auch drohte die Gefahr, rechtliche und qualitative Standards sachfremd aufzuweichen, besonders dann, wenn andere Politikfelder und persönliche Interessen im Spiel waren. Medien wie der »Spiegel« begleiteten die Bundeswehr- und Bayern-freundliche Rüstungsförderungspolitik des Ministers Strauß mit ätzender Kritik. Noch der Rücktritt von Minister Stoltenberg Ende März 1992 ging auf eine umstrittene Waffenausfuhr zurück. Aus demselben Grund war im Monat zuvor sein Staatssekretär Ludwig-Holger Pfahls aus dem Amt geschieden – mit juristischem Nachspiel ab 1999.

Als Ausgleich für konventionelle Unterlegenheit gegenüber dem östlichen Bündnis und als Ausweis beanspruchter Gleichrangigkeit gegenüber dem westlichen Bündnis sollte die Bundeswehr als Qualitätsarmee aufgebaut werden. Die Entscheidung zwischen Ankauf oder Eigenentwicklung war die zwischen – gegebenenfalls kostengünstigerer – Abhängigkeit vom (westlichen) Ausland oder – risikoreichem, doch Unabhängigkeit verheißendem – Aufbau einer eigenen Industrie. Die erste Generation der Rüstungsgüter entstammte fast ausschließlich den Beständen der Verbündeten. Insbesondere auf den Feldern beanspruchter deutscher Kompetenz, also bei Fahrzeugen und Panzern, wurde die zweite Generation selbst entwickelt: von der HS-30-Panne bis zum Erfolg der Kampf- und Schützenpanzerfertigung. Für eine Fremdbeschaffung sprach die Erfahrungslücke bei nuklearfähiger Technik für Artillerie und Luftwaffe. Später entwickelten multinationale Rüstungskooperationen eine dritte Generation von Rüstungsgütern, oft auf Basis von Entwicklungen, die zum Teil von der Bundeswehr initiiert worden waren (Kollmer in 1.5). Manches des zu Anfang beschafften Materials blieb bis zum Ende der »alten Bundeswehr« in Gebrauch, so der Kampfpanzer M-48, so der »Starfighter«, beide bis 1991.

Das Geschenk der »großen Brüder«: die Erstausstattung

Ungeachtet aller Forderungen nach Qualität stand zunächst die schnelle Aufstellung im Vordergrund. Deshalb war die Bundeswehr auf Material angewiesen, dass die Verbündeten ihr überließen – und erhielt eine breit gefächerte Palette unterschiedlichen Geräts. Diese diffuse Breitenrüstung war in logistischer Hinsicht wenig effizient. Vor allem aber war das ausgesonderte Material der Alliierten meist veraltet und entsprach oft, wie die Schützenpanzer mit oben offenem Schützenraum, in keiner Weise den Vorstellungen der westdeutschen Militärplaner. Die Nutzungszeit vieler Waffensysteme endete daher schon um 1960. Den Hauptanteil der kostengünstigen oder sogar unentgeltlichen Aufrüstung trug der US-amerikanische Partner. Das 1947 gestartete Mutual Defense Assistance Program wurde in dem Regierungspapier Mutual Security Policy (MSP/1951) festgeschrieben. Auf dieser Grundlage entstand im April 1953 das nach dem stellvertretenden US-Verteidigungsminister Frank Nash benannte »Nash-Commitment«. Dieses sah eine US-Hilfe für die ersten sechs Heeresdivisionen sowie für 24 Flugzeugstaffeln vor.

Gesetzlich wurde die amerikanische Hilfe für Europa im Mutual Defense Assistance Act von 1954 verankert. Die dadurch bei der Bundesregierung geweckten hohen Erwartungen kontrastierten jedoch stark mit den US-amerikanischen Forderungen nach deutscher Eigenbeteiligung. Die von deutscher Seite detailliert erarbeitete Materialaufstellung wurde in Form von »Mangellisten« übermittelt. Diese fielen derart umfangreich aus, dass die USA erst überrascht, dann verärgert reagierten. Das vom bundesdeutschen Finanzministerium erwartete Maß an Unterstützung verursachte eine erneute transatlantische Verstimmung. Erst im Frühjahr 1956 wurde eine Einigung erzielt: Sämtliche über das Nash-Kontingent hinausgehenden US-Lieferungen mussten bezahlt werden – zu immer noch günstigen Konditionen. Am 15. Mai 1956 nahm Heusinger in Bremerhaven die erste Waffenlieferung feierlich entgegen. Für die Abwicklung der US-Hilfeleistungen wurde die Military Assistance Advisory Group (MAAG) geschaffen. Über die Materialübernahmeorganisation der Teilstreitkräfte gelangte das Gerät an die Truppe. Dabei wurde das Material entweder aus US-Depots verschifft oder direkt von den US-Stationierungskräften in Deutschland übergeben. Insgesamt erhielt die Bundeswehr unter anderem rund 55 000 Handwaffen, 1110 Kampfpanzer, etwa 300 Schützenpanzer und 350 Geschütze; ferner 450 Jagdbomber und 108 Aufklärungsflugzeuge.

Trotz des rasanten Technologiewandels um 1960 blieb im (Feld-) Heer die Masse der Waffensysteme von der Anfangszeit bis 1970 im Dienst: so der ab 1956 eingeführte Kampfpanzer M47 und dessen schon 1958 beschafftes Nachfolgemodell M48. Der Aufklärungspanzer M41 war von 1956 bis 1968, der »Schützenpanzer Kurz« der französischen Firma Hotchkiss von 1959 bis 1985 bei der Panzeraufklärungstruppe im Einsatz. Die aus deutscher Sicht wichtige Heeresflugabwehrtruppe nutzte bis 1962 die Panzerflak M16. Deren Nachfolger, der Flugabwehrpanzer M42 aus US-amerikanischer Produktion, blieb trotz des wetter- und ABC-Abwehr-ungeeigneten offenen Turms von 1956 bis 1980 in der Truppe. Solch lange Nutzungsdauern verweisen auf langwierige Entwicklungsprozesse bei den Nachfolgemodellen. Namentlich dem spezifisch deutschen Konzept der Panzergrenadiertruppe fehlten geeignete Panzer. Die Bren Carrier und M39 mit offenem Schützenraum waren nur bis 1958 beziehungsweise 1960 in Gebrauch. Beide entsprachen weder den aus der Kriegserfahrung resultierenden Anforderungen, noch denen, die der Kampf auf dem nuklearen Gefechtsfeld erwarten ließ. Auch die ersten Panzerhaubitzen blieben nur bis zu Ende der Sechzigerjahre in der Truppe.

Ihre ersten Schiffe erhielt die Bundesmarine ebenfalls von den Alliierten: Die sechs als Z1 bis Z6 übernommenen Weltkriegs-Zerstörer der amerikanischen Fletcher-Klasse fuhren teilweise bis 1982. Die Schnell- und Minensuchboote der Bundesmarine stammten noch aus dem Krieg, aber aus deutscher Produktion: Die 20 Räumboote der Wega-Klasse, deren erstes 1929 erbaut worden war, waren bis Anfang der Sechzigerjahre in Betrieb. Von den ab 1958 beschafften und bis 1990/92 im Dienst befindlichen »Schnellen Minensuchboote« der Schütze-Klasse (340/341) wurden in deutschen Werften 30 Stück gebaut. Wie diese mit Holzrumpf gefertigt, gingen die Schnellboote der Silbermöwe-Klasse vom Seegrenzschutz in die Bundeswehr über. Bis 1966 liefen daneben zwei 1954 bestellte Kleinst-U-Boote der Klasse 202 im Probebetrieb; ebenso ein Weltkriegs-U-Boot der Klasse XXI und zwei weitere der Klasse XXIII als »Hecht« und »Hai«. Letzteres ging am 14. September 1966 vor Helgoland mit der gesamten Besatzung unter – bis auf einen Mann.

Besonders für die Luftwaffe war die technische »Amerikanisierung« prägend. Zu vormaligen US-Maschinen kamen rund 300 in Kanada beschaffte Jagdflugzeuge. Als Leihgaben und kostenlose Überlassungen übernahm die Luftwaffe ab 1956 450 Jagdbomber vom Typ F-84F »Thunderstreak« (USA), 108 Kampfflugzeuge von dessen Aufklärungsvariante RF-84 »Thunderflash« (USA), 75 Jagdflieger vom Typ »Sabre 5« (Kanada) sowie 20 Transportflugzeuge C-47 »Dakota« (USA). Aus kanadischer und italienischer Produktion stammten rund 300 Jagdflugzeuge vom Typ F-86F »Sabre«. Ferner wurden die Lizenzen zum Bau von 175 Transportflugzeugen »Noratlas« aus französischer Entwicklung erworben. Das Heer verfügte über Luftfahrzeuge aus US-amerikanischer Produktion wie den leichten Hubschrauber Sikorsky H-34 und die »fliegende Banane« Vertol H-21 als mittleren Transporthubschrauber (beide von 1959 bis 1973). Der leichte Verbindungshubschrauber »Alouette II« aus französischer Produktion flog von 1959 bis zur Jahrtausendwende. Die Stärke der bundesdeutschen Industrie, zivil nutzbare Modelle für militärische Zwecke zu fertigen, demonstrierte das erste in Großserie produzierte deutsche Flugzeug: Die Propellermaschine Dornier Do 27 diente von 1957 bis 1975 als Verbindungsflieger für Heer und Luftwaffe.

Die Automobilindustrie als bundesdeutscher Leitsektor belieferte das Militär mit seiner ersten Fahrzeuggeneration. Sie blieb deutlich länger in Gebrauch als die meisten schweren Waffensysteme. Die 25 000 von der Ingolstädter Auto Union als Militärversion des Geländewagens »Munga« gefertigten »Lkw 0,25 t« prägten das Aussehen der Bundeswehr von 1956 bis 1980 genauso wie die in gleicher Stückzahl produzierten 1,5-Tonnen-»Unimogs« von Daimler-Benz (1956–1994) und die 5-Tonner von MAN (1958 bis um 1990). Jeweils 6000 bis 8000 Fahrzeuge beschaffte die Bundeswehr von den 3-Tonnen-Kleinlastwagen von Ford (1959–1975), den Fünftonnern von Daimler-Benz (1958–1988) und den Siebentonnern von Magirius-Deutz »Jupiter« (1960–1967). In etwas geringerer Stückzahl bestellte die Bundeswehr Last-, Kleinkraftwagen und Spezialfahrzeuge. Dazu zählten auch handelsübliche Pkw vom VW »Käfer« bis zum VW-Achtsitzer »Bulli«.

Selbstbeschaffung und der Pferdefuß der Technik

Parallel zur Erstbeschaffung wurden in der Ära Strauß erste eigene Rüstungsgüter der Bundeswehr als zweite Generation entwickelt. Sowohl die technische Zuverlässigkeit als auch die taktische Einsatztauglichkeit litt anfangs an unausgewogenen Administrations- und Kooperationsverfahren. Daher währte die Einsatzdauer des Schützenpanzers HS 30 als einer der ersten Eigenentwicklungen, kaum mehr als ein Jahrzehnt. Eine zweite beschaffungsbedingte Krise knüpfte sich an den Hochleistungsjet F-104G »Starfighter«. Gleichwohl etablierten sich in Auswertung dieser Pannen geeignete Verfahren zur Einführung ausgereifter Rüstungsgüter: des Kampfpanzers »Leopard 1« ab 1965 und des Schützenpanzers »Marder« fünf Jahre später. Beide galten als leistungsfähigste Typen ihrer Zeit und verkörperten die Vorstellung des deutschen Heeres vom Gefecht der verbundenen Waffen. Dagegen mussten Luftwaffe und Marine dem Technologiesprung Rechnung tragen: Dieser ergab sich zunächst durch die Entwicklung von Lenkflugkörpern, dann durch elektronische Führungssysteme. Auf eigenständige bundesdeutsche Entwicklungen stützten sich die Experimente mit Senkrechtstartern während der Sechzigerjahre. Diese erreichten zwar nicht die Serienreife, vermittelten aber einen Erfahrungszuwachs, von dem die folgenden, meist multinationalen Entwicklungen der dritten Generation von Rüstungsgütern ab den Siebzigerjahren profitierten.

Panzer Bereits in den zähen Verhandlungen zur EVG war eine Panzergrenadiertruppe als spezifisch deutsches Anliegen formuliert worden. Allerdings existierte noch kein dafür geeignetes Fahrzeug. Da die gelieferten amerikanischen oder britischen Schützenpanzer den deutschen Ansprüchen nicht genügten und das französische Modell AMX 13 als zu teuer erschien, drängten die deutschen Heeresplaner auf eine Neuentwicklung. Hierfür bot sich im November 1954 die Schweizer Firma Hispano Suiza an, die aber weder Erfahrungen im Panzerbau noch eigene Produktionsstätten besaß. Wie auch andere Rüstungsfirmen nutzte das Unternehmen den Druck, unter dem die im Aufbau befindliche Bundeswehr stand, aus. Da die Anfang 1956 erneuerten Angebote scheinbar exakt den deutschen Vorstellungen entsprachen, wurde bis Mai 1958 eine Serie von Verträgen mit einem Lieferumfang von insgesamt 10 680 Fahrzeugen geschlossen. Dabei war nicht nur der Preis höher als anfangs vereinbart (was aber keine Ausnahme bleiben sollte), sondern es fehlte jede Grundlage hinsichtlich der Qualitätsprüfung: Sämtliche Entscheidungen waren lediglich anhand von Holzmodellen und einiger Prototypen getroffen worden; aus Zeitgründen war eine taktisch-technische Erprobung unterblieben. Im Juli 1956 genehmigte der Bundestag das Vorhaben. Dieses Panzerkonzept befürworteten im Sommer 1958 auch externe Gutachter, die sich freilich später als Nutznießer der Herstellung entpuppten. Gleichzeitig wurde der Beschaffungsumfang infolge der durch Strauß drastisch verschobenen Aufrüstungsprioritäten auf zunächst ein Zehntel reduziert. Während die deutschen Fertigungsstätten Hanomag und Henschel den Nachfrageausfall verkrafteten und ihre Erfahrungen im Panzerbau auffrischten, gingen Hispano Suiza und die britischen Produktionsunternehmen in Konkurs. Letztlich wurden nur rund 2000 HS 30 beschafft. Die letzten fuhren bis 1980: teurer als geplant, behaftet mit technischen Mängeln und taktisch suboptimal – das Absitzen war nur mit der legendären HS-30-Rolle über die Bordwand möglich.

Aus dem HS-30-Fiasko wurden unterschiedliche Schlüsse gezogen: Erstens erfolgte bald eine technisch anspruchslose Fremdbeschaffung. Ab 1961 führte das Heer den Mannschaftstransportwagen M 113 ein: als Fahrzeug für die Panzergrenadier- und Jägertruppe sowie als Universalfahrzeug, das als Gefechtsstands- und Sanitätsfahrzeug sowie als Plattform für die aufklärende Artillerie diente. Zwar war der anfangs mit Lenkbremse statt Steuerrad ausgestattete M 113 kein Ausweis von Spitzentechnologie und mit seiner leichten Aluminiumpanzerung streng genommen auch kein Schützenpanzer. Doch aufgrund seiner Vielseitigkeit wurden insgesamt 4000 Stück beschafft – bei Nutzung einiger Exemplare bis in die Gegenwart (2015). Zweitens wurde die Plattform des HS 30 technisch fortentwickelt. Hier kam das deutsche Rüstungskonsortium von Ruhrstahl-Hanomag und Henschel zum Zug. Ab Anfang der Sechzigerjahre stattete dieses die für das deutsche Heer wichtige Waffengattung der Panzerjäger aus. Neben dem Kanonenjagdpanzer (1966–1992) und dem Raketenjagdpanzer (1967–1982) existierten verschiedene Ausführungen, etwa als Beobachtungspanzer. Drittens begann, ebenfalls durch Ruhrstahl/Henschel, schon ab Juni 1960 die Entwicklung eines völlig neuen Schützenpanzers. Unter Berücksichtigung umfangreicher Erprobungsergebnisse entstand hieraus der ab 1967/68 produzierte und ab Ende 1970 in die Truppe eingeführte »Marder«. Dieser modernste Schützenpanzer seiner Zeit entsprach nun vollkommen dem deutschen Heeresdenken.

Bereits Mitte 1965 war die andere Kernkomponente des Heeres erfolgreich entwickelt worden. Im Mai 1959 waren zwei deutsche Firmenkonsortien mit der Konstruktion eines mittleren Kampfpanzers beauftragt worden. Dabei kam ein »Rezeptsystem« zum Tragen, nach dem die Baugruppen durch den jeweils qualifiziertesten Hersteller ausgearbeitet wurden. Aus der parallelen Entwicklung zweier Prototypen für den geplanten Standardpanzer stellte die Arbeitsgruppe A (Porsche, MaK) 1960/61 ein Modell vor, das ab September 1965 als »Leopard 1« in Serienfertigung ging. Von ihm beschaffte die Bundeswehr rund 2500

Stück, die teils bis 2003 im Dienst blieben. Zudem trug die Rüstungsentwicklung mit der Schaffung von Panzerfamilien auf gemeinsamer Plattform der Forderung nach verschiedenen Panzertypen Rechnung. Zur »Leopard«-Familie gehörten der Bergepanzer »Standard« (100 Stück, Einführung 1965), der Brückenlegepanzer »Biber« (100 Stück, Einführung 1973) sowie der Flakpanzer »Gepard« (432 Stück, Einführung 1976). Auf einem »Marder«-Fahrgestell basierten die ab 1981 eingeführten 143 Flugabwehrraketenpanzer »Roland«. Für den Transport von Panzern über längere Strecken mussten spezielle Schwerlasttransporter entwickelt werden. Aus einer deutsch-amerikanischen Kooperation, die später beendet wurde, entstand der Schwerlasttransporter »Elefant« für den »Leopard 1«. Aus der Arbeit der Arbeitsgruppe B (Henschel/Rheinstahl-Hanomag) an einem moderneren, doch komplexeren Prototypen in den frühen Sechzigerjahren ging ab Mai 1964 das deutsch-amerikanische Kooperationsvorhaben für einen »Kampfpanzer 70« hervor. Obwohl auch diese Zusammenarbeit 1971 endete, resultierte aus ihr die Entwicklung des Kampfpanzers »Leopard 2«, der 1979 Eingang in die Truppe fand (Kollmer in 1.29). Nachdem die Bündnispartner der Bundeswehr anfangs die umfangreiche Breitenrüstung ermöglicht hatten, erfolgte die Rüstungsgüterbeschaffung des Heeres auf zwei Wegen: Bei geringer Priorisierung und hoher Dringlichkeit an NATO-Standardisierung blieb es bei Fremdbeschaffung, die zwar den Verzicht auf Technologieführerschaft bedeutete, aber eine einfache Beschaffung gewährleistete. Für die Hauptwaffensysteme entwickelten Bundeswehr und Industrie dagegen Verfahren einer Tiefenrüstung. Die beim zivilen Fahrzeugbau angestrebte Technologieführerschaft wirkte hier weiter: Westdeutsche Panzerfahrzeuge entsprachen sowohl dem Heeresdenken als auch den Fähigkeiten der Industrie; beides eignete sich für den Export deutscher Waffensysteme und taktischer Vorstellungen.

Nukleare Teilhabe Im Sinne der Rechtsformel »clausula rebus sic stantibus«, die auf veränderte Umstände gegenüber der Vertragsgrundlage rekurriert, revidierte Adenauer 1957 die kurz zuvor eingegangenen WEU-Bestimmungen und beanspruchte für die Bundeswehr eine nukleare Rolle. Die von Strauß offensiv aufgegriffene Idee führte beim politischen Gegner und in der Öffentlichkeit zu heftiger Kritik. Gleichzeitig wurden Möglichkeiten für multinationale Rüstungskooperationen sondiert. Angesichts der seit 1955 bestehenden nuklearen Kooperation zwischen den USA und Großbritannien, die eine Verpflichtung zur Nichtverbreitung beinhaltete, erfolgten Gespräche mit Frankreich. Diese mündeten am 17. Januar 1957 in einem Protokoll über die waffentechnische Zusammenarbeit in Colomb-Béchar in (noch) Französisch-Algerien. Am 16. November 1957 schlossen beide Staaten zusammen mit Italien eine trilaterale Vereinbarung. Die Umsetzung des im Folgejahr abgeschlossenen Vertrages wurde jedoch durch den Amtsantritt Charles de Gaulles als Staatschef in Frankreich im Juni 1958 verhindert. Seine Politik, das Eigengewicht Frankreichs an eine selbstständige Nuklearstrategie zu koppeln, ließ die Bundesrepublik wieder vermehrt Anlehnung an die USA suchen. Noch in die Regierungszeit Kennedys fallende Überlegungen, eine multilaterale Atomstreitmacht aufzustellen (Multilateral Force, MLF) führten zum Experiment eines seegestützten Verbandes mit multinationaler Besatzung. Die nach zwischenzeitlichen Plänen aus zwei bis drei Dutzend Schiffen bestehende und mit »Polaris«-Raketen bestückte Streitmacht hätte die Bundesmarine zum Bestandteil der nuklearen NATO-Zweitschlagskapazität gemacht. Dieses Projekt scheiterte im Folgejahr und wurde im Januar 1966 von der Bundesregierung politisch gänzlich ad acta gelegt. Eine bundesdeutsche Nuklearrüstung unterblieb – im Gegensatz zur um 1960 begonnenen Aufstellung nuklearfähiger Verbände der Bundeswehr.

Artillerie, Raketen, Flugkörper Die Priorisierung der Panzerentwicklung legte bei der Heeresartillerie eine Fremdbeschaffung nahe. Dafür sprach auch die amerikanische Entwicklung Artillerie-geeigneter Nuklearsprengköpfe und die Devisenproblematik. Die Heeresartillerie verfügte ab 1958 (bis 1980) über Kurzstreckenraketen vom Typ »Honest John«, die bei einer Reichweite von 41 (später 48) Kilometern Gefechtsköpfe zwischen fünf und fünfzig Kilotonnen ins Ziel bringen konnten. Der größere Raketentyp »Sergeant« besaß eine Reichweite bis 140 Kilometer und befand sich von 1962 bis 1978 bei der deutschen Korpsartillerie, bis er 1973/76 (bis 1993) vom Typ »Lance« abgelöst wurde. Bei einer Reichweite bis 130 Kilometer konnte dieser Sprengkopf zwischen einer und hundert Kilotonnen tragen. Freilich wurde bei diesen Raketen die konventionelle Rolle in den öffentlichen Verlautbarungen – zumal ab Ende der Sechzigerjahre – betont. Dies galt auch für die schwere Haubitze auf Selbstfahrlafette M107, die von 1964 bis 1984 im Dienst der Korpsartillerie stand. Als Standard-Haubitze der NATO-Staaten prägte ab 1964 die Panzerhaubitze M109 das Aussehen der Brigadeartillerie des Heeres. Dieses Mitte der Fünfzigerjahre entwickelte Waffensystem zeigte die Tragweite der frühen Entscheidungen: Nach mehreren Kampfwertsteigerungen blieb es bis 2007 in der Truppe.

Zunächst stand es keineswegs fest, dass die Hauptwaffensysteme der bundesdeutschen Luftwaffe dauerhaft bemannt bleiben würden. Im Rahmen der Nuklearstrategie wurde um 1960 darüber nachgedacht, Flugzeuge durch »Flugkörper«, also Raketen zu ersetzen. Über diese Frage entbrannte unter Luftwaffenplanern zeitweilig ein »Jägerstreit«. Schon 1956 erhob Luftwaffeninspekteur Kammhuber Anspruch auf

100 Mittelstreckenraketen. Nach der Erprobung amerikanischer Marschflugkörpertypen in Kaufbeuren erfolgte dort die Einführung der »Pershing 1« mit einer Reichweite von 750 Kilometern. Während sie in den US-Streitkräften zur Raketenartillerie der US Army, also des Heeres gehörte, sollte sie bei der bundesdeutschen Luftwaffe den »Starfighter« unterstützen. Zwischen 1960 und 1962 wurden zwei Flugkörpergeschwader ausgebildet und aufgestellt, die um 1970 die verbesserte Version »1A« erhielten. Während beim nuklearen Strike-Auftrag weiterhin der bemannte schwere Jagdbomber dominierte, stützte sich die Luftverteidigung neben den beiden Jagdgeschwadern auf Flugabwehrraketen (FlaRak). Ab 1959 (bis 1989) wurden zu diesem Zweck die nuklearfähigen FlaRak-Systeme vom Typ »Nike« aufgestellt. Neben Flugzielen in großer Höhe waren sie auch zum Boden-Boden-Einsatz geeignet. Für den weiter ostwärts aufzubauenden ersten Luftverteidigungsgürtel wurde die Luftwaffe ab 1963 (bis 2005) mit der Flugabwehrrakete »Hawk« ausgerüstet. All diese Systeme stammten aus US-amerikanischer Produktion.

Strahlflugzeuge Während das Heer sein Panzerkonzept ab 1958 um eine nukleare Rolle erweiterte, strebte die Luftwaffe seit dem Beginn ihres Aufbaus nach nuklearfähiger Spitzentechnologie. Anfangs suchte sie nach einem Hochleistungsflugzeug mit hoher Beschleunigung und Steigleistung – als Abfangjäger gegen hochfliegende feindliche Bomber im schmalen deutschen Luftraum. Diesen Anforderungen entsprach die als Tag-Abfangjäger konzipierte Lockheed F-104G »Starfighter« mit ihrem Design als »fliegende Rakete«. Eine deutsche Luftwaffendelegation, die Anfang 1957 in die USA entsandt worden war, schlug zwar mehrere Alternativen vor, verhehlte aber nicht ihre Begeisterung für den »Starfighter«. Nach einigen Testflügen genehmigte der Bundestags-Haushaltsausschuss im November 1958 dessen Anschaffung. Zeitgleich wurde aber auch die Beschaffung der französischen »Mirage III« erwogen. Dies passte zwar zu Plänen für ein politisches deutsch-französisches Führungsduo, doch nicht zu den Vorstellungen der deutschen Luftwaffenführung. Der zwischenzeitlich in Betracht gezogene parallele Kauf mehrerer weiterer Flugzeugtypen wurde aus finanziellen Gründen verworfen. Vorhersehbarerweise fehlte der Bundesluftwaffe die kritische Größe, um – taktisch optimal – die verschiedenen Einsatzarten mit einem jeweils passenden Flugzeugtyp abzudecken. Die deutsche F-104G geriet so zum Allzweckflugzeug. Entsprechend der 1957 neu gefassten NATO-Strategie wurde sie insbesondere für den nuklearen Strike-Auftrag vorgesehen – mit Ausnahme ihrer dann hinzutretenden Funktionen als Jagd-, Aufklärungs- oder Erdkampfflugzeug. Von den insgesamt 916 beschafften Maschinen stammten 96 direkt vom amerikanischen Hersteller

Lockheed, alle weiteren wurden in Lizenz in Europa gefertigt. Die erste deutsche F-104G flog im August 1961. Der Ausbau zur Mehrzweckwaffe und die erforderliche technische Anpassung an die europäischen Wetterbedingungen, etwa durch zusätzliche Navigationselektronik, bereitete erhebliche technische Herausforderung. Entsprechend komplex waren die Ursachen der »Starfighter«-Krise. Die zumal in der Anfangszeit hohe Unfallhäufigkeit gründete nicht zuletzt auf einer hohen Risikobereitschaft beim Fliegen, die bereits bei älteren Strahlflugzeugmustern zu beobachten war. Bezogen auf die gesamte Nutzungsdauer von 1960/61 bis 1991 war die Unfallrate der F-104G mit drei Prozent pro 10 000 Flugstunden weit geringer als beim Vorgängermuster F-84 »Thunderstreak« mit rund 5,8 Prozent. Somit lagen die anfänglich sehr hohen Unfallzahlen der F-104G »nur« im Durchschnitt: Schon im ersten Beschaffungsjahr 1961 ereigneten sich zwei Abstürze. Am 19. Juni 1962, dem Tag vor der feierlichen (Wieder)Indienststellung des ersten »Starfighter«-Verbandes der Bundeswehr in Nörvenich, rammten sich vor den Augen Kammhubers vier Maschinen im Formationsflug in den Boden. Nachdem 1964 zehn und 1965 sogar 26 F-104G abgestürzt waren, eskalierte die »Starfighter«-Krise im Sommer 1966, in dessen Verlauf 22 Maschinen abstürzten. Durch eine Serie von Presseartikeln wurde das Diktum vom »fliegenden Sarg«, vom »Erdnagel« oder vom »Witwenmacher« geprägt. In einem »Spiegel«-Interview lavierte sich der zuständige Referatsleiter im Führungsstab der Luftwaffe, Walter Krupinski, mit ehrlichen und direkten Statements an die Grenze zur Illoyalität gegenüber der zivilen Bundeswehr-Beschaffungsorganisation und der politischen Leitung. Der Inspekteur der Luftwaffe, Werner Panitzki, der schon vorher die Verbesserung der technischen Organisation eingefordert hatte, nun aber als Verantwortlicher dastand, kritisierte die Beschaffung als »rein politische Entscheidung« – und verlor das Vertrauen des Ministers (10.1 »Spiegel« Nr. 5, 7, 36 und 37/1966). Kurze Zeit später wurde er auf eigenen Wunsch entlassen. Trotz längerfristiger Veränderungen knüpfte sich die Modernisierung der Luftwaffe symbolträchtig an den Amtsantritt Steinhoffs, der sich weitgehende Gestaltungsvollmachten ausbedungen und auch erhalten hatte. Die Serie der »Starfighter«-Abstürze sank ab 1967 auf unter 20 pro Jahr. Der letzte Absturz einer deutschen F-104G erfolgte am 26. April 1989. Die deutsche Luftwaffe verlor insgesamt 297 Maschinen. Dabei starben 108 Piloten (1.31 Lemke, S. 321–379; Möllers in 5.3 ; Zimmermann in 5.3). Im Hintergrund der Krise wirkten technische, organisatorische und gesellschaftliche Veränderungsprozesse – hin zur Abkehr von Wahrnehmungs- und Einsatzmustern aus der Hochphase des Kalten Krieges.

Die Rekonventionalisierung infolge des Strategiewechsels erforderte ab Ende der Sechzigerjahre, die F-104G technisch so zu modifizieren, dass sie auch den konventionellen Attack-Auftrag als schwerer Jagdbomber erfüllen konnte. Zudem beschaffte die Bundeswehr ab 1971 die in den Fünfzigerjahren entwickelte »Phantom II« als Aufklärer (RF-4E, insgesamt 108 Stück) und als Jagdflugzeug mit zusätzlicher Eignung zur Attack-Rolle (F-4F, insgesamt 175 Stück). Obwohl zunächst Übergangslösung, blieb sie bis 2013 im Dienst der Bundeswehr. Weniger spektakulär, doch mit ähnlichen Problemen behaftet, verlief die Beschaffung der ersten Generation leichter Jagdbomber vom Typ Fiat G-91. Die insgesamt 460 Flugzeuge wurden, nicht zuletzt zur Unterstützung der italienischen Luftfahrtindustrie, in deutscher Lizenz gefertigt. Auch hier waren technische Probleme zu bewältigen, um die aufwendige Elektronik mit den Anforderungen an Zuladung und Bewaffnung zu vereinen.

Die für die fliegenden Verbände erforderlichen langen Rollbahnen waren durch gegnerische Handlungen gefährdet. Daher wurden bis Ende der Sechzigerjahre Versuche mit Flugzeugen mit Kurzstarteigenschaften oder Senkrechtstartern durchgeführt. Die Erprobungen zum V/STOL-Konzept (Vertical/Short Take-off and Landing) begannen mit dem Testflugzeug Do 29 (1958–1964). Sie wurden mit dem schweren Vertikaljäger VJ-101 (1962–1971), dem Kampfzonentransporter Do 31 (1964–1970) und dem leichten Aufklärungs- und Kampfflugzeug VAK 191B (1963–1975) fortgesetzt. Obwohl diese bundesdeutschen Versuche nicht zur Serienreife führten, konnten die aus ihnen gewonnenen Erfahrungen in folgende multinationale Vorhaben eingebracht werden, etwa in die deutsch-französische Entwicklung der C-160 »Transall« (Einführung 1968) und des »Alpha Jets« (Einführung 1979) oder das deutsch-britisch-italienische Projekt »Tornado/MRCA« (Einführung 1980).

Marinerüstung Auch an von schwimmenden Plattformen aus einsetzbaren Waffensystemen wurde intensiv gearbeitet. Dies galt insbesondere für Flugkörper (Schiff-Schiff wie Schiff-Luft), die in den Sechzigerjahren die Neuentwicklung computergestützter Führungs- und Einsatzsysteme erforderlich machten. Auch in der Marine wurde darüber diskutiert, ob Eigenentwicklungen oder der Ankauf bewährter US-Technik mit dem Nebenziel des Devisenabflusses zu favorisieren sei. Um 1962/63 entspann sich zwischen dem Inspekteur der Marine und dem Abteilungsleiter T (Technik) eine Kontroverse darüber, ob bei der Flugkörperbewaffnung größere (Zerstörer) oder kleinere (Schnellboote) Einheiten zu priorisieren seien. Dies betraf auch die Erfordernis, Führungsmittel für den Einsatz oder die Abwehr von Waffen im Überschallbereich zu entwickeln. An diese Problematik knüpfte sich die Frage, ob die Führung von einem maritimen landbasierten Hauptquartier aus oder von den seegehenden Einheiten selbst übernommen werden solle. Die durch Minister von Hassel getroffene Entscheidung zur Beschaffung amerikanischer Lenkwaffenzerstörer, der späteren Lütjens-Klasse, vertrat die Auffassung der Marineführung: Die Zerstörer sollten mit dem »Tartar«-Flugkörper (später »Standard«) sowie einem elektronischen Führungssystem ausgestattet sein. Ab Mitte der Sechzigerjahre veranlasste die Marine den Test eines computergestützten Führungs- und Waffeneinsatzsystems (FüWES). Auch hier kam es zu Reibungsverlusten zwischen der Bedarfsträgerin Marine und den Bundeswehrbeschaffungsinstanzen. Ein 1963 initiiertes deutsch-französisches Kooperationsexperiment zur gemeinsamen Systementwicklung scheiterte. Ab 1970 wurden die Planungen, Lenkwaffenzerstörer in der Ostsee einzusetzen, verworfen. Zwar waren diese eigens dafür beschafft worden, konnten nun aber als Teil der NATO-Escort-Navy im Atlantik fahren. Dies entsprach ganz dem Streben der bundesdeutschen Marine. In der Ostsee musste das technische und taktische Zusammenwirken des neu eingeführten »Starfighter« der Marineflieger und der Schnell- und U-Boote aufeinander abgestimmt werden. Bei der Seeüberwachung und U-Boot-Bekämpfung ersetzte das französische Flugzeugmuster »Bréguet 1150 Atlantique« ab 1963 (bis 2010) den britischen Typ »Fairy Gannet«. Für die Flugkörper-Schnellboote der Klasse 143 wurde mit dem FüWES AGIS ein Führungssystem entwickelt, das ab 1976 einen vollautomatisierten Datenaustausch erlaubte. Bedenken bestanden lange Zeit hinsichtlich der Einführung eines entsprechenden Systems für U-Boote. Anfang der Achtzigerjahre verfügte die Bundesmarine mit »Link 11« über das neben dem der U.S. Navy modernste Führungssystem. Ein Problem blieb die mangelnde Interoperabilität zu anderen westlichen Marinen – und erst recht zu den landbasierten Teilstreitkräften (Hess in 1.5).

Bereits 1955 bis 1957 wurde ein neues Schiffbauprogramm aufgelegt, um die seit dem Krieg fast ununterbrochen im Einsatz befindlichen Einheiten ersetzen zu können. Zwei Jahre später folgte ein zweites Schiffbauprogramm. Die Weltkriegsboote der Minenstreitkräfte wurden zunächst durch Binnenminensuchboote der Ariadne-Klasse (1961 bis 1992), dann durch die dritte Generation der Frauenlob-Klasse (1966 bis um 2000) abgelöst. Zwischen 1958 und 1960 wurden die zwölf Minenjagdboote der Lindau-Klasse in Dienst gestellt. Ab 1981 rüstete man einige von ihnen zu Hohlstablenkbooten zum Minenräumen um, bis sie ab 1990 durch Minenabwehrfahrzeuge ersetzt wurden, die je nach Aufgabenstellung modifiziert werden konnten. Die Konzeption für diese Plattformlösung stammte aus den Achtzigerjahren, Beispiele sind die Minensuchboote der Ensdorf-Klasse (352) und die Schnellen Minensuchboote der Hameln-Klasse (343). Die Fähigkeit zum Minenlegen wurde ab 1990 abgebaut, sodass die Boote der Kulmbach-Klasse (333) und der Frankenthal-Klasse (332) zu Minenjagdbooten umgebaut wurden. Nachfolger der Weltkriegsboote waren 20 Torpedo-Schnellboote der Jaguar-Klasse (140); sie waren weitgehend baugleich mit der Seeadler-Klasse, von der zehn Stück hergestellt wurden (1957/58 bis 1975/76). Zudem lief Anfang der Sechzigerjahre ein Probebetrieb von je zwei Schnellbooten aus norwegischer und britischer Produktion. Ab 1970 wurden die Torpedo-Schnellboote der Zobel-Klasse (142) zu Lenkwaffen-Schnellbooten (Klasse 142 A) umgerüstet. Ab 1972 wurden noch 20 Boote der Tiger-Klasse (148) beschafft (bis um 2000). Ferner befanden sich je 10 Flugkörper-Schnellboote der Albatros- (1976 bis 2005) und der Gepard-Klasse (seit 1982/84) im Dienst der Bundesmarine. An Flottendienstbooten zur U-Boot-Jagd und zu Aufklärungszwecken bestanden zwischen 1962 und 1992 fünf Einheiten der Thetis-Klasse (420). Der erste bundesdeutsche U-Boot-Neubau lief im März 1962 als U 1 vom Stapel. Während der Produktion dieser Klasse 201 war eine »Stahlkrise« zu bewältigen: Erst die Boote U 9 bis U 12 der Klasse 205 »mod« konnten aus nicht-magnetisierbarem, also vom Gegner schwer zu ortendem Material gefertigt werden. Ihr Einsatz erfolgte ab 1966/67. Anschließend wurden die 18 Boote der U-13-Klasse (oder 206) gebaut, die ab 1973 in Dienst gestellt wurden. Von 1987 bis 1990 erfolgte der Umbau zur Klasse 206 A, worauf sie bis um das Jahr 2000 im Einsatz blieben. Als Spezialeinheit zur technischen Informationsbeschaffung diente das kleine Aufklärungs-U-Boot »Narwal« der Bergung untergegangener Flugkörper der Warschauer-Pakt-Marinen; in den Siebzigerjahren konzipiert, erfolgte sein Stapellauf aber erst im September 1990. Als hochseetaugliche Schiffe wurden die Fregatten der Köln-Klasse (F 120) in Hamburg gebaut, die von 1961/64 bis 1982/89 für die Marine fuhren. Ihnen folgten ab 1982 Mehrzweckfregatten der Bremen-Klasse (F 122). Mit dem für diese seit den Achtzigerjahren geplanten Ersatz konnte erst ab 1992 in Hamburg begonnen werden – nun, und vom Namen kaum vorhersehbar, als Brandenburg-Klasse (F 123). Die vier Zerstörer der Hamburg-Klasse, von denen ursprünglich zwölf geplant waren, wurden in der gleichnamigen Elbstadt gefertigt und zwischen 1964 bis 1968 in Dienst gestellt. Sie wurden zu Trägern von Lenkflugkörpern umgerüstet, während die nächste Generation als Lenkwaffenzerstörer wieder aus US-Produktion stammte. Die drei Einheiten der Lütjens-Klasse wurden ab 1969 (bis 1998/2003) unter den Traditionsnamen »Lütjens«, »Mölders« und »Rommel« in Dienst gestellt.

Dritte Generation Die dritte Rüstungsgeneration der Bundeswehr entwickelte sich zumeist in Form multinationaler Gemeinschaftsprojekte. Sie begann ab den Sechzigerjahren und verstärkte sich in den beiden Jahrzehnten darauf. Ein stetes Problem blieben die Entwicklungsaufwendungen: Als hohe Fixkosten machten sie sich besonders bei geringer Serienstückzahl bemerkbar. Um die Entwicklungskosten auf mehrere Partnerländer zu verteilen, entstanden Rüstungskooperationen. Den intendierten Effizienzgewinnen standen dabei bisweilen immense Koordinationskosten gegenüber: Daran scheiterten ein deutsch-französisches Projekt und später mehrere deutsch-amerikanische Vorhaben. Gleichwohl resultierten daraus Ergebnisse für die Produktion des »Leopard 1« (und des französischen Kampfpanzers AMX 30) und dann des »Leopard 2« (und des amerikanischen »M1 Abrams«). Der »Leopard« wurde zum Exportschlager: Aus der Familie des »Leopard 1« wurden zwischen 1965 und 1979 insgesamt 6500 Panzer hergestellt. Entsprechend dem Baugruppenkonzept wurde der »Leopard 1« mit einer britischen Kanone ausgestattet, was neben dem Devisenausgleich der NATO-Standardisierung zugutekam. Projekte wie das trinationale Multi Role Combat Aircraft (MRCA) dauerten lange und waren teuer: Der »Tornado« wurde seit 1969 entwickelt, 1974 erstmals getestet und 1980 in die Truppe eingeführt. Ähnlich verhielt es sich mit dem »Jäger 90«. Dessen Entwicklung begann zwar bereits 1986 und der Erstflug erfolgte 1994. Doch begann seine Indienststellung als »Eurofighter Typhoon« erst im Jahr 2006. Langjährige multinationale Rüstungsprojekte verbanden sich mit deutsch-französischen Unternehmungen: vom Kooperationsabkommen 1963 über die Entwicklung der Panzerabwehrraketensysteme »Milan« (1977) und HOT (1979) bis zum Flugabwehrraketensystem »Roland« für Heer (1981) sowie Luftwaffe und Marine (1987). Diese Lenkflugkörper ermöglichten die Umrüstung vom Kanonenjagdpanzer auf den Raketenjagdpanzer »Jaguar« (mit TOW, 1978–2004, und HOT, 1983–1996). Die Möglichkeit, zivile Güter militärisch zu nutzen, zeigte sich bei dem als Panzerabwehrhubschrauber in die Bundeswehr eingeführten Hubschrauber Bo 105. Mit der Umrüstung bestehender Hardware verbanden sich zahlreiche Maßnahmen zur Kampfwertsteigerung, die mit dem Sprung in der Informations- und Kommunikationstechnologie der Siebziger- und Achtzigerjahre zusammenhingen. Dieser wurde nicht zuletzt durch militärische Rüstungsentwicklungen – etwa den Vorformen des Internets – vorbereitet. Er verschaffte westlichen Armeen zwar von außen kaum zu erkennende, aber praktisch weitreichende Vorteile. Diese stärkten sowohl die Kampfkraft als auch die Komplexität von Truppenführung und Logistik. Der Pferdefuß der Technik war von Beginn an der Preis für eine moderne Armee.

Raumerschließung und Kasernen: die Infrastruktur

Theodor Blank nannte als Grund für seinen »Rausschmiss aus dem Kabinett« zuvörderst die ungelöste Kasernenfrage. Die in der bundesrepublikanischen Verfassung verankerte horizontale und vertikale Gewaltenteilung machte bei Infrastrukturplanungen komplexe Abstimmungsprozesse erforderlich. In diesem Kontext kann von einer »Antinomie zwischen Effizienz und Verrechtlichung« gesprochen werden (1.36 Schmidt, S. 6). Die Komplexität der Verwaltungsvorgänge zeigte sich bei der Landbeschaffung, im Ausschreibungswesen und im zeitgerechten Mittelab- und Zufluss. Deshalb konnten beispielsweise im Jahr 1964 nur zwei Drittel des verfügbaren Etats verbaut werden. 1952 existierten in Westdeutschland noch 560 Kasernenanlagen früherer deutscher Armeen. Von diesen waren 380 von den Besatzungsmächten und 180 von Flüchtlingen belegt; andere wurden gewerblich, von Behörden oder dem BGS genutzt. Im Jahr 1953 unterhielten die Besatzungstruppen in der Bundesrepublik 150 000 Hektar militärisch genutzter Flächen. Zudem initiierten sie umfangreiche Wohnungsbauprogramme für ihre Soldaten und deren Familien. Angesichts der ohnehin längst erreichten Leistungsgrenze der deutschen Bauwirtschaft stimulierte dies die Nachfrage, band aber Kapazitäten. Bereits seit 1955 wurden 42 000 Hektar für die Bundeswehr neu beschafft. Am Ende des Aufstellungsjahres 1956 verfügte sie für ihre 96 000 Soldaten über 114 000 Unterkunftsplätze – zumindest auf dem Papier, tatsächlich waren es nur 43 000. Mit dem Landbeschaffungsgesetz von 1957 wuchs die von der Bundeswehr belegte Fläche bis 1960 um weitere 15 000 Hektar. Im Jahr 1967 besaß die Bundeswehr 170 000 Hektar Land: 7,5 Prozent entfielen auf Kasernenanlagen, 74 Prozent auf Übungs- und Schießplätze. Um 1969 bestanden in der Bundesrepublik 3000 militärisch genutzte Liegenschaften auf einer Fläche von 250 000 Hektar. Von den 1000 Garnisonen in der Bundesrepublik unterhielt die Bundeswehr 357, die restlichen waren den alliierten Streitkräften vorbehalten. Zwischen 1972 und 1977 nutzten Bundeswehr und alliierte Truppen zusammen 2,13 Prozent des Bundesgebietes militärisch, rund 600 000 Hektar. Diese Fläche war ungleich verteilt: 91 000 Hektar entfielen auf Bayern (1,3 Prozent der Landesfläche), 97 000 auf Niedersachsen (2 Prozent der Landesfläche). In Rheinland-Pfalz wurden rund 2 Prozent der Landesfläche militärisch genutzt, in Baden-Württemberg aber nur 0,8 Prozent und im Saarland sogar nur 0,6 Prozent.

Die ersten Bundeswehrstandorte entstanden nicht dort, wo die Verbände optimal disloziert waren, sondern dort, wo die Infrastruktur es zuließ. Somit musste die Stationierungsplanung noch während der Aufstellungsphase geändert werden. Das besonders von der Bundesrepublik angemahnte Konzept der Vorneverteidigung erforderte ein Kasernenbauprogramm in strukturschwachen Räumen wie Nord- und Ostbayern. Durch solche Neubauten konnte der erhöhte Raumbedarf für vollmotorisierte Truppenteile von vornherein berücksichtigt werden: Ein ungepanzertes Infanteriebataillon benötigte eine Standardkaserne mit einer Fläche von 26 Hektar und 143 weitere Hektar als Standortübungsplatz, ein Panzerbataillon bereits 31 Hektar

Kasernenfläche und fast 300 Hektar Standortübungsplatz. Auch für fliegende Verbände war eine umfängliche Landerschließung notwendig, etwa zur »Starfighter«-tauglichen Rollbahnverlängerung. Wegen des als Krise empfundenen wirtschaftlichen Tiefs Mitte der Sechzigerjahre wurde die Errichtung der Kasernenneubauten allerdings zeitlich verschoben.

Dem Trend der Zeit entsprechend wurden die Neubauten in einem schlichten und zivil anmutenden Architekturstil gehalten – anders als die wieder genutzten prächtigen Luftwaffenkasernen der Wehrmacht. Auch in der Infrastrukturplanung stellte sich das aus der Rüstungsgüterbeschaffung bekannte Problem, dass eine Typenbauweise für den jeweiligen Truppenteil zwar die Kosten verringerte, aber die Flexibilität bei einer etwaigen Umnutzung beeinträchtigte. Namentlich in kleineren Garnisonstädten führte der rasche Bevölkerungsanstieg durch Soldatenfamilien zu oft problematischen Anpassungsprozessen. Neben soziodemografischen Aspekten wie der Konfession betraf dies den Bedarf für öffentliche Dienstleistungen – von Schulplätzen über Verkehrs-, Sport- und Gesundheitsinfrastruktur bis zur Müll- und Abwasserentsorgung. Für die Nutzung der örtlichen Infrastruktur durch die Streitkräfte erfolgten Bundesausgleichszahlungen an die Gemeinden. Insbesondere in strukturschwachen Gebieten bestand Anfang der Sechzigerjahre Wohnungsnot für Bundeswehrangehörige. Für sie fanden umfangreiche Baumaßnahmen statt, erneut in Konkurrenz zu den Kapazitäten für den zivilen Wohnungsbau. Bis 1965 entstanden 90 000 Wohnungen; dies waren 83 Prozent der insgesamt 111 115 neu errichteten Unterkünfte. Ergebnis waren die »Bundeswehr-Ghettos«, die weder dem integrativen Leitbild noch dem anfänglichen Infrastrukturkonzept der westdeutschen Armee entsprachen. Insbesondere bei Konsumgütern erzeugten Bundeswehrstandorte wirtschaftliche Nachfrage vor Ort. Bauaufträge förderten die Regionalwirtschaft aber nur in der Hochphase des Neubaus, der ortsansässigen Wirtschaft blieben nur kleinere Aufträge für den Bauunterhalt der Liegenschaften. Und die zahlreichen Wochenendpendler verbrauchten einen erheblichen Teil ihrer Dienstbezüge und ihres Wehrsoldes ohnehin nicht vor Ort; diese Tendenz nahm mit der automobilbedingt steigenden Mobilität von Wehrpflichtigen und jungen Zeitsoldaten noch zu. Die intendierten Ziele der Wirtschaftsförderung wurden daher nur teilweise verwirklicht. Auch die beabsichtigte Bevorzugung der Zonenrandgebiete relativierte sich. Gleichwohl wirkte die Präsenz der Bundeswehr durchaus strukturfördernd, insbesondere bei Bundeswehrstandorten in den Großstädten (1.36 Schmidt).

Rüstung zwischen Markt und Staat

Aufgrund der multiplen Anforderungen an die Rüstungsgüter war deren »rein-militärische« Optimierung nicht immer realisierbar. Dies aber bildete den Erwartungshorizont der auf Operationsführung fixierten Bundeswehr-Gründungsväter. Zudem bildete in der Hochphase des Kalten Krieges das technisch Denkbare oft den Maßstab für das Wünschenswerte. Erst allmählich bildeten sich erfolgreiche Standardprozesse heraus. Das operationsverhaftete »1a-Denken« der Planer führte anfangs zur Unterschätzung der Techniklastigkeit moderner Streitkräfte. Gleichwohl steigerte deren Anreicherung mit Technik ihren Gefechtswert um ein Vielfaches des um 1950 Vorhersehbaren. Die auf den aktualisierten Stand von Strategie, Technik und Administration gebrachten Anforderungen an die Rüstungsgüter stiegen daher ständig – auch im Verlauf der einzelnen Rüstungsprojekte selbst.

Das HS-30-Desaster und die »Starfighter«-Krise offenbarten ein Dilemma: Infolge der Dekartellisierung der Siegermächte und der bewussten Zurückhaltung der Bundesregierung fehlte anfangs eine bundesdeutsche Rüstungsindustrie als geeignete Angebotsseite. Der Nachfrageseite, also der Bundeswehr, fehlte zudem die optimale Betriebsgröße, um hoch innovative Technik in Großserie zu bestellen. Indessen bestand die Bundeswehrführung auf technischer und somit politischer Gleichrangigkeit mit ihren Verbündeten. Bei der von Anfang an zu treffenden »Make-or-buy-Entscheidung« der Bundeswehrbeschaffungsplanung konnte zwischen technologischer Effizienz und technischer Flexibilität gewählt werden: Bei Fremdankauf war ausgereifte Technik zu beschaffen, die aber mit dem Ziel der Technologieführerschaft kaum vereinbar war. Vermeintlich nachrangige Beschaffungen für die Artillerie (die Panzerhaubitze M-109) oder Allzweckfahrzeuge (wie der M-113) erwiesen sich dennoch als erstaunlich langlebig. Für die Eigenentwicklung als zweite Alternative existierten anfangs weder Mittel noch Organisationsgrundlagen. Dies bewies die Fehlentwicklung des HS-30. Die steile Lernkurve zeigte indessen die Entwicklung von »Leopard«, »Marder« und anderer Panzerfahrzeuge. Eine dritte Möglichkeit als Ausweg bot sich mit der Ankopplung an auswärtige Entwicklungen: von Lizenzbauverträgen als Juniorpartner bis hin zum Ausbau einer westdeutschen Rüstungsindustrie, die mit in- oder ausländischen Partnern Kooperationen, Konsortien oder Fusionen bildete.

Als Lehre aus dem HS-30-Desaster favorisierte die Bundeswehrbeschaffungsorganisation zunehmend die »Beschränkte Ausschreibung«. Damit etablierte sich eine begrenzte Anzahl bevorzugter Lieferanten. Im Panzerbau entwickelte sich so aus dem Zusammenwirken der Firmen Ruhrstahl und Henschel eine industrielle Verflechtung, in die auch Rheinstahl (der wiederum auch Hanomag gehörte) einbezogen wurde. Ab 1973 wurde daraus ein Teil des Thyssen-Konzerns. Dem rüstungswirtschaftlichen Vorteil der Qualitätssicherung durch nachgewiesene Kompetenz stand somit bald der ordnungspolitische Nachteil der Verfestigung eines begrenzten Kreises an Herstellerfirmen gegenüber. Die komplexe Koordination zwischen Firmen, Bedarfsträgern und dem BWB war auch deshalb erforderlich, weil zur Qualitätssicherung und Risikostreuung die Ausschreibungs- und Entwicklungsprojekte auf verschiedene Baugruppen verteilt wurden. Einen Prozess der Rüstungsgüter-affinen Konzentration durchlief auch die bundesdeutsche Luftfahrtindustrie: Bis 1955 war ihr eine einschlägige Betätigung verboten, weshalb sie ihre Kompetenz teils über das Ausweichen ins Ausland erhielt. Auch deshalb hatte die Firma Dornier ihre Do 27 als erste westdeutsche Eigenentwicklung verwirklichen können. Im November 1951 vertraten die Luftfahrtunternehmen ihre Interessen gemeinsam. Das auch von der Bundesregierung und ihrem Verteidigungsressort seit 1957 verfolgte Ziel, westdeutschen Firmen über Lizenzbauverträge den Anschluss an die technologische Entwicklung zu ermöglichen, führte zum Zusammenschluss von Unternehmen zu Arbeitsgemeinschaften. In der Produktionsgruppe Süd (Flugzeugunion) schlossen sich Unternehmen wie Heinkel und Messerschmitt zusammen, um das französische Schulflugzeug »Fouga-Magister« CM 170, die Fiat G-91 und den »Starfighter« F-104G zu bauen. Norddeutsche Firmen bildeten die Arbeitsgemeinschaft »Flugzeugbau Nord«, die etwa die Propellerflugzeuge Piaggio 149 und »Noratlas« fertigten.

Der Größen- und Kompetenzzuwachs durch den Zusammenschluss zu Konsortien konnte indessen durch entsprechende Netzwerkarbeit in die Regional-, Partei- und Bundespolitik hineinwirken: von Gewerbesteuerzahlungen und der Beschäftigung gut entlohnter Arbeitskräfte über förderliche Spenden bis hin zum Personalaustausch mit dem politisch-administrativen Schlüsselpersonal. Entgegen dem Wunsch Erhards entstand so ein Rüstungsinterventionismus, in dem sich technische, wirtschaftliche und soziale Austauschbeziehungen verfestigten; freilich nicht in der zum militärisch-industriellen Komplex verdichteten Form wie in den USA, in Schweden oder in der Sowjetunion (Kollmer in 7.6). Gleichwohl flossen im bundesdeutschen Rüstungsinterventionismus Fachkenntnisse deutscher und internationaler Konsortien mit den Interessen von Bedarfsträgern im BWB und den Führungsstäben auf der Bonner Hardthöhe zusammen. Diese gezielte Förderung von Technologieunternehmen betraf insbesondere Luftfahrt-, Maschinenbau-, Elektronik- und Rüstungsgüterindustrie, die sich in hergebrachten Industriezentren wie im Ruhrgebiet (Rhein-

◂ Abb. 24: Um das Konzept vom Gefecht der verbundenen Waffen des Heeres zu verwirklichen, entwickelte die westdeutsche Rüstungsindustrie im Zusammenspiel mit der Beschaffungsorganisation der Bundeswehr eigene Panzertypen. Im Bild: Schützenpanzer »Marder« und Kampfpanzer »Leopard« (rechts).

Bundeswehr

▸ Abb. 25: Während der Sechzigerjahre erfolgten umfangreiche Probeentwicklungen von Senkrechtstartern. Im Bild: eine Do 31.

Bundeswehr

◂ Abb. 26: Im März 1962 lief das erste auf einer westdeutschen Werft gebaute U-Boot vom Stapel. Erst ab 1966/67 war es möglich, U-Boote aus nicht-magnetisierbarem Stahl zu fertigen. Ab 1973 befand sich die Klasse 206 im Dienst. Im Bild: U 13.

BArch, Bild 146-2008-0240

metall, Düsseldorf) oder angelehnt an die Fahrzeugindustrie (Hanomag-Henschel, Hannover; Wegmann, Kassel) entwickelte. Besonders im Großraum München etablierte sich ein Kranz rüstungsnaher Konsortien: So entstand 1969 die Firma Messerschmitt-Bölkow-Blohm (MBB) mit Sitz in Ottobrunn, die etwa 1981 die Bremer Vereinigten Flugzeugwerke übernahm. Die Entwicklungspalette von MBB reichte von der Panzerabwehrlenkrakete »Milan« bis zum »Tornado«. Dieser Konzentrationsprozess setzte sich ab 1989 fort, als MBB zum Technologiekonzern DASA gehörte, um ab 2000 in die EADS/Airbus Group integriert zu werden. Eine ähnliche Konzentration erfolgte im Panzerbau, wo das ebenfalls in München ansässige Konsortium Krauss-Maffei seine bisherige Kooperation mit der Herstellungsfirma Wegmann im Jahr 1999 zur Fusion ausbaute. Der ebenfalls in München beheimatete Technologiekonzern Siemens bildete mit zahlreichen weiteren Unternehmen im Süden, Westen und Norden der Republik ein Netzwerk, das zur Realisierung militärischer und ziviler Großtechnikprojekte der politischen Förderung und Begleitung bedurfte. Vor einem solchen »militärisch-industriellen Komplex« warnte auch der vormalige Luftwaffenoffizier und spätere Friedensaktivist Alfred Mechtersheimer (7.7 Barth/Mechtersheimer).

Eine bereits gegenüber Strauß erhobene Kritik nährte den Verdacht, dass neben der Förderung von Wirtschaft und Regionalpolitik auch sehr persönliche Interessen gepflegt würden. Die Wortprägung der »Landschaftspflege« des Waffenlobbyisten und Strauß-Bekannten Karl-Heinz Schreiber offenbarte graue Bereiche von Rüstungsgüterbeschaffung und -exporten, die teils nach 1990 juristisch aufgearbeitet wurden und auch die Zeit davor betrafen (10.1 »Spiegel« 3/2000; 4/2010). Solche Vorwürfe trafen bisweilen auch das BWB; davon zeugte die Verballhornung zum »Bundesamt für Wehrtechnik und Bestechung« (10.1 »Spiegel« 5/1968; »Zeit« 45/1985). Ungeachtet der komplexen Tatsachenlage zeigt bereits der Vorwurf von Lobbyismus und Korruption, dass die Verbindung von persönlich-karrieregeleiteten mit materiellen Interessen und denen der Sicherheitspolitik systemisch war – und im Rahmen des bundesdeutschen Rüstungsinterventionismus wohl kaum anders sein konnte.

Einsatzkonzeptionen und Kriegsbild

Dilemmata westdeutscher Strategie

Der Kalte Krieg hatte seinen Schwerpunkt in Deutschland. Deshalb lag hier eine weltweit einzigartige Konzentration von Streitkräften: Mitte der Achtzigerjahre waren es insgesamt rund 1,4 Millionen aktive Soldaten, um die 900 000 von ihnen in der Bundesrepublik. Neben den fast 500 000 Mann der Bundeswehr variierte die Kopfstärke der US-Streitkräfte zwischen 210 000 (1968) und 300 000 (1985). Das Soll der britischen Rheinarmee lag bei 55 000 Soldaten. Zu den zwölf Bundeswehr-Divisionen kamen fünf US-amerikanische, drei britische, zwei belgische und zwei französische sowie je eine kanadische und eine niederländische Brigade. In der DDR bildeten die 170 000 Soldaten der NVA die Minderheit im eigenen Land: Die Gruppe der Sowjetischen Streitkräfte in Deutschland besaß eine Truppenstärke zwischen 300 000 und 500 000. Den rund 300 000 Zivilmitarbeitern und Familienangehörigen der Bündnisstreitkräfte im Westen Deutschlands entsprachen 200 000 im Osten (8.18 Müller, S. 14–16; 6.18 Heinemann, S. 53). Zu den aktiven Truppenteilen kamen gekaderte Verbände und Verstärkungskräfte aus ganz Europa, Nordamerika und dem eurasischen Raum. Stets blieb die Quantifizierung dieser Truppen im Verhältnis zu ihrem Gefechtswert schwierig – für die Militärplaner genauso wie später für die in Wien versammelten Abrüstungsexperten. Kopfstärken waren nie allein maßgeblich: Schließlich lagerten in der Bundesrepublik um 1980 über 5000 US-amerikanische Nuklearsprengköpfe (Geiger in 1.6). Die Bundesrepublik war ein potenzielles Schlachtfeld. Für ihre Sicherheitspolitiker und Militärplaner bestand die doppelte Herausforderung darin, den Krieg durch Abschreckung zu verhindern und ihn im Falle eines Ausbruchs so zu führen, dass die auf dem eigenen Territorium lebenden Menschen geschützt und nicht vernichtet würden. Deshalb wurden sicherheitspolitische Fragen kontrovers und angstvoll diskutiert: Noch 1991 sagte man den Kölner Rosenmontagszug wegen des Irakkrieges ab. Planungen zu Führung und Verhinderung des Krieges bildeten die beiden Seiten derselben Medaille. Beides zwang die Bundesrepublik zum »Import von Sicherheit«. Deswegen blieb das Trachten nach enger Integration und Mitsprache im Bündnis ein »nationales« Interesse der Bundesrepublik. Integration war nur durch strategische Einbindung zu erreichen, auch dann, wenn die im Bündnis getroffenen Entscheidungen nicht jeden überzeugten. Die Einsatzszenarien der Bundeswehr waren eng eingebunden in diejenigen der NATO.

Nukleare Logik: Die (Un-)Führbarkeit des Krieges Das Zeitalter des Kalten Krieges ist durch die Existenz der Atombombe geradezu definiert (3.29 Stöver, S. 11). Ihr erstmaliges Zünden erfolgte am 16. Juli 1945, der Kriegseinsatz drei Wochen später. Die Abwürfe vom 3. und 6. August forderten mit 90 000 (Hiroshima) und 50 000 (Nagasaki) Toten ein Vielfaches der Opferzahl konventioneller Luftangriffe – auch der der Luftangriffe auf Dresden vom 13. bis 15. Februar 1945 mit ihren rund 25 000 Opfern. Die Äquivalente für TNT-Sprengstoff der Plutoniumbombe »Fat Man« und der Uranbombe »Little Boy« entsprachen mit 21 und 16 Kilotonnen bereits Sprengwerten, mit denen ein Jahrzehnt später auf taktischer Ebene gerechnet wurde. Schon 1948 besaßen die US-Streitkräfte 50 einsatzbereite Nuklearsprengköpfe. Im Folgejahr, am 29. August 1949, beendete die Zündung der ersten sowjetischen Atombombe das amerikanische Atomwaffenmonopol. Am 1. November 1952 dokumentierte die Zündung der ersten US-Wasserstoffbombe das thermonukleare Vernichtungspotenzial, das nur wenige Monate später, am 12. August 1953, mit der ersten sowjetischen Wasserstoffbombe beantwortet wurde. Mit Zündung der ersten transportablen Wasserstoffbombe am 22. November 1955 bestand die Möglichkeit, diese durch geeignete Waffensysteme ins Ziel zu bringen. Aus westlicher Sicht war die Projektion des ersten künstlichen Erdsatelliten durch die Sowjetunion am 4. Oktober 1957 ein »Sputnikschock«: Raketen konnten nicht nur Satelliten befördern. Bis Mitte der Fünfzigerjahre vollzog sich eine Miniaturisierung von Nuklearwaffen parallel zur Entwicklung ihrer Trägersysteme: vom Interkontinentalbomber bis hinunter zum Abschussgestell vom Typ »Davy Crockett«, das einer übergroßen Panzerfaust glich. Just in der Aufbauzeit der Bundeswehr schrumpfte das taktisch-strategische Raum-Zeit-Kontinuum zusammen. Vor allem deutsche Kriegserfahrungen wurden somit tendenziell entwertet. Als die Gründerväter der Bundeswehr im Oktober 1950 über ein Deutsches Kontingent nachsannen, stellte die NATO-Strategie nur eine Fortführung der anglo-amerikanischen Bombenstrategie dar. Die deutsche Seite erhielt nur allmählich und eingeschränkt Zugang zu sensiblen Informationen. Erst das Vorrücken in Stabs- und Spitzenfunktionen des Bündnisses ermöglichte es Bundeswehroffizieren, bis zu einem gewissen Grad mitzubestimmen. In nuklear-strategischer Hinsicht blieben viele Dokumente »nur für amerikanische Augen bestimmt«. Die vier Siegermächte des Zweiten Weltkrieges behielten mit ihren Atomwaffen eine »strategische« Rolle am oberen Ende der Konfliktintensität. Die nuklearstrategische Eigeninitiative der Bundesrepublik und ihrer Bundeswehr war somit von vornherein ausgeschlossen. Auch die untere Ebene im Gewaltinstrumentarium blieb der Bundeswehr entzogen: Grenzsicherung war Aufgabe des BGS; und der niederschwellige Intensitätsbereich von Geheimdienst- und Spezialoperationen blieb (soweit derzeit ersichtlich)

Aufgabe der westlichen Verbündeten im weitläufigen Gebiet der »heißen Kriege im Kalten Krieg« (3.17 Greiner/Müller/Walter). Damit war das Aktionsfeld der Bundeswehr organisatorisch auf die »konventionelle« Auseinandersetzung beschränkt, erweitert um die Fähigkeit, taktische US-Nuklearsprengköpfe ans Ziel zu bringen. Folgen dieser »konventionellen« Ausrichtung wurden ab 1990 angesichts (vorgeblich) »neuer« Gewaltphänomene manifest.

In seiner militärstrategischen Schrift »Verteidigung oder Vergeltung?« zeigte der SPD-Wehrexperte Helmut Schmidt (8.20) den Zwiespalt, in dem sich die Bundesrepublik durch ihren Bündnisbeitritt befand. Hieraus resultierten Ambivalenzen militärischer Logik. Diese illustrierte der »Spiegel« im April 1961 durch verschiedene Zitate von Verteidigungsminister Strauß. Am 2. Januar 1957 deklarierte dieser in Übereinstimmung mit der Bündnisstrategie: »Jeder Angreifer muss wissen, dass das Echo auf den ersten Gewehrschuss eine nukleare und thermonukleare Explosion ist.« Ein halbes Jahr später verlieh er seinem Unwillen darüber Ausdruck, »dass die Deutschen das Fußvolk der amerikanischen Atomritter werden«. Gleichzeitig zitierte das Magazin den Minister aber mit seiner Forderung vom November 1958, das Bündnis müsse »auf Aktionen des potenziellen Angreifers abgestuft reagieren können«; deshalb seien taktische Nuklearwaffen für die kontinentaleuropäischen NATO-Streitkräfte erforderlich, auch für die Bundeswehr. Freilich sei das Konzept der flexiblen Reaktion aus bundesdeutscher Sicht hochproblematisch, so Strauß am 8. Mai 1959: »Ich bin immer schon gegen die These vom begrenzten Krieg eingestellt gewesen, weil solche Kriege in Europa nicht möglich sind, und es entweder gar keinen oder einen großen Krieg geben würde.« (10.1 »Spiegel« 15/1961). Ähnliche Varianten dieser Argumentationsmuster kursierten zwischen den Teilstreitkräften. Sie setzten sich fort in Verständnisschwierigkeiten zwischen Europäern und Nordamerikanern, zwischen den »kleinen« und »großen« Bündnispartnern, zwischen den westeuropäischen Siegermächten und dem potenziellen »Schlachtfeld Bundesrepublik« (8.16 Krüger). Vordergründig gegen diese Logik gerichtet, doch eigentlich auf ihr beruhend, schlug die spätere Entspannungspolitik einen dezidiert nicht-militärischen Weg ein, aus denen die Aspekte der militärischen Hardware ausgeklammert blieben (Bange in 1.44). Wenn »Strategie« im Sinne Clausewitz' als Gebrauch der Gefechte zum Zwecke der Politik gilt, wirkte jede Auseinandersetzung auf deutschem Boden für die Bundesrepublik schon »strategisch«, und dies unabhängig von den Reichweiten der dabei verwendeten Waffen. Dasselbe galt für einen möglichen Verzicht auf nukleare Einsatzmittel, der Westdeutschland einer nicht-nuklearen Verwüstung preisgegeben hätte – mit anschließender nuklearer Eskalationsgefahr. Die grundsätzliche Alternative zwischen konventioneller »Verteidigung« und nuklearer »Vergeltung« entsprach den unterschiedlichen Fähigkeiten und Denkgewohnheiten von Heer und Luftwaffe und widerspiegelte das mehrfache Dilemma der bundesdeutschen Verteidigungsplanung: Erstens galt es, an der nuklearen Abschreckung zu partizipieren, um einen Krieg zu verhindern. Zweitens musste ein dennoch möglicher Krieg mit ausreichenden Kräften militärisch erfolgreich geführt werden können. Drittens hatte dies aber so zu erfolgen, dass das zu verteidigende Land nicht zerstört wurde. Und viertens durften die zu verteidigenden Werte nicht bereits im Frieden der Militarisierung von Staat und Gesellschaft zum Opfer fallen. Diese Dilemmata waren nicht neu: Einerseits war die Strategie der Massiven Vergeltung bereits in den Fünfzigerjahren weniger »massiv« als bisweilen dargestellt (1.38 Thoß); andererseits beruhte die Einsatzplanung auch nach Verabschiedung der NATO-Doktrin der Flexiblen Antwort auf frühzeitiger nuklearer Einsatzdrohung (8.10 Krüger/Hoffenaar). Der angedrohte Kontrollverlust konnte durchaus Teil der Doktrin sein: So ließ Strauß seinen Pressesprecher Schmückle in einem Zeitungsartikel Anfang 1962 mitteilen: Jeder Gegner, der um die Gefahr eines »nicht steuerbaren Atomkrieges« wisse, werde abgeschreckt. Auch der Verzicht auf den Gebrauch von Nuklearwaffen war geeignet, Angstzustände auszulösen: Wenn die Kubakrise das US-amerikanische Strategiedenken dahingehend veränderte, »jede Krise beherrschbar« zu machen, beinhaltete dies das Kalkül »begrenzter« Kriege, möglicherweise auch auf deutschem Boden (1.29 Hammerich, S. 112–115). Den Gegner von einer Bedrohung zu überzeugen, schloss freilich die Gefahr ein, vor allem die eigene Bevölkerung »abzuschrecken« (Theiler in 1.5 ; 8.14 Becker-Schaum u.a.). Die NATO-Nachrüstungsdebatte drehte sich nicht allein um die Stationierung einiger Waffensysteme, sondern um die Glaubwürdigkeit der Nuklearstrategie im Ganzen.

Die Bundeswehr im Bündnis

Die Besonderheit des Atlantikpaktes gegenüber herkömmlichen Koalitionen und Zweckbündnissen bestand in seiner dauerhaften Institutionalisierung auf politischer, militärischer und ideeller Ebene. Der Nordatlantikvertrag vom 4. April 1949 nahm Bezug auf den in der Charta der Vereinten Nationen deklarierten Gewaltverzicht bei gleichzeitigem Recht zur Selbstverteidigung. Das zu diesem Zweck geschaffene Bündnis versprach, beides zu gewährleisten, politisch wie militärisch. Die transatlantische Identität bedurfte wechselseitiger Überzeugungsarbeit: Dem Wahlvolk in den Vereinigten Staaten war zu vermitteln, dass ein Engagement in und für Europa im eigenen Interesse liege. Dasselbe galt auch für den Einsatz der europäischen Partner in und für Westdeutschland. Im Ergebnis standen komplexe und bald institutionalisierte Ausgleichsprozesse. Nach dem Muster des Brüsseler Paktes bildeten die Außenminister den Nordatlantikrat; die Verteidigungsminister gehörten dem Verteidigungsausschuss an. Im Military Committee waren die Generalstabschefs versammelt. Als dessen ständiger Exekutivausschuss bestand die Standing Group, die mit Fortschreiten militärischer Integration zur obersten militärischen Instanz des Bündnisses avancierte. Anfangs bestanden Regionale Planungsgruppen für West-, Nord- und Südeuropa, Nordamerika und den Nordatlantik. Die dabei auszutarierenden Interessen standen im Zielkonflikt zwischen Souveränitätsrechten der Bündnispartner und militärischer Effizienz durch enge Integration. Diesem Dilemma war

NATO-Vertrag

Artikel 5
Die Parteien vereinbaren, daß ein bewaffneter Angriff gegen eine oder mehrere von ihnen in Europa oder Nordamerika als ein Angriff gegen sie alle angesehen wird; sie vereinbaren daher, daß im Falle eines solchen bewaffneten Angriffs jede von ihnen in Ausübung des in Artikel 51 der Satzung der Vereinten Nationen anerkannten Rechts der individuellen oder kollektiven Selbstverteidigung der Partei oder den Parteien, die angegriffen werden, Beistand leistet, indem jede von ihnen unverzüglich für sich und im Zusammenwirken mit den anderen Parteien die Maßnahmen, einschließlich der Anwendung von Waffengewalt, trifft, die sie für erforderlich erachtet, um die Sicherheit des nordatlantischen Gebiets wiederherzustellen und zu erhalten.

Vor jedem bewaffneten Angriff und allen daraufhin getroffenen Gegenmaßnahmen ist unverzüglich dem Sicherheitsrat Mitteilung zu machen. Die Maßnahmen sind einzustellen, sobald der Sicherheitsrat diejenigen Schritte unternommen hat, die notwendig sind, um den internationalen Frieden und die internationale Sicherheit wiederherzustellen und zu erhalten.

Artikel 6 [Fassung ab 18. Februar 1952]
Im Sinne des Artikels 5 gilt als bewaffneter Angriff auf eine oder mehrere der Parteien jeder bewaffnete Angriff

- auf das Gebiet eines dieser Staaten in Europa oder Nordamerika, auf die algerischen Departements Frankreichs, auf das Gebiet der Türkei oder auf die der Gebietshoheit einer der Parteien unterliegenden Inseln im nordatlantischen Gebiet nördlich des Wendekreises des Krebses;
- auf die Streitkräfte, Schiffe oder Flugzeuge einer der Parteien, wenn sie sich in oder über diesen Gebieten oder irgendeinem anderen europäischen Gebiet, in dem eine der Parteien bei Inkrafttreten des Vertrags eine Besatzung unterhält oder wenn sie sich im Mittelmeer oder im nordatlantischen Gebiet nördlich des Wendekreises des Krebses befinden.

Quelle: (http://www.nato.int/cps/en/SID-5CD7AC1F-450BB2EF/natolive/official_texts_17120.htm)

auch die Bundesrepublik ausgesetzt, allerdings in anderer Wirkrichtung: Während der westdeutsche NATO-Neuling an Souveränitätsrechten gewann, mussten andere Partner die Verlagerung nationaler Souveränitätsrechte auf die Bündnisinstanzen hinnehmen. In der letztlich realisierten Kommando- und Streitkräftestruktur wurde die Bundeswehr daher die wohl am besten integrierte Streitmacht der NATO.

Neben Europa besaß das Bündnis mit dem Kommandobereich Supreme Allied Command Atlantic (SACLANT) mit Hauptquartier in Norfolk/Virginia einen zweiten großen Verantwortungsbereich zur Sicherung der Seewege nach Europa. An der Verbindungsstelle zwischen Atlantik und Kontinentaleuropa bestand ab 1952 zur Sicherung des Kanals, der britischen Inseln und einer britischen Sonderrolle das Allied Command Channel (CHANCOM) in Portsmouth. Der andere große NATO-Bereich stand als Supreme Headquarters Allied Powers Europe (SHAPE) unter dem Supreme Allied Commander Europe (SACEUR). In Anknüpfung an seine Rolle als Oberkommandierender der Westalliierten in Europa 1944/45 übernahm General Eisenhower im Dezember 1950 das Kommando als Oberbefehlshaber. Seinem Hauptquartier in Paris unterstanden anstelle der bisherigen regionalen Planungsgruppen die nun aufwachsenden Kommandobereiche: Der bis 1967 französisch, dann deutsch besetzte Commander-in-Chief Allied Forces Central Europe (CINCENT) war Befehlshaber über Mitteleuropa. Ferner bestanden die Bereiche Allied Forces North (AFNORTH, mit Hauptquartier in Oslo), South (AFSOUTH, in Neapel) und Mediterranean (AFMED, auf Malta). Ebenfalls 1953 wurde ein Stellvertreterposten für den Oberbefehlshaber Europa (Deputy SACEUR, DSACEUR) zur Führung der Luftstreitkräfte eingerichtet. Anfangs gab es im NATO-Bereich AFCENT einen von Fontainebleau aus geführten Kommandobereich NAVCENT für die Seestreitkräfte. Diesem war das Kommando über die Seestreitkräfte der Nordsee in Cuxhaven unterstellt. Diese Organisation erwies sich als wenig geeignet zur gemeinsamen Verteidigungsplanung von Land und See zwischen Nord- und Ostsee. Daher wurde, nun im Zuständigkeitsbereich von AFNORTH, ab Anfang 1962 der Kommandobereich Baltic Approaches (BALTAP, Karup) zur Verteidigung der Ostseeausgänge geschaffen, also der Territorien Dänemarks und Schleswig-Holsteins sowie der umliegenden Seegebiete. Im Unterbereich (NAVBALTAP, Kiel, ab 1976 Karup) lag die Kernaufgabe der bundesdeutschen Marine. Die Luftstreitkräfte unterstanden dem Bereich AIRBALTAP (Karup), die deutsch-dänischen Landstreitkräfte dem Kommando LANDJUT in Rendsburg. Hier war die dänische Furcht vor deutscher Dominanz zu berücksichtigen, sodass neben operativen Zweckmäßigkeitsvorstellungen politische Statusgründe ins Gewicht fielen. Für die Heeresplanung war die Elbe als Grenze zwischen AFNORTH und AFCENT suboptimal. Nördlich dieses Stroms blieben Besonderheiten: In Dänemark wurden keine Bundeswehrverbände dauerhaft stationiert, während man die in Schleswig-Holstein stationierte 6. Panzergrenadierdivision organisatorisch, vor allem artilleristisch, zu einem kleinen Korps aufwertete. Für die Bundeswehr von zentraler Bedeutung war das NATO-Kommando für Europa-Mitte (CINCENT). Vom Kommandobereich LANDCENT (Fontainebleau) wurden die Landstreitkräfte geführt, ab 1957 von einem deutschen Befehlshaber. Der Kommandobereich AIRCENT (Fontainebleau) für die Luftstreitkräfte unterstand einem französischen General. Diesen Bereichen jeweils nachgeordnet waren die Armeegruppen und Luftflotten: Im Norden waren dies die Heeresgruppe Nord (Northern Army Group, NORTHAG) und die 2. Taktische Luftflotte (ATAF). Beide besaßen ihr Hauptquartier in Rheindahlen bei Mönchengladbach und waren britisch geprägt; der Oberkommandierende der NORTHAG war gleichzeitig nationaler Befehlshaber der britischen Rheinarmee. Dem entsprach im Süden die amerikanisch dominierte Heeresgruppe Mitte CENTAG (Mannheim) und die 4. ATAF (Heidelberg, später Ramstein). Feldheer und Luftwaffe der Bundeswehr waren hinsichtlich der Einsatzplanung NATO-integriert, was eine »nationale« Führung der gesamten Bundeswehr von vornherein ausschloss.

Das Ausscheiden Frankreichs aus der militärischen Integration der NATO zwang zur Verlegung wichtiger Hauptquartiere: Das belgische Mons wurde zum Sitz von SHAPE, während Brunssum im Süden der Niederlande nun den Stab von CINCENT beherbergte. Die strategische Koordination erfolgte ab 1966 im (bereits 1963 geplanten) Verteidigungsplanungsausschuss, in dem fortan die Verteidigungsminister der militärisch integrierten NATO-Staaten zusammentrafen. Hinzu kam im Dezember 1966 das Nuclear Defence Affairs Commitee, dem wiederum die Nukleare Planungsgruppe nachgeordnet war. In diesem wichtigen Gremium waren neben den beiden Atommächten USA und Großbritannien Italien und die Bundesrepublik ständig präsent. Alle anderen NATO-Mitgliedstaaten waren hier erst ab 1980 dauerhaft vertreten – bis auf Frankreich und Island. Die seit 1968 bestehende Eurogruppe bot den europäischen NATO-Staaten ein Gremium. Die institutionelle Verdichtung des Bündnisses steigerte die Gestaltungsmöglichkeit der kleineren Partner. Speidel als COMLANDCENT (1957–1963) und Heusinger als Chairman des Military Committee der NATO (1961–1964) trugen zum Import deutscher Vorstellungen ins Bündnis bei, so vor allem der Vorneverteidigung. Kielmansegg, der 1966/67 ebenfalls als COMLANDCENT amtiert hatte, rückte nach dem französischen Austritt zum CINCENT auf. Zwischen 1967 und 2001 hatte diesen Dienstposten stets ein deutscher

General inne. Ein weiteres Zeichen für die Mitsprache war die Amtszeit Steinhoffs als Chairman des NATO-Militärausschusses von 1971 bis 1974. Beginnend mit Gerd Schmückle (1978–1980) avancierte – nun zusammen mit einem Briten – erstmalig ein Deutscher zum DSACEUR. Der Vorsitzende des NATO-Militärausschusses, Wolfgang Altenburg (1986–1989), befand sich bei den Abrüstungsverhandlungen der beiden Supermächte in einer Schlüsselposition (Altenburg in 1.6). Dies war nur die sichtbare Spitze einer Integration auf allen Ebenen. Für Generalstabsoffiziere gehörten die Orte Mons und Brunssum zu wiederkehrenden Stationen ihrer Berufsbiografien.

Bundeswehr und NATO-Strategie

Militärische Lagefeststellung beginnt mit der Analyse des Gegners. Solche Bedrohungsvorstellungen hatte die amerikanische Besatzungsmacht ja auch veranlasst, sich westdeutscher Militärexperten zu bedienen. Das auf Interkontinentalbomber, dann auch auf U-Boote und Raketen gestützte strategische Waffenarsenal der USA wuchs bis Mitte der Siebzigerjahre auf rund 2000 Waffensysteme. Diesen Stand erreichte die Sowjetunion 1970 und überbot ihn bis 1990 mit 2500 Systemen. Die seit Mitte der Sechzigerjahre dazugekommenen strategischen Nuklearwaffen Großbritanniens und Frankreichs führten zum Gleichstand der Blöcke. Dabei ergab der quantitative Kräftevergleich ein eklatantes Übergewicht der Warschauer-Pakt-Staaten in Europa. Hier standen ab 1965 den 2,8 Millionen aktiven NATO-Soldaten 4,2 Millionen der Warschauer Vertragsorganisation gegenüber. Bis Ende der Siebzigerjahre steigerte sich die Zahl der letzteren auf 4,6 und bis 1985 nochmals auf 6,4 Millionen Soldaten (gegenüber 2,9 Millionen Soldaten der NATO). Bei den europäischen Landstreitkräften standen den 88 NATO-Divisionen 115 (deutlich kleinere) dieser Großverbände der Warschauer-Pakt-Armeen gegenüber; nach Verstärkung hätte dieses Verhältnis auf 115 (NATO) zu 192 erhöht werden können. Bei den Hauptwaffensystemen war das östliche Bündnis klar überlegen: 27 000 Kampfpanzern (nach Verstärkung aus Eurasien: 46 000) standen 13 470 (nach Verstärkung aus Westeuropa und Nordamerika: 17 730) der NATO gegenüber; 53 000 (95 000) seiner Schützenpanzer standen gegen 33 000 (40 000) der NATO. Rund 20 000 (38 000) Geschütze der östlichen Rohrartillerie standen gegen 11 000 (14 700). Auch bei nuklearfähigen Jagdbombern, Kurz- und Mittelstreckenraketen sowie Seestreitkräften in der Ostsee war das östliche Bündnis in der Übermacht (8.16 Krüger, S. 171–174; 1.73 Weißbuch 1985; Poppe in 8.3 Krüger). Diese Zahlen zeigen, warum die NATO-Strategie eine relativ schnelle nukleare Eskalation vorsah.

Insbesondere aus der Katastrophenerfahrung des deutschen Überfalls von 1941 leitete die Sowjetunion zwei Ziele ab: erstens das Streben nach Gleichrangigkeit als nukleare Supermacht bei gleichzeitiger Wahrung ihrer Vorfeldzone in Ostmitteleuropa; zweitens das – dem deutschen operativen »Dogma der Beweglichkeit« (Groß) verwandte – Streben nach sofortiger Offensive, um dem Angriff der »imperialistischen« NATO-Staaten zuvorzukommen. Bis Mitte der Achtzigerjahre sah die Militärdoktrin einen massiven Angriff auf die Kanalküste vor. Die Hauptangriffsachse führte durch die Norddeutsche Tiefebene, ein Nebenstoß über das »Fulda-Gap« zum Rhein-Main-Gebiet. Der Rhein war erstes Zwischenziel. In der zweiten Hälfte der Fünfzigerjahre plante die sowjetische Operationsführung massive Nuklearschläge, um Breschen in die westliche Verteidigung zu schlagen. Seit 1961 stützte sich auch die Sowjetunion auf ein Konzept des unbegrenzten Nuklearkrieges: zu Land, aus der Luft und von See aus. Ab den späten Siebzigerjahren sollten Operative Manövergruppen als selbstständige Gefechts(groß)verbände nach Westen vorstoßen. Zudem machten sich westliche Verteidigungsplaner Sorgen über den Einsatz luftgelandeter Spezialtruppen. Ab 1985 zeigten die Übungen eine defensivere Konzeption (Uhl, Gavrilov und Diedrich in 8.11; Lautsch in 1.44; Lautsch in 8.3). Freilich gaben die Darstellungen der professionellen Bedrohungsanalytiker in beiden Bündnissen – auftragsgemäß – worst-case-Szenarien wieder. So gehörte es zum systemischen Problem der Militäraufklärung, dass »gerade auf dem Sektor Nachrichtengewinnung nach dem Prinzip verfahren wurde, just den Teufel an die Wand zu malen, den man für die eigenen Standpunkte benötigte« (Gablik in 1.44, S. 321).

Die Himmeroder Planer sahen ein deutsches Kontingent im Rahmen des westlichen Bündnisses vor. Nach dem Scheitern der EVG Ende 1954 glaubten indessen manche Militärplaner, mit einer über 600 000 Mann starken, heereslastigen Armee das deutsche Gewicht verstärken zu können. Parallel dazu kursierten Ideen einer primär auf Westdeutschland ausgerichteten Landesverteidigung. So favorisierte der zwischenzeitlich einflussreiche, von 1952 bis 1955 im Amt Blank tätige Bonin ein grenznahes, auf »Pak-Flak-Verbände« gestütztes Verteidigungskonzept. Dass dieser das Bündnis nicht berücksichtigende Plan an die Öffentlichkeit drang, führte zur Entlassung seines Urhebers im Juli 1955 (2.3 Brill). Zur gleichen Zeit erörterte ein interessierter Personenkreis Möglichkeiten einer Miliz-ähnlichen Heimatverteidigung: eventuell als Ergänzung eines gepanzerten Kernheeres oder unter Rückgriff auf Schützen- oder Veteranenvereine, eventuell auch als Aufgabe des BGS (6.4 Rink). Zugleich wob der auf dem Gebiet antikommunistischer Sicherheitsforschung unermüdliche Gehlen an einem Netz aus früheren Soldaten oder ganzer »Crack-Divisionen« (8.31 Keßelring). Bei der

Ausarbeitung von Mobilisierungsverfahren für eine Schattenarmee spielte der nachmalige Inspekteur des Heeres Schnez offenbar eine tragende Rolle. Diese auf konspirative Kooptationsnetzwerke gestützten Verteidigungsideen hatten keine Zukunft. Weder ihr Milizcharakter noch ihre Eignung zum Kleinkrieg im Rücken des Feindes entsprachen den Vorstellungen des Kreises um Speidel und Heusinger. Wohl auch um solche Alternativen auszuschalten, akzentuierten diese den strikt regulären Charakter der Bundeswehr. Dies kam zudem der Intention der Alliierten zuvor, die Deutschen als leichte Infanterie am Eisernen Vorhang einzusetzen. Trotz der konsequenten Bündnisintegration blieb die »nationale« Forderung der bundesdeutschen Heeresplaner nach der Verteidigung des westdeutschen Territoriums am Eisernen Vorhang. Einerseits war dies notwendig, um nicht Bundeswehr und Bündnis von vornherein der Obsoleszenz zu überantworten. Andererseits sprachen taktisch-operative Gründe dagegen: Seit dem 19. Jahrhundert fokussierte sich das Einsatzdenken im deutschen Heer auf bewegliche Operationen im Raum (8.1 Groß). In Ausbildungsschriften und Übungsanlagen stützte sich das deutsche Heer bis Ende der Achtzigerjahre auf das Konzept des Führens mit Auftrag und eine bewegliche Taktik im Gefecht der verbundenen – gepanzerten – Waffen. Freilich gaben Heeresexperten wie ihre Kritiker zu bedenken, dass hierfür die Kräfte fehlten. Fortwährend kreiste die Strategiedebatte um die Kompensation konventioneller Unterlegenheit durch nukleare Einsatzmittel.

Massive Vergeltung Die NATO war zunächst nur eine Assoziation westeuropäischer Staaten, denen es gelungen war, die USA zu einem Engagement in Europa zu veranlassen. Zunächst fehlten Streitkräfte, Organisation und Strategie. Eine Verteidigung am Eisernen Vorhang entsprach anfangs weder dem Interesse noch den Fähigkeiten des Bündnisses. Um 1948 planten US-Strategen sogar die Räumung Mitteleuropas, um mit der Verteidigung an den Pyrenäen zu beginnen oder gar erst einen Gegenangriff von Nordafrika aus zu starten. Auch die mitteleuropäischen Militärexperten planten zu dieser Zeit den Rhein als frühestmögliche Verteidigungslinie. Die am 3. Oktober 1949 verabschiedete Richtlinie MC 3 legte denn auch die Verteidigung an der Rhein–Ijssel-Linie fest. Die Kräfte der NORTHAG hätten demnach zwischen Nordsee und Remagen südlich von Bonn gekämpft, die der CENTAG im Raum weiter südlich bis zu den Alpen. Im Dokument DC 6/1 verankerte der Nordatlantikrat am 16. Januar 1950 die erste Leitlinie für eine gemeinsame Verteidigung Westeuropas. Ende 1951 existierten 35 NATO-Divisionen in Europa – viel zu wenig zur Verteidigung auch nur der Rheinlinie. Ende Februar 1952 beschloss der NATO-Rat in Lissabon deshalb die Aufstellung von 52 aktiven und 90 Reserve-Divisionen in Europa bis Ende 1954 – unter ihnen die zwölf deutschen. Noch im selben Jahr erwiesen sich diese Planungen als überzogen. Davon zeugten britische Nuklearpläne, nach denen angesichts kolonialer Rückzugsgefechte und knapper Kassen konventionelle Quantität durch nukleare Qualität ersetzt werden sollte (3.18 Walter). Am 9. Dezember 1952 verabschiedete das Military Committee der NATO das Dokument MC 14/1. Die Bezeichnung dieser Strategischen Richtlinien als »Forward Strategy« folgte einer nuklearen Logik: Die westliche Welt sollte »vorne« verteidigt werden – in Ermangelung von Truppen rasch und nuklear. Eine europäische Mitsprache über Nuklearangelegenheiten war nicht vorgesehen. Erörterungen amerikanischer Offiziere aus dem Bereich SACEUR mit solchen vom Strategic Air Command erwogen ab 1951, einen sowjetischen Angriff über die Elbe durch bis zu 1000 taktische Nuklearsprengköpfe zu stoppen. Dieser Strategie folgte auch der vormals oberste Soldat der NATO in Europa, Eisenhower. Ab 1953 wurden US-Atomwaffenträger des Strategic Air Command und entsprechende Nuklearsprengköpfe in Europa stationiert. Am 22. November 1954 erarbeite das Military Committee das Strategiedokument MC 48 (»Final«), das vom Nordatlantikrat am 17. Dezember verabschiedet wurde. Ein rein konventioneller Angriff des Ostens galt als unwahrscheinlich. Die konventionellen NATO-Truppen sollten als »Schildstreitkräfte« den gegnerischen Angriff auffangen, um dem strategisch-nuklearen »Schwert« des Bündnisses die Möglichkeit zur Vergeltung zu bieten. Das Dokument sah vor, einem gegnerischen nuklearen Überraschungsangriff mit einem eigenen nuklearen Erstschlag zuvorzukommen.

Um die Abhängigkeit des europäischen NATO-Oberbefehlshabers von den in Nordamerika stationierten strategischen Nuklearkräften zu reduzieren, vor allem aber um nach einer nuklearen Einsatzentscheidung des US-Präsidenten sofort handlungsfähig zu sein, entstanden ab 1954 regelmäßig überarbeitete SACEUR's Atomic Strike Plans (ASP). Danach wurde eine vorab ausgewählte Liste besonders wichtiger gegnerischer Einrichtungen als Atomziele festgelegt: Luftwaffenstützpunkte, Führungs- und Fernmeldeeinrichtungen und Verkehrsinfrastruktur sowie Eisenbahnknotenpunkte oder Brücken über die großen Flüsse. Der 1955 überarbeitete ASP präzisierte die Befehlswege zu den nachgeordneten Kommandobehörden. Die nuklearen Ziele sollten durch dafür speziell vorgesehene NATO-Kräfte, die Special Strike Forces, »abgearbeitet« werden. Hierzu zählten neben 25 Bomber- oder Jagdbomberstaffeln auch 15 nuklearfähige Rohr- oder Raketen-Artilleriebataillone. In der Stunde nach Freigabe (R-hour, Release-hour) sollten automatisch 46 Flugplätze sowie rund 80 Eisenbahnknoten oder Brücken in der DDR, der Tschechoslowakei sowie an Oder und Neiße nuklear zerstört werden. Konventionelle Strike-Aufträge galten der gegnerischen Treibstoffversorgung. Neben militärischen Zielen wären wohl

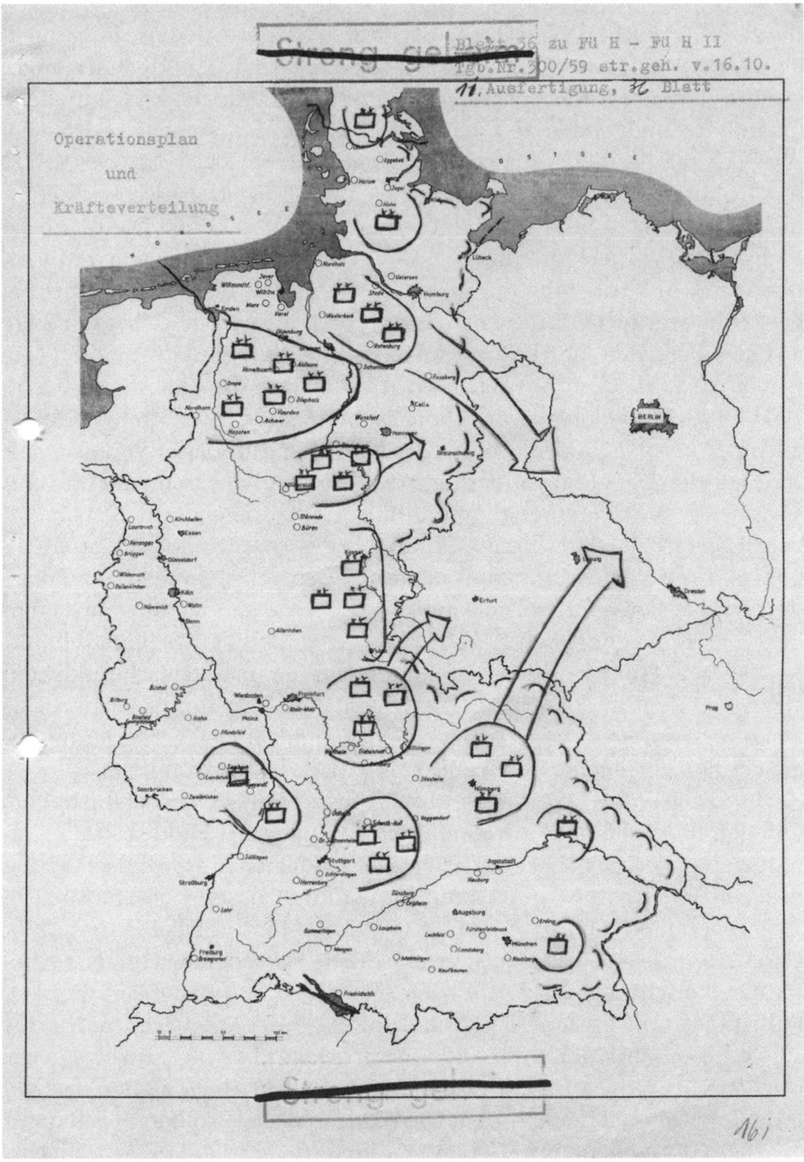

Abb. 27: »Degen statt Schild« – Nach einem frühen Konzept von 1959 sollte als Reaktion auf den imaginierten panzerstarken Angriff der Sowjetunion und ihrer Verbündeten ein schneller Gegenstoß geführt werden, der mit Erreichen der Elbe dem Feind die Initiative entreißen und seine Planungen zerstören sollte.

Operative Studie FüH II, BArch, BH 1/9487

Die Entwicklung der Vorneverteidigung im Zeitverlauf: vom Rhein bis zum »Eisernen Vorhang«

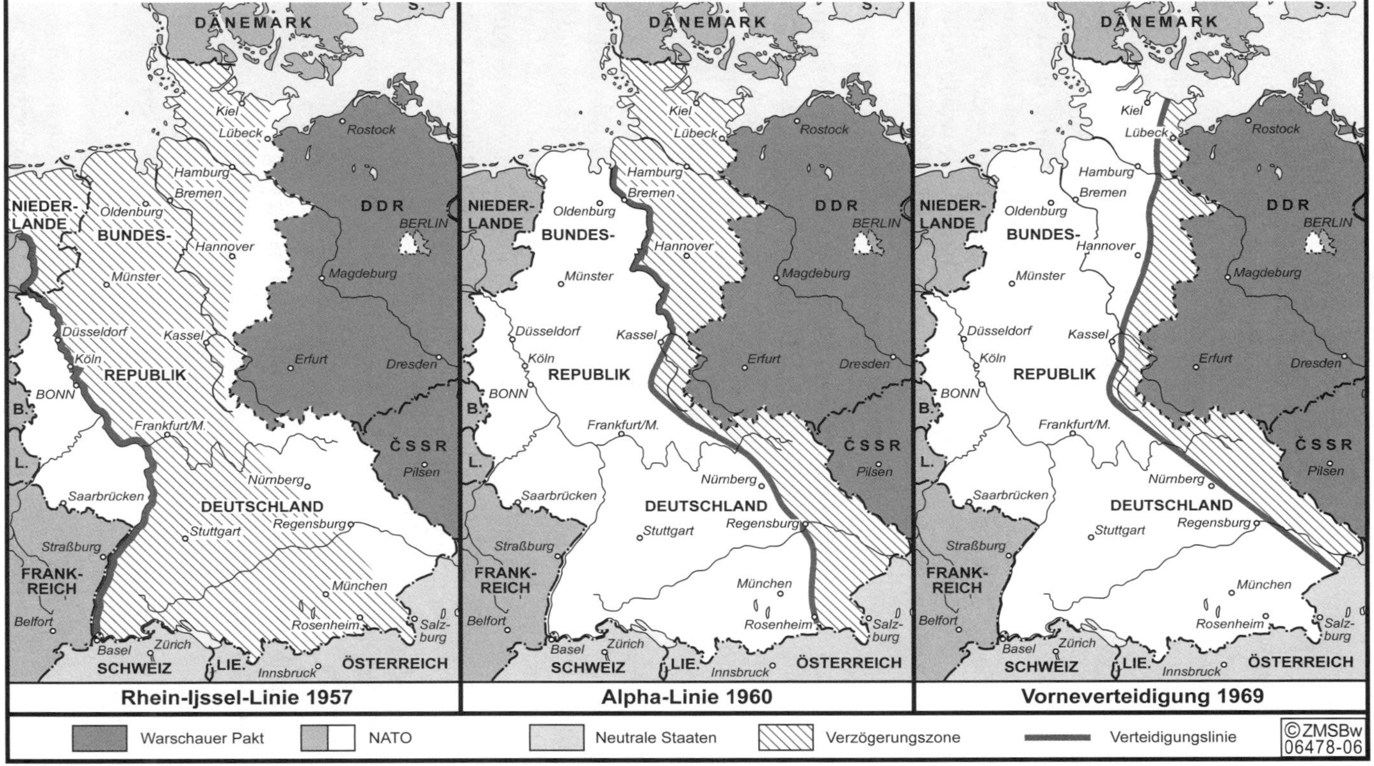

Verkehrsknotenpunkte wie Magdeburg oder Frankfurt/Oder nuklear vernichtet worden; bemerkenswerterweise sollten auch die beiden Flughäfen Tegel und Tempelhof in West-Berlin zerstört werden, um ihre Nutzung durch den Feind zu verhindern. Neben den automatisch anzugreifenden Zielen des »grünen« Katalogs bestand eine weitere »schwarze« Liste. Deren Ziele durften die regionalen Befehlshaber erst nach ausdrücklicher Freigabe des SACEUR angreifen. Die vorgesehene Sprengkraft, bei teils mehrfachem Einsatz auf dasselbe Ziel, variierte dabei von zwei bis 750 Kilotonnen (8.17 Krüger, S. 176 f.). Den Preis für das potenzielle nukleare Schlachtfeld offenbarte die von den alliierten Luftflotten durchgeführte NATO-Übung »Carte Blanche« im Juni 1955. Im Übungsraum, der ganzen Bundesrepublik, den Benelux-Staaten und dem Nordosten Frankreichs, kamen fiktiv 345 nukleare Sprengköpfe zum Einsatz: die Folge waren angenommene 1,7 Million Tote und 3,5 Millionen Verletzte.

Das am 21. Februar 1957 verabschiedete Strategiedokument MC 14/2 (»Revised«) und dessen am 23. Mai 1957 verabschiedete Ausführungsbestimmungen MC 48/2 überführten das Konzept in eine »Schwert-Schild-Strategie«; diese erlaube »differenzierte, flexible Antworten«. Infiltrationen, lokale Unterwanderungen oder lokale Einbrüche sollten noch konventionell bekämpft werden. Im Fall von »general war«, also bei nuklearem oder großmaßstäbigem konventionellen Angriff, war dagegen der unmittelbare Einsatz taktischer und strategischer Nuklearwaffen vorgesehen. Nach seinem Amtsantritt im November 1956 forderte SACEUR Lauris Norstad stärkere nuklearfähige Kräfte. Die Priorisierung der Luftwaffe betraf auch die US-Streitkräfte: Die Zahl von deren Staffeln erhöhte sich von 115 auf 137, die vormals 20 US-Heeresdivisionen wurden auf 14 reduziert. Zudem nahm die »Verzahnung« derjenigen Verbände fortwährend zu, die für nukleare und konventionelle Aufgaben vorgesehen waren. Die gestiegene Komplexität dieses Systems erhöhte die Anforderungen an die zentrale Kontrolle (8.17 Krüger, S. 183). Für seine Planungen forderte der SACEUR deshalb vom US-Präsidenten vermehrte Vollmachten. Die nuklearstrategische Planung im Bündnis erzeugte Wissens- oder Kompetenzvorsprünge auf der nachgelagerten Ebene, die den politischen Primat auszuhebeln drohten; zeitaufwendige politische Koordination im Konflikt selbst war ohnehin nur schwer vorstellbar. Diese Problematik betraf das Verhältnis zwischen dem US-Präsidenten und seinen Untergebenen in der US-Befehlshierarchie genauso wie die komplexen Abstimmungsstränge zwischen den Bündnispartnern. Die Lösung dafür bestand zum einen in der Institutionalisierung der Führungselemente, zum anderen in der exakten Ausarbeitung (nuklearer) pre-planned-missions – bis herunter zum einzelnen Waffensystem und Piloten. Dieser Automatismus ging tendenziell zu Lasten des politischen Spielraums: Denn gleichzeitig betonte Norstad gegenüber den nationalen Verteidigungsministerien seine alleinige Zuständigkeit für den ASP. Damit drohte der SACEUR die Autorität der demokratisch gewählten Regierungen der Bündnisstaaten auszuhöhlen. Eine Lösung hierfür war der politisch und materiell kostenträchtige Weg einer eigenen Strategie, wie ihn dann Frankreich einschlug. Ein anderer Lösungsweg war die Forcierung von Integration in Nukleardingen – wie die Bildung der Nuklearen Planungsgruppe.

Die Führung des Kernwaffeneinsatzes der Luftflotten und Heeresgruppen (der beiden ATAF mit NORTHAG oder CENTAG) wurde koordiniert durch Joint Command and Operations Centers (JCOC). Unterhalb dieser Ebene bestanden die Combat Operations Centers (COC) für die Durchführung. Unter ständiger Alarmbereitschaft standen die Quick Reaction Alert Forces (QRA), also die ständig einsatzbereiten Alarmrotten, die binnen einer Viertelstunde (oder sogar fünf Minuten) startklar zu sein hatten: jeweils ein bis zwei Flugzeuge oder Flugkörpersysteme pro Staffel – auch der bundesdeutschen Luftwaffe. Im Frühjahr 1958 stellte die Bundeswehr 25 Strikeflugzeuge, im Folgejahr waren es 50. Aber erst 1968 war die Zielgröße erreicht. Der Atomic Strike Plan von 1959 favorisierte den Counter-Nuclear-Einsatz. Damit stieg jedoch der Automatismus durch pre-planned missions, um nicht einem gegnerischen Enthauptungsschlag zu erliegen. Die gesteigerte Effizienz ging klar zu Lasten der im hergebrachten deutschen Führungsdenken betonten Flexibilität im Einsatz. Auftragstaktik nach Art des Heeres war somit obsolet. Am 9. Mai 1958 mahnte das vom Nordatlantikrat gebilligte Strategiedokument MC 70 zur Vermehrung der konventionellen Kräfte in Mitteleuropa, vor allem der Bundeswehr. Auch nach Aufstellung der deutschen 12. Panzerdivision 1965 lauerte hinter der konventionellen Schwäche die Gefahr eines schnellen, bald unkontrollierbaren Atomkrieges – bis in die Achtzigerjahre hinein.

Nukleare Teilhabe Eine »nationale« bundesdeutsche Strategie existierte nicht. Angesichts des NATO-Strategiepapiers MC 70 sah sich Generalinspekteur Heusinger im September 1959 veranlasst, eine grundlegende Lagebeurteilung durch die drei Teilstreitkräfte einzufordern. Die Bitte um die Ausarbeitung eines strategischen Konzepts erbrachte sehr unterschiedliche Antworten der Inspekteure. Das (sich selbst so begreifende) »deutsche« Heer hielt an klassischer Operationsplanung fest – nun unter Beimengung nuklearer Anteile. Ganz im Stile seiner Kriegserfahrungen empfahl Heeresinspekteur Röttiger den raumgreifenden präemptiven Angriff bis zur Elbe – auf DDR-Gebiet. Den Gegenentwurf dazu lieferte der Inspekteur der Luftwaffe, Kammhuber, der das Heeresdenken für überholt hielt. Da selbst ein »kleiner« oder »begrenzter« Krieg nicht führbar sei, bleibe nur Abschreckung übrig: »Man bewaffne sich mit Atomträgern« (Rink in 1.9). Die strategischen Vorstellungen der großen Teilstreitkräfte unterschieden sich auch nach Verabschiedung der Flexible Response im Bündnis. Ein »führbarer« Krieg schien genauso problematisch wie eine lückenlose Abschreckung. Wie auf Bündnisebene barg die NATO-Strategie auch für die Bundeswehr unauflösbare Dilemmata. Dies verstärkte die unterschiedlichen Integrationsrichtungen ihrer Teilstreitkräfte. Den westdeutschen Streitkräften blieb nur die Funktion als Schildstreitkräfte, gleichsam als Stolperdraht zur Auslösung des nuklearen Schlagabtausches. Beim Heer mussten alle Anstrengungen unternommen werden, diesen konventionellen Stolperdraht so reißfest auszugestalten, dass sich die Nuklearschwelle hob und somit Zeit für politische Verhandlungen gewonnen wurde. Die im Oktober 1953 begonnene Ausrüstung der US-Stationierungskräfte mit 280-Millimeter-Geschützen sowie »Honest John«- und »Lance«-Raketen verliehen auch dem amerikanischen Heer eine taktisch-nukleare Kapazität, die spätestens seit 1955 zu berücksichtigen war (Carter in 8.10). Dies beeinflusste die Pläne für die Bundeswehr. Wenn Adenauer am 5. April 1957 in einem Interview die taktischen Nuklearwaffen als »nichts weiter« als die Weiterentwicklung der Artillerie bezeichnete, wiederholte er damit zweifellos die vorherrschende Auffassung seiner Militärberater. Deshalb strebte die Bundesrepublik fortan nach nuklearer Teilhabe. Der Bundestagsbeschluss vom 25. März 1958 billigte die Ausstattung der Bundeswehr mit nuklearfähigen Waffensystemen. Für sie galt das Zwei-Schlüssel-System: Die nuklearen Sprengköpfe blieben in US-Gewahrsam, die Bundeswehr unterhielt »nur« die Trägersysteme – mitsamt Ausrüstung und Bedienungspersonal. Die Nuklearsprengköpfe und die sie bewachenden US-amerikanischen Sicherungskräfte standen unter Vorbehaltsrecht des US-Präsidenten. Erst mit Auslösung der R-hour traten diese Custodial Teams unter den Befehl des SACEUR. Durchaus zur Beruhigung anderer NATO-Partner versandeten dagegen die von Strauß initiierten und von Adenauer gedeckten Pläne, an der Entwicklung oder Produktion von Massenvernichtungswaffen teilzuhaben: zuerst das trilaterale Projekt mit Frankreich und Italien 1957/58, dann die angestrebte Kooperation mit den USA. Vor westdeutschen Nuklearambitionen schützte der Nichtverbreitungsvertrag von 1967, dem auch die Bundesrepublik – anfangs widerstrebend – beitrat. Weder technologisch noch einsatzbezogen waren die Deutschen souverän (Bange in 3.19).

Allerdings erlangte die Bundeswehr taktisch-nukleares Gewicht. Im April 1967 verfügte sie über 472 nukleare Trägersysteme: Im Heer bestanden sieben »Sergeant«- und 58 »Honest John«-Werfer sowie 70 203-Millimeter-Haubitzen vom Typ M 110. Die Luftwaffe besaß fünf

Jagdbombergeschwader mit jeweils 36 Maschinen F-104G »Starfighter«, vier einsatzbereite »Pershing«- und 153 »Nike-Herkules«-Abschussrampen. Drei Jahre später wies das Weißbuch zwei »Pershing«-Geschwader zu je 36 Abschussrampen und 24 Batterien »Nike-Herkules« mit je 9 Abschussrampen aus. Sieben Jagdbomberstaffeln (zu je 18 Flugzeugen) waren nun für eine konventionelle Zweitrolle vorgesehen – bisher war ihr Auftrag rein nuklear gewesen. Bis Mitte der Achtzigerjahre wurden die vornehmlich für den Nukleareinsatz bestimmten Waffensysteme der Bundeswehr reduziert: Bei der Luftwaffe waren nun noch 108 »Starfighter« und 72 »Pershing«-Raketenwerfer ausgewiesen, während die »Nike-Herkules« 1987 durch das – nun ausschließlich zur konventionellen Luftzielbekämpfung vorgesehene – Waffensystem »Patriot« abgelöst wurde. Gleichwohl unterhielt die Bundeswehr 26 der 88 »Lance«-Werfer der NATO in Mitteleuropa. Für diese bestanden rund 1700 Raketen (Hammerich in 8.10). Allerdings hatte sich die Arbeitsteilung im Bündnis verschoben: Die Runderneuerung der nuklearfähigen Mittel- und Kurzstreckenraketen durch Einführung einer zweiten Generation um 1980 betraf nunmehr nur die US-Streitkräfte.

In der Ausgabe des »Spiegels« vom 8. Oktober 1962 erwartete die Leserschaft ein unerfreuliches Kriegsszenario. Im Rahmen der Stabsrahmenübung »Fallex 62« hatte die NATO ein general-war-Szenario durchgespielt. Demzufolge hätte der Einsatz von Atomwaffen wie der Wasserstoffbombe in Europa, der Sowjetunion und Nordamerika zehn bis fünfzehn Millionen Tote gefordert. Trotz nuklearer Gegenwehr der NATO hätten die Warschauer-Pakt-Truppen große Geländegewinne im Nordwesten Deutschlands verzeichnet. Die gut recherchierte Story – wohl mit zugespielten Informationen von interessierten Kreisen des Ministeriums – führte zur »Spiegel«-Affäre. Zeitgleich zum bundesdeutschen Skandal eskalierte die Kubakrise. Während sich die Supermächte am Rand des Atomkriegs bewegten, existierten nach wie vor zu wenig konventionelle Kräfte in Europa (10.1 »Spiegel« 41/1962; Thoß in 8.6). So schienen die von Strauß befürchteten begrenzten Konflikte nun im Bereich des Möglichen. Auch diese strategische Weltsicht erklärt die rechtsstaatsferne Vehemenz, mit der die Bundesregierung zur Presse-Repression griff. Zugleich zeigte die breite öffentliche Solidarisierung mit der festgenommenen »Spiegel«-Redaktion die Ambivalenz der Strauß'schen Nuklearlogik: Unabhängig von ihrer militärischen Zweckmäßigkeit überzeugte sie viele derjenigen Bundesbürger nicht, die sich weder durch die eine noch die andere Option geschützt sahen.

Flexible Response Die Berlinkrisen von 1958 und 1961 verdeutlichten das amerikanische Glaubwürdigkeitsproblem: Eine unangemessen scharfe – militärische – Reaktion konnte politisch genauso schädlich sein wie die

Düpierung durch kleine Provokationen. Ab 1959 stellten die drei westlichen Besatzungsmächte Überlegungen zum Schutz von Berlin unter dem Namen »Life Oak« an. Angelehnt an SHAPE, doch bedingt durch den Berlinstatus nicht als Teil dieses Oberkommandos, erfolgten Planungen, wie östlichen Provokationen mit jeweils angemessenen militärischen Mitteln begegnet werden könne. Dabei wurde nicht zuletzt über ein mögliches Freikämpfen entlang der Transitrouten auf DDR-Gebiet nachgedacht (Storkmann in 10.2, Nr. 4/2013). Auch hier bestand letztlich eine nukleare Eskalationslogik; Soldaten der Bundeswehr wurden erst später und nur konsultativ herangezogen. Mit dem Ziel, eine angemessene Reaktionsfähigkeit in der Bündnisstrategie zu verankern, präsentierte US-Verteidigungsminister Robert McNamara im Mai 1962 strategische Grundsätze, die dann vom Nordatlantikrat als »Athener Richtlinien« verabschiedet wurden. Das westliche Bündnis erklärte seinen Verzicht auf eine sofortige umfassende nukleare Reaktion auf einen sowjetischen Angriff. Stattdessen sollten die Bündnispartner konsultiert werden und zunächst nur selektive Atomschläge politische Signale setzen. Um die nukleare Eskalationsautomatik zeitlich zu entzerren, bedurfte es stärkerer konventioneller Truppen. Die Kontrolle der Nukleareinsätze verblieb beim US-Präsidenten. Der Single Integrated Operations Plan (SIOP) des US-Verteidigungsministers umfasste ein gestaffeltes Eskalationskonzept nach Zielkategorien: Eigene Atomschläge waren zuerst auf Ziele außerhalb urbaner Zonen zu richten; präemptive Schläge sollten erst gegen gegnerische Nukleareinrichtungen, dann gegen andere militärische Ziele außerhalb von Ballungsräumen und danach auch gegen militärische Ziele in urbanen Zentren geführt werden. Dem sollten weitere Vergeltungsschläge folgen; als letztes Mittel war ein allgemeiner Nuklearkrieg vorgesehen.

Am 14. Januar 1968 verabschiedete das Bündnis das Strategiedokument MC 14/3, das die angemessene Reaktion (Flexible Response) zur offiziellen Doktrin erhob. Nachdem im Dezember 1966 auf Initiative des belgischen Außenministers Pierre Harmel der Nordatlantikrat die Aufnahme von Beziehungen auf allen Ebenen zur Sowjetunion und ihren Bündnispartnern gebilligt hatte, wurde dieses Vorgehen ein Jahr später als »Harmel-Bericht« offiziell übernommen. Damit begann die Entspannungspolitik. Im Rahmen der Ostpolitik der sozialliberalen Bundesregierung ab 1969 kam die Bundeswehr als Instrument eines vermeintlichen Revanchismus endgültig nicht mehr in Frage. Gleichzeitig erhöhte die Strategie die Dringlichkeit, die konventionellen Streitkräfteziele zu verwirklichen, mit denen die Verbündeten seit fast zwei Jahrzehnten rechneten.

In der sogenannten Triade waren die Stufen zwischen »direkter Verteidigung«, »vorbedachter Eskalation« – mit erstem selektiven Nukleareinsatz – bis hin zur »allgemeinen nuklearen Reaktion« vorgesehen (Hansen in 8.3). Besonders auf deutschen Wunsch hin übernahm die NATO das Konzept einer möglichst grenznahen Verteidigung. Bereits diese konnte im östlichen Lager sowie bei westlichen Bundeswehrkritikern als Beweis für bundesdeutsche Aggressionsbereitschaft gedeutet werden: Denn bis zur Klarstellung unter Verteidigungsminister Schröder im März 1967 übersetzten auch offizielle Bundeswehrdokumente das Konzept der »Forward Defence« mit »Vorwärtsverteidigung«. Die in den Anfangstagen des Bündnisses geplante Verteidigungslinie an Ijssel und Rhein galt bis 1957. Zwischen dem Rhein und der östlich vorgelagerten Linie zwischen Ems und Neckar sollte das Verzögerungsgefecht beginnen, eine erste (schwache) Widerstandslinie bestand an der Weser–Lech-Linie. Mit den Emergency Defence Plans wurde im Juli 1958 die Hauptverteidigungslinie ostwärts auf die Ems–Neckar-Linie gezogen, das Verzögerungsgefecht begann an der Weser–Lech-Linie. Aufgrund der deutschen Vorstellungen, die nun auch durch Truppenpräsenz Überzeugungskraft erlangten, billigte SACEUR Norstad im April 1962 den Beginn der Verteidigung am Eisernen Vorhang, worauf sein Untergebener Speidel als COMLANDCENT veranlasste, diese Planungen bis 1966 umzusetzen. Mit dem Emergency Defence Plan vom September 1963 wurde die Weser–Lech-Linie als Hauptverteidigungslinie offiziell verankert. Ab 1969 sahen die Emergency Defence Plans (später: General Defence Plans, GDP) der Bündnisverteidigung Stellungen rund 30 Kilometer westlich (oder südlich) der Grenzen zur DDR und zur Tschechoslowakei vor. Die Vorstellungen der Bündnispartner differierten weiterhin. Es blieb beim Dilemma, dass die Verteidigung umso weniger Zeit für Vorwarnung, Mobilisierung und zur Entfaltung konventioneller Kräfte bot, je weiter sie im Osten begann.

Die Substitution konventioneller Kampfkraft durch nukleare Einsatzmittel galt auch in der Heerestaktik. Mit der Heeresdienstvorschrift Hdv 100/1 (oder Truppenführung TF 62) bestand seit Oktober 1962 erstmals ein Dokument, das konventionelle und nukleare Kriegführung zusammen dachte. Das Heer setzte das um, was es mit seiner Strukturänderung von 1958/59 versprochen hatte: die Führung des gepanzerten Gefechts unter Hinzufügung nuklearer Mittel. Die in Ausschnitten archivalisch zugänglichen Übungsszenarien erlauben es seit jüngerer Zeit, die auch für die Bundeswehr gültigen Taktikvorstellungen in der Skala zwischen konventioneller und taktisch-nuklearer Kampfführung zu bewerten. Bis 1983/85 war der Einsatz nuklear bestückbarer Minen (Atomic Demolition Munitions, ADM) eine Einsatzoption. Diese hätten – grenznah und auf eigenem Territorium – im Abstand von je vier bis fünf Kilometern eingesetzt werden können, etwa um durch nuklear erzeugte Geländehindernisse,

Brückendetonationen oder Hangabsprengungen den Gegner zu stauen. Die feindlichen Truppenkonzentrationen hätten dann mit (nuklearer) Artillerie bekämpft werden können. Als Schwelle zum Übergang zum Einsatz taktischer Nuklearwaffen definierte der Führungsstab des Heeres im Juli 1965 den Angriff eines verstärkten Regiments von 2500 Soldaten (Gablik in 1.44, S. 321; Hammerich in 1.29; Hammerich in 8.3).

Während die Heeresgruppe Nord (NORTHAG) ihren Verteidigungsschwerpunkt im Norddeutschen Tiefland erwartet und faktisch wohl erst auf Höhe der Weser mit der Verteidigung begonnen hätte, erwartete die CENTAG den gegnerischen Stoß im Norden ihres Verteidigungsabschnitts – und plante, diesen Stoß in Richtung Frankfurt am »Fulda-Gap« aufzufangen (8.3 Krüger). In Süddeutschland hätte die 1. Französische Armee Bündnisbeistand geleistet; für eine frühzeitige Reaktion war sie jedoch viel zu weit im Westen stationiert. Zudem drohte ein Angriff durch Truppen des östlichen Bündnisses über Österreich – in den Rücken des II. deutschen Korps. In Norddeutschland wurde der Hauptstoß der sowjetischen Truppen und ihrer Verbündeten aus der DDR und Polen erwartet. Das deutsche I. Korps erwartete (nach Übungsplanungen von 1988) den Gegner nördlich der Linie Braunschweig–Hannover. Hier bestand das Problem der zeitgerechten Verstärkung der niederländischen und belgischen Kräfte aus ihren Heimatländern; dies galt auch für die britische Rheinarmee. Aufgrund ihrer relativen Schwäche tendierten die Kommandierenden Generale dieser Bündnispartner in Übungen dementsprechend zu freizügigerem Einsatz von Atomsprengkörpern. Im Februar 1969 kritisierte der in der NATO-Nuklearplanung sachkundige Luftwaffeninspekteur Steinhoff Vorhaben, die einen gleichzeitigen Einsatz von 50 nuklearen Gefechtsfeldwaffen vorsahen: Dies sei für die Bundesrepublik »als Teil konventioneller Abwehr unannehmbar« (Hammerich in 8.10, S. 262). Gleichzeitig aber bestanden nicht wenige deutsche Truppenführer gegenüber ihren verbündeten Kameraden darauf, dass nur der (angedrohte) Einsatz von Nuklearwaffen eine glaubwürdige Abschreckung gewährleiste. Noch 1981 existierten rund 6000 Nuklearwaffen in Mitteleuropa. Bis 1988 sollten von ihnen 1400 abgezogen werden, insbesondere Atomminen (ADM) und Artilleriegranaten. Genau deswegen war die Mitwirkung von Bundeswehroffizieren in der Nuklearen Planungsgruppe so bedeutsam. Dennoch: Wenn das Weißbuch von 1970 das Verteidigungskonzept mit vier Stichworten umriss – »Vorneverteidigung, international gemischte Präsenz, Integration der militärischen Führung und Zurückhaltung beim Einsatz nuklearer Waffen« (1.68, S. 40) – dann war dies eine Vereinigung von recht gegensätzlichen Maximen, sobald es diese praktisch umzusetzen galt.

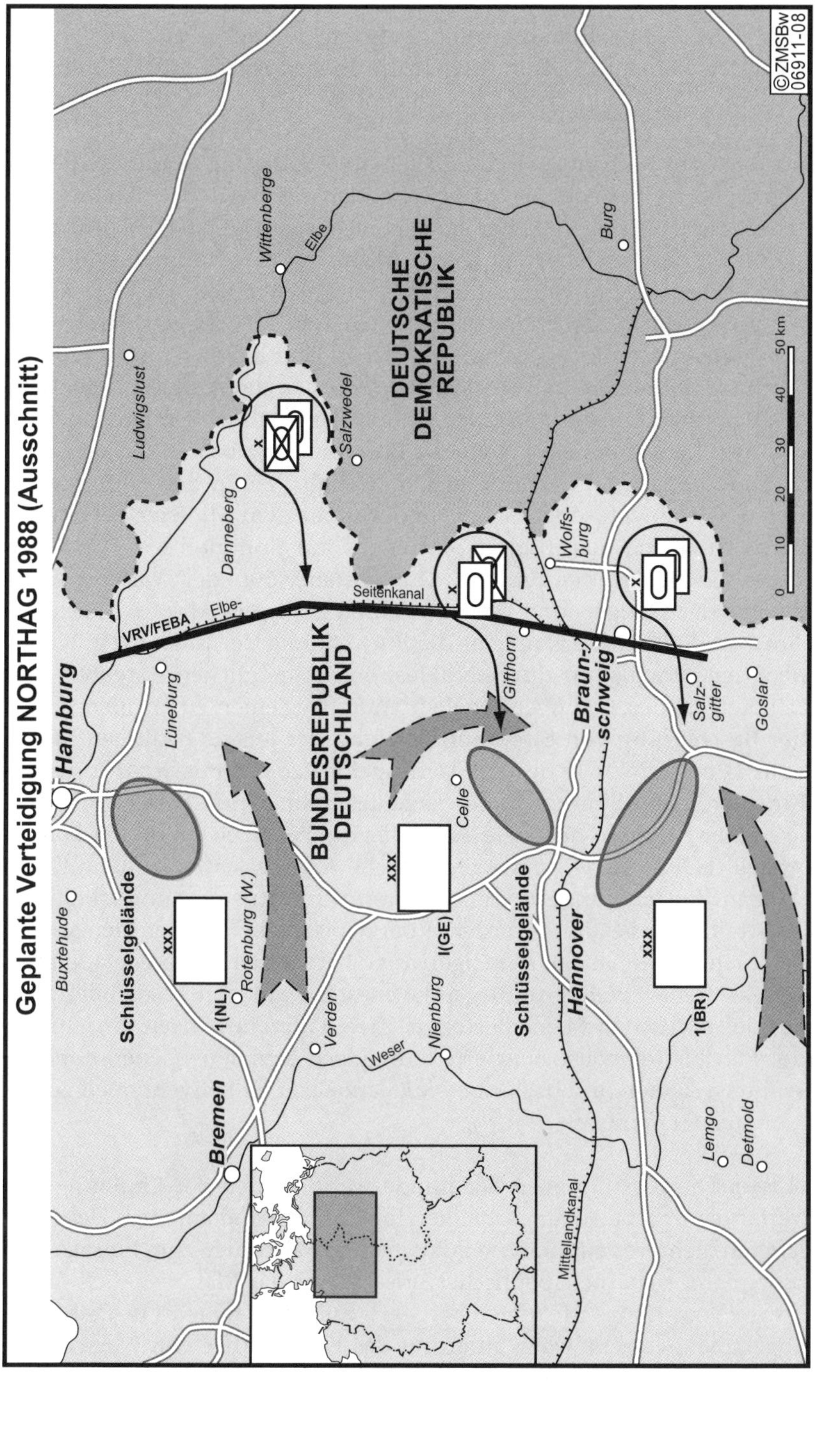

Geplante Verteidigung NORTHAG 1988 (Ausschnitt)

Mit der Konventionalisierung der Strategie und parallel zur grundlegenden Reform der Bundeswehr im Innern traten um 1970 wieder Gedanken zum herkömmlichen, technikreduzierten »Einzelkämpfer« hervor. Auch lange nachdem die Wehrstrukturkommission Möglichkeiten einer auf Milizen gestützten Heimatverteidigung erörtert hatte, erfolgten noch Überlegungen dazu: Inhaltlich trafen sich dabei konservative Infanterieoffiziere mit eher linksliberal ausgerichteten Denkern, wenn sie eine Friedenssicherung durch Milizstruktur, Raumverteidigung oder Techno-Kommandos eruierten (8.5 Uhle-Wettler; 8.13 Weizsäcker; 6.4 Rink). Solche Debatten suchten nach dem Ausweg aus den weiterhin geübten Atomkriegsszenarien, blieben aber letztlich ohne größeren Einfluss auf Konzept und Struktur der Bundeswehr. Angesichts der bundesdeutschen Entspannungspolitik und der in offiziellen Dokumenten betonten konventionellen Rolle der Bundeswehr mochten die leistungsstarken taktisch-nuklearen Einsatzmittel ab 1970 in den Hintergrund treten. Gleichwohl dokumentierte der unter dem Minister Leber endlich vollzogene quantitative Aufwuchs auf nominell 495 000 Mann sowie die gleichzeitig initiierte »Runderneuerung« der Waffensysteme die in den Siebziger- und Achtzigerjahren gültige Doktrin der Flexiblen Antwort. Teilweise erlaubte es die Entwicklung der Rüstungsgüter, einige der vormals nur durch Nukleareinsatz möglichen Aufgaben nun mit zielgenaueren konventionellen Waffensystemen zu erfüllen: so bei der Beschaffung von Streumunition und der leistungsfähigen Minen vom Typ AT-2 sowie des auf Tiefflugeinsätze optimierten »Tornado« für Interdiction-Einsätze in der Tiefe des Raums. Auf Abriegelung gegnerischer Kräfte in der Tiefe zielte das Konzept der Follow-on-Forces-Attack (FOFA) ab. Die erste gegnerische Angriffsstaffel sollte mit dem AirLandBattle-Konzept durch verstärktes Zusammenwirken der Teilstreitkräfte gestoppt werden. Vom deutschen Operationsdenken her beinhaltete diese in den Achtzigerjahren hervortretende »neue operative Schule« freilich nicht grundlegend Neues. Die nukleare Logik blieb auch auf der taktischen Ebene bestehen. Zwei Jahrzehnte nach Einführung der Flexible Response existierte nun jedoch eine neue Generation von Waffensystemen, um bisherige Nuklearziele auch konventionell zu bekämpfen (Hammerich in 8.10).

Übungen Die Großübungen der Bundeswehr dienten der Einübung von Verfahren und Bewegungsabläufen im Großverbandsrahmen. Dabei gelangten mehrere zehntausend Soldaten und Fahrzeuge zum Einsatz. Von besonderer sicherheitspolitischer Brisanz war das Manöver »Schwarzer Löwe« vom 15. bis 21. September 1968. Zunächst sollte es in Ostbayern abgehalten werden. Doch aufgrund des Einmarsches von Warschauer-Pakt-Truppen in die Tschechoslowakei am 21. August 1968 wurde der

Schauplatz der Übung mit erheblichem Planungsaufwand um 200 Kilometer nach Westen verschoben. Als zusätzliche Belastung erwies sich darüber hinaus, dass die Gebirgsdivision (mit einer Brigade der 4. Division) die Beobachtung des östlichen Grenzgebietes übernehmen musste – im Gegensatz zur übenden Truppe ausgestattet mit scharfer Munition. Auch später sandten Großübungen doppelte Signale für Einsatz- und für Entspannungsbereitschaft. Hier zeigte die Blocklogik ebenfalls ihren widersprüchsvollen Charakter: Während in Prag die Breschnew-Doktrin gewaltsam den Primat der Sowjetunion in ihrem Bündnis dokumentierte, erhielten auch die Westdeutschen keinen unmittelbaren Einblick in die Aufklärungsergebnisse ihrer amerikanischen Verbündeten.

Schon 1962 hatte der »Spiegel« seinen Lesern von zwei US-Divisionen berichtet, die auf dem Luftweg binnen einer Woche zu ihrem bereits in der Bundesrepublik lagernden Gerät gelangen könnten. Der Vietnamkrieg führte zu einer Ausdünnung der US-Stationierungskräfte in Deutschland, wodurch wiederum die Kritiker der Flexible Response Wasser auf die Mühlen bekamen. Um die konventionelle Verteidigungsfähigkeit Westdeutschlands und Westeuropas zu gewährleisten, wurde seit Januar 1969 mit den Reforger-Manövern (Return of Forces to Germany) eine Verlegung von US-Truppen nach Deutschland in großem Rahmen geübt. Ab 1982 wurde für den Spannungsfall die transatlantische Verlegung von sechs Divisionen der U.S. Army nach Deutschland zugesichert, die über die großen US-Flugplätze in Ramstein, Stuttgart und Wiesbaden in ihre vorgesehenen Übungs- und eventuellen Einsatzräume in Hessen und Franken gelangten. Diese bis 1993 regelmäßig durchgeführten Manöver wurden von der Bundeswehr unterstützt. Im Rahmen des Wartime Host Nation Support (WHNS) oblag es dem Territorialheer, aber auch einer großen Zahl ziviler Bundeswehrmitarbeiter, Ausrüstung und Infrastruktur für die eintreffenden US-Truppen sicherzustellen. Die Großmanöver dienten auch als Signal der anderen Bündnispartner, ihre südlich der Elbe (Niederlande) oder im Harz (Belgien) lagernden Truppen im Spannungsfall zu Korps zu verstärken. Auch die Großübung »Kecker Spatz« von 1987 sollte die deutsch-französische Partnerschaft bekräftigen: Der Übungsraum in Ostbayern zeigte die Bereitschaft Frankreichs, hier Präsenz zu zeigen. Große Stabsrahmenübungen veranstaltete der Nordatlantikpakt jeweils im Herbst unter der Bezeichnung »Fallex« (Fall Exercise) und ab 1971 im Winter als »Wintex« (Winter Exercise). Von ihnen erregte die durch die »Spiegel«-Affäre herausgehobene Übung von 1962 die größte Aufmerksamkeit.

Die Übungen kreisten um das Einstudieren von Standardverfahren, mussten also zwangsläufig diejenigen Bedrohungs- und Vernichtungsszenarien beinhalten, vor denen die westliche Welt zu schützen war.

Gleichwohl traten in den Simulationen Erkenntnisse zutage, die zur Fortentwicklung der Einsatzverfahren beitrugen. Auch in den Siebzigerjahren bezeugten die Einsatztagebücher der »Wintex«-Übungen »erstaunlich viele Parallelen zu militärstrategischen Ursprungsdebatten, die man unvoreingenommen mit der Entscheidung für die neue Doktrin der Flexible Response als erledigt betrachtet hätte« (Gablik in 1.44 , S. 317). Natürlich entsprachen die durchgespielten Übungsverläufe einem worst-case-Szenario: So kulminierte »Wintex 75« in einem nuklearen Schlagabtausch, der allein die Bundesrepublik mit 250 Detonationen betroffen hätte. In der Übung zwei Jahre später wurde, wohl auf Betreiben der Bundesregierung, die nukleare Eskalation auf niedriger Stufe beendet. Die ab 1979 unter dem Namen »Wintex-Cimex« abgehaltenen Übungen blendeten unter Betonung der zivil-militärischen Zusammenarbeit dieses Übungsziel von vornherein aus. Umgekehrt aber rekurrierte der Übungsmodus insgesamt möglicherweise auf eine allzu starre Eskalationslogik (Lemke in 1.44 , S. 330).

Zumindest in Mitteleuropa war der Konflikt insofern statisch, als der prospektive Gegner und seine Absicht in Grundzügen bekannt war. Als mobile Eingreiftruppe der NATO in Europa bestand zu deren Ergänzung die Allied Command Europe Mobile Force (AMF). Diese wurde ab Ende der Fünfzigerjahre zuerst als Möglichkeit erwogen und im Zuge des sich abzeichnenden Strategiewechsels 1960 vom Nordatlantikrat genehmigt. Zusammengesetzt war die AMF aus Kontingenten von Eliteverbänden der Bündnispartner. Ihr Einsatz diente weniger der Abwehr eines Angriffs, als vielmehr der politisch-militärischen Demonstration der NATO. Der Beitrag der Bundeswehr bestand aus einer Staffel leichter Jagdbomber, bei der AMF »Land« im Kern aus einem Bataillon Fallschirm- oder Gebirgsjäger, unterstützt durch luftbewegliche Kampfunterstützungs-, Fernmelde- und Sanitätskomponenten in Kompaniestärke. Die Einsatzgebiete und zugleich Schauplätze alljährlicher Übungen waren die bedrohten NATO-Flanken: für die AMF »Nord« waren dies Nordnorwegen und die dänischen Inseln, für die AMF »Süd« die südöstliche Türkei, das türkisch-griechische Gebiet in Trazien und um die Meerengen sowie der östliche Rand Italiens. Letztlich standen diese Übungen – genauso wie wohl alle Operationen leicht beweglicher Kräfte – wohl nur am Rande des Interesses der Einsatzplaner bei SHAPE und in der Bundeswehrführung. Auch die intendierte Demonstrationswirkung war im Rahmen der nuklearen Eskalationslogik wohl eher marginal (Lemke in 3.9). Neben dem Übungserlebnis für Soldaten in weit von Mitteleuropa entfernten Regionen bereiteten sie aber auch Verfahrensweisen vor, die bei den Auslandseinsätzen ab 1990 zum Tragen kamen – zuerst bei der Luftlande- und der Sanitätstruppe.

Zivilverteidigung Nicht nur den Verteidigungsexperten war klar, dass eine bewaffnete Auseinandersetzung auf deutschem Boden Opfer in unvorhersehbarer Zahl fordern würde. Genau darauf beruhte aber die nukleare Abschreckungslogik. Unmittelbar vor Aufstellung der Bundeswehr kursierten publizistisch erörterte Ideen für eine Gesamtverteidigung, die nicht zuletzt eine vollständige Mobilisierung der Bevölkerung beinhalteten. Dabei konnte angesichts der ohnehin umstrittenen Wiederbewaffnung keine Rede sein. Auch bot die auf reguläre Kernverbände gestützte Bundeswehrplanung sowie die Betonung der Trennung von zivilen und militärischen Elementen der Bundeswehr wenig Raum für eine Priorisierung der Zivilverteidigung. In Hinsicht auf das Manöver »Fallex 62« kritisierte der »Spiegel«, dass die »Vorbereitungen der Bundesregierung für den Verteidigungsfall völlig ungenügend sind, wobei das Fehlen eines Notstandsgesetzes nur eines von vielen Übeln ist.« Ein Angriff aus dem Osten lasse das Sanitätswesen schnell zusammenbrechen; auch suchten nicht kontrollierbare Flüchtlingsströme ungeachtet der »Stay at home-Policy« dem Kampfgebiet zu entrinnen. Zu seinem Ärger erfuhr Adenauer, dass diese Ausführungen zutrafen (10.1 »Spiegel« 41/62; Thoß in 8.6). Zwar wurden die Mängel hinsichtlich der Territorialverteidigung im Lauf der Sechzigerjahre behoben und die Notstandsgesetzgebung im Mai 1968 verabschiedet. Dennoch blieb die Zivilverteidigung vernachlässigt, unter anderem deshalb, weil ihre Organisation in den Bereich von Ressorts mit anderer Prioritätensetzung fiel. In den Weißbüchern wurde die Thematik nur mit einem knappen Eintrag bedacht: Natürlich ging es um die Aufrechterhaltung der öffentlichen Ordnung, die ärztliche und die Lebensmittelversorgung sowie die Instandhaltung wichtiger Infrastruktur. Seinen Beitrag leistete der Bund durch Zuschüsse für den Bau von Schutzräumen und die Bundeswehr indirekt durch die Freistellung von Wehrpflichtigen für den Dienst beim Katastrophenschutz. Innerhalb der Bundeswehr blieb die zivil-militärische Zusammenarbeit auf die Territorialverteidigung, zivile Bundeswehrmitarbeiter und Reservisten beschränkt. Die Zivilverteidigung mochte ein freundlicher Begriff sein. Dennoch musste eine – ernsthafte – Gesamtverteidigung Maßnahmen beinhalten, die auch als Militarisierung der Gesellschaft gedeutet werden konnten. Und eingedenk der Einsicht, dass eine Ausrichtung der Gesellschaft an militärischen Erfordernissen weder den Möglichkeiten noch den Interessen der bundesdeutschen Institutionenlandschaft entsprach, blieb das Feld weitgehend unbestellt. Allerdings mussten sogar die umfassenden Zivilschutzmaßnahmen von neutralen Staaten wie Schweden oder der Schweiz angesichts der drohenden nuklearen Katastrophe letztlich defizitär bleiben (3.19 Greiner/Müller/Walter). Paradoxerweise wurde genau dadurch die Logik der Abschreckung erhalten: Der Krieg in Mitteleuropa blieb unführbar.

Militärische Aufklärung Angesichts der besonders in Deutschland angehäuften nuklearen Vernichtungsmittel konzentrierte sich die öffentliche Debatte weitgehend auf das »obere« Ende des Kräftekontinuums. Dagegen blieb der »untere« Bereich des Bedrohungsspektrums weitgehend im Schatten. Nur im Zuge mancher Skandale um die Nachrichtendienste drangen Informationen an die Öffentlichkeit. Das geteilte Deutschland war ein Zentrum im Kampf der Geheimdienste, vor allem während der späten Vierziger- und Fünfzigerjahre in Berlin. Seit dieser Zeit blieb die Bundesrepublik Stützpunkt für die strategische Aufklärung der USA und der westlichen Verbündeten: sei es durch direkte Aufklärungsflüge am Eisernen Vorhang (oder gegebenenfalls weiter), sei es durch Grenzsicherung der westalliierten Streitkräfte wie die US-amerikanische Tätigkeit am »Point Alpha«, sei es durch elektronische Fernaufklärung (Signal Intelligence) der amerikanischen Streitkräfte oder anderer Dienste wie der NSA oder auch durch die »Human Intelligence« im Netzwerk der vor Ort agierenden »Dienste«. Auch die Bundeswehr und ihre spezialisierten Truppenteile lieferten Aufklärungsergebnisse: Während des gesamten Kalten Krieges beobachteten Flottendienstboote und andere Einheiten der Marine Manöverbewegungen in der Ostsee. Am Eisernen Vorhang und im gesamten Bundesgebiet bestanden technische Einrichtungen zum Abhören des Funkverkehrs jenseits der Blockgrenze. Die Luftwaffe hatte ebenfalls Anteil an der Generierung und Weiterverarbeitung von Aufklärungsergebnissen. Im Verteidigungsministerium koordinierte die Stabsabteilung 2 die Tätigkeiten des militärischen Nachrichtenwesens. Durchaus zum Leidwesen der Bundeswehr-Experten blieb der Bundesnachrichtendienst (BND) als wichtigste Quelle bundesdeutscher Auslandsaufklärung dem Bundeskanzleramt direkt verantwortlich. Gleichwohl existierten mannigfaltige historische, verfahrenstechnische und personelle Verflechtungen zur Bundeswehr (8.27 UHK).

Strategie und Öffentlichkeit

In seinen Führungsrichtlinien für den Einsatz von Atomwaffen billigte Ulrich de Maizière noch als Heeresinspekteur am 28. Juni 1966 dauerhaft gültige Grundsätze: »Bei dem Einsatz von Atomwaffen sind die Auswirkungen auf die Bevölkerung und im Hinblick auf Erhaltung des eigenen Landes besonders zu beachten [...] Durch die richtige Wahl des Ortes, der Art und Zeit des Einsatzes kann oft sowohl den militärischen Erfordernissen als auch der gebotenen Rücksichtnahme entsprochen werden.« Zweifellos konnte solch typisch unverbindliche Ministerialdiktion wenig Falsches enthalten. Dennoch zeugten die Richtlinien vom Bestreben, den Nuklearkrieg »führbar« zu gestalten, was jedoch kaum mit der dem Abschreckungskonzept inhärenten Unkontrollierbarkeit eines angedrohten Konfliktes vereinbar war. Diese Ambivalenz zeigten noch die »Wintex«-Übungen der Achtzigerjahre (Gablik in 1.44). Und bereits am 12. April 1957 kritisierten namhafte deutsche Physiker öffentlich die Logik nuklearer Abschreckung – unter ihnen Max Born, Otto Hahn, Werner Heisenberg und Carl Friedrich von Weizsäcker. Ihr Göttinger Manifest stellte die Zerstörungskraft auch der taktischen Atomwaffen heraus: Deren Kennzeichnung als »klein« könne nur im Gegensatz zu derjenigen von strategischen Waffen gelten, die wiederum von »lebensausrottender« Qualität seien. Die Atomphysiker erklärten, sie seien nicht bereit, an der Fortentwicklung dieser Waffen mitzuwirken; zudem hielten sie es für unangebracht, ein apolitisch verengtes Verständnis von scheinbar »reiner Wissenschaft« zu pflegen. Anders als ein Vierteljahrhundert später richtete sich diese Kritik noch nicht gegen die zivile Nutzung der Atomkraft. Auch der 1950 aus dem CDU-Kabinett Adenauers ausgetretene Gustav Heinemann trat ab April 1957 mit der von ihm initiierten Bewegung »Kampf dem Atomtod« hervor. Großangelegte Demonstrationen gegen die Nuklearbewaffnung der Bundeswehr fanden am 17. April 1958 statt, unterstützt von Teilen der SPD und der Gewerkschaften. Nach der Bundestagsentscheidung von August 1958 flauten die großen öffentlichen Proteste zwar ab. Dennoch wurde weiterhin Kritik an den Rüstungsvorhaben von Minister Strauß laut, etwa im Rahmen von Ostermärschen der Friedensbewegung. Während sich in den Sechzigerjahren die Kritik am Obrigkeitsstaat mit der Forderung nach gesellschaftlicher Erneuerung verband, drückte sich im Jahrzehnt danach Missfallen von breiten Teilen der Bevölkerung am scheinbar hermetischen politisch-militärisch-industriellen Komplex aus. Eine grundsätzliche Strategiedebatte erlangte erst mit der Auseinandersetzung um die NATO-Nachrüstung wieder Oberwasser. Dabei hatten sich die bisherigen Friedens- und Oppositionsbewegungen in komplexer Weise neu gemischt. Das Hervortreten der Partei »Die Grünen« zeugte von einer quer zum etablierten politischen Lagerdenken stehenden Kritik an der zivilen wie militärischen Nutzung der Atomtechnik. Obwohl die »Pershing 1A« der Bundeswehr gerade noch zur Kategorie der taktischen Nuklearwaffen zählten, ging es bei der Nachrüstung um Fragen, die für die Bundesrepublik von strategischer Bedeutung waren: die Planung von militärischen Kräften zum Zweck der Politik und des physischen Überlebens. Der von dem vorzeitig in den Ruhestand gegangenen Generalmajor Gert Bastian maßgeblich mitinitiierte Krefelder Appell vom 16. November 1980 stieß auf breite Resonanz in der Öffentlichkeit – über drei Millionen Menschen unterzeichneten ihn. Auch aktive SPD-nahe Bundeswehrsoldaten des Darmstädter Signals lieferten einen Beweis für ihre politische Mündigkeit – oder (je nach Sichtweise) militärische Unzuverlässigkeit. Ungeachtet der breit ge-

Krefelder Appell 16. November 1980

Immer offensichtlicher erweist sich der Nachrüstungsbeschluss der NATO vom 12. Dezember 1979 als verhängnisvolle Fehlentscheidung [...] Ein selbstmörderischer Rüstungswettlauf könnte nicht im letzten Augenblick gestoppt werden; seine zunehmende Beschleunigung und offenbar konkreter werdende Vorstellungen von der scheinbaren Begrenzbarkeit eines Nuklearkrieges müssten in erster Linie die europäischen Völker einem untragbaren Risiko aussetzen.

Quelle: <http://www.1000dokumente.de/index.html?c=dokument_de&dokument=0023_kre&object=facsimile&st=&l=de>

fächerten Friedensbewegung, die Hunderttausende von Demonstranten mobilisierte, belegte gleichzeitig der Antritt der Regierung Kohl eine durchaus nennenswerte Unterstützung für die bisherige Sicherheitspolitik. Die NATO-Sicherheitspolitik polarisierte das Wahlvolk.

Die Frage nach Technikbeherrschung und Technikfolgenabschätzung betraf unter anderem genau das Problem, das der Luftwaffe zu ihrer besonderen Rolle verholfen hatte: Aus den Automatismen exakten militärischen Vorplanens erwuchs ein grundsätzlicher politisch-strategischer Konflikt. Eine Resonanz auf diese Wandlungsprozesse zeigte sich in Literatur und populärer Kultur. »Die Physiker« von Friedrich Dürrenmatt demonstrierte 1962 eindrücklich, dass sich das stetig voranschreitende Wissen um Naturwissenschaft und Technik auch auf die Vernichtungsinstrumentarien bezog; einmal erfunden, konnten sie nicht wieder aus der Welt geschafft werden. Stanley Kubricks Film über »Dr. Seltsam« von 1964 folgte Argumentationsmustern, die schon im Jahrzehnt zuvor die Gegner der Atombewaffnung zur Sprache gebracht hatten und die knapp 20 Jahre später von den NATO-Nachrüstungsgegnern beschworen wurden (3.29 Stöver, S. 217–227, 429–432). Unter Karikierung der verharmlosend-technizistischen Diktion, die 15 Jahre zuvor die deutschen Vorschriften zur Atomkriegführung gekennzeichnet hatte, veralberte der Humorist Loriot im Jahr 1978 die nukleare Verheißung der zivilen Atomkraft mit dem Sketch zum Weihnachtsfest der Familie Hoppenstedt. Auch das Genre des Katastrophen- und Zombiefilms nahm die nukleare Katastrophe als thematischen Ausgangspunkt, da der »Zombie zunächst einmal ein Opfer ist, und zwar ein Opfer des Kriegs und des Militärs« (8.40 Pöhlmann). Die Wahrnehmung der NATO-Nachrüstungskrise als Ausdruck der drohenden Apokalypse spiegelte sich auch in der Musik. Bill Haleys Song »Rock Around the Clock« von 1954 wurde erst mit Verzögerung ein Welthit, er war lediglich die B-Seite. Die A-Seite der Platte thematisierte dagegen das ironisch gemeinte Gedankenexperiment, bei dem infolge einer Wasserstoffbombenexplosion nur »13 women and only one man in town« übrig geblieben wären. Dies widerspiegelte noch das verharmlosende Faszinosum von Technik und Lebensstil. Ganz anders war es drei Jahrzehnte später, am 24. April 1982, beim europäischen Hit »Ein bisschen Frieden« der 17-jährigen Saarländerin Nicole; und die »99 Luftballons« der Sängerin Nena gelangten im folgenden Jahr auf Platz 1 der Charts in Deutschland und Großbritannien und Platz 2 in den USA – und auch hier auf Deutsch. Im Jahr 1983 erschienen zahlreiche dystopische Literaturwerke auf dem Büchermarkt, so das Buch über »Die letzten Kinder von Schewenborn« von Gudrun Pausewang (8.39) oder Anton Andreas Guhas fiktives »Tagebuch aus dem 3. Weltkrieg« (8.37). Dieser Verarbeitung der »Angst im Kalten Krieg« (3.19) standen Veröffentlichungen gegenüber, in denen sich die militärische Sachkenntnis mit fiktionalen best-case-Voraussetzungen mischten. General Sir John Hackett, von 1966 bis 1968 Oberbefehlshaber von NORTHAG und Rheinarmee, hatte sich mit seiner Forderung nach einer Verstärkung der konventionellen Kräfte in Mitteleuropa in einem Leserbrief an die »Times« keine Freunde gemacht. Seinen vorgezogenen Ruhestand nutzte er daraufhin, um zusammen mit anderen hochrangigen Offizieren ein Buch über den fiktiven dritten Weltkrieg zu verfassen. Daraus wurde ein in zehn Sprachen verbreiteter Bestseller. Der im August 1985 spielende Konflikt beinhaltete plausible Szenarien. Ein anfängliches Vordringen der Warschauer-Pakt-Streitkräfte konnte von NATO-Kräften erst am Rhein gestoppt werden – dank der im Süden haltenden CENTAG, der Verstärkungen durch Luft- und Seetransporte über den Nordatlantik und einer verbesserten Waffentechnik. Dabei kam den neuen Panzerabwehrwaffen und der (real kaum verwirklichten) vorherigen Verstärkung konventioneller Kräfte eine besondere Rolle zu (8.38 Hackett; 10.1 »Spiegel« 44/1978). Der Krieg endete nach Austausch (lediglich) zweier Atomschläge auf Birmingham und Minsk mit dem Zusammenbruch der Sowjetunion. Das Szenario war auch deswegen interessant, weil neben Berücksichtigung der wirtschaftlichen und geopolitischen Energieressourcen auch die inneren Widersprüche der Sowjetunion eine zentrale Rolle spielten – bis zum Zerfall der östlichen Supermacht infolge eines Militärputsches und der Unabhängigkeit der Ukraine. Hacketts Krieg war weitgehend konventionell. Deshalb blieb er führbar und letztlich wohl ein Wunschbild. Dies galt auch für den reißerischen Roman »Red Storm Rising« von Tom Clancy (8.41), der aus US-amerikanischer und maritimer Sicht die technologische Überlegenheit des Westens durch Flugkörper und Elektronik hervorhob. Auch hier kamen lediglich zwei nukleare Demonstrationsschläge zum Einsatz, nachdem die sowjetischen Truppen auf der Linie Hannover zum Stoppen gezwungen worden waren. Die Deutschen spielten in beiden Szenarien eine wichtige Rolle. Dabei obwalteten, bei grundsätzlicher Sympathie, durchaus nationale Stereotypen (und bei Clancy Unrichtigkeiten): Die Bundeswehr erschien so als Wiedergängerin früherer deutscher Armeen – all ihren Versuchen der inneren Neuausrichtung zum Trotz (8.41 Clancy).

Sicherheit durch Ambivalenz?

Die Bundesrepublik verdankte ihre Prosperität der politischen und daher ökonomischen Einbindung in die westliche Welt. Sowohl die atlantische als auch die europäische Integration besaßen von Anfang an eine Sicherheitsdimension, die über militärische Aspekte weit hinausreichte. Dabei wurde die zivile Facette dieser sicherheitsrelevanten Einbindung zum Markenzeichen der Bundesrepublik, während die Bundeswehr sich oft ins Abseits gedrängt fühlte. Die westdeutschen Streitkräfte waren deswegen nicht unwichtig, im Gegenteil: sie trugen zum einen hinreichend dazu bei, dass im westlichen Bündnis überhaupt nennenswerte Streitkräfte in Mitteleuropa stationiert waren; zum anderen schützte ihre enge Bündniseinbindung vor etwaigen deutschen Sonderwegen. Sicherheit durch Integration führte zu mehrfachen Ambivalenzen. Die NATO-Strategie beruhte auf der Ambivalenz zwischen Abschreckung und Selbstabschreckung. Dies nährte, zumal seit den Siebzigerjahren, eine spezifisch westdeutsche Spielart des Pazifismus, mit dem sich die wachsende Einsicht in die Monstrosität der NS-Verbrechen verband. So erreichte um 1980 mitunter das Wort vom »nuklearen Holocaust« die politische Debatte. Die enge Bündnisintegration der Bundeswehr war mit dem Einsatzautomatismus verkoppelt. Dieser war einerseits geeignet, Mitspracherechte der demokratisch gewählten Regierungen auszuhebeln; andererseits verstärkte sich die Erfordernis der Integration ins Bündnis. Sicherheit durch Integration besaß eine doppelte Schneide.

Für alle drei Teilstreitkräfte vereinte sich ihr Strategieverständnis mit dem Streben nach gleichem Rang mit den Großen im Bündnis. Spiegelverkehrt zur NATO-Integration blieben die Einsatz- und Ausbildungsszenarien unterschiedlichen Paradigmen verhaftet. Das »deutsche« Heer pflegte ein Kriegsbild, das aktuelle Strategieentwicklungen mit Erfahrungswerten aus dem Zweiten Weltkrieg verknüpfte. Nach außen und gegenüber Subalterndienstgraden erschien das Kriegsbild als vornehmlich konventionelle Veranstaltung. Einsatzregionen außerhalb Mitteleuropas fanden nur periphere Berücksichtigung, ebenso wie Formen irregulärer Gewalt (die aber in Gestalt der Partisanenabwehr durchaus noch in Vorschriftsentwürfen von 1955 enthalten gewesen waren). Das Heer der Bundeswehr dachte »konventionell«. Dagegen prägte sich in

▸ Abb. 28: In den Siebziger- und Achtzigerjahren wurde die Panzerabwehrfähigkeit des Heeres ausgebaut. Im Bild: eine Bo-105 in der Version als Panzerabwehrhubschrauber (PAH), Übung »Fränkischer Schild«, September 1986.

BArch, B 145 Bild F073468-0003/ Arne Schambeck

◂ Abb. 29: Trotz seiner beanspruchten Sonderrolle im Bündnis plante auch Frankreich seinen Beitrag zur gemeinsamen Bündnisverteidigung. Dies unterstrich die Übung »Kecker Spatz« im September 1987. Im Bild: der französische Staatspräsident François Mitterand und Bundeskanzler Helmut Kohl.

BArch, B 145 Bild 00012283/ Engelbert Reineke

▸ Abb. 30: Arbeit im Gefechtsstand, um 1960.

Bundeswehr

der Luftwaffe ein tendenziell technokratisches Selbstverständnis aus; teils unter Inanspruchnahme der Zugehörigkeit zur »Atomkriegselite« (8.17 Krüger, S. 186). Zum Funktionieren der nuklearen Abschreckungsmechanik musste ein komplexes Bündel technisch-organisatorischer Voraussetzungen reibungsfrei gegeben sein, ansonsten drohte eine durch technizistischen Determinismus genährte Illusion.

Auch bei deutschen (insbesondere heeresgeprägten) Offizieren konnte Abschreckung in Selbstabschreckung umschlagen: So fragte sich Röttiger 1956 in einem Artikel für eine Militärzeitschrift öffentlich, ob es nicht geboten sei, »Atomkriegsverweigerer« zu werden. Später bezeichnete Baudissin die überkommene Ausrichtung des soldatischen Denkens an heroischer Bewährung im Krieg als obsolet. Anfang der Achtzigerjahre veröffentlichte er eine Sammlung programmatischer Schriften unter dem Titel »Nie wieder Sieg« (8.9). In der Bundeswehr schlug sich dies in einer ambivalenten Adaption nieder: Das Konzept der Inneren Führung betonte den Primat der Politik und das Menschenbild vom politisch mitdenkenden Soldaten. Beides konnte in Loyalitätskonflikte münden. Zudem tobte in der Formierungsphase eine heftige Debatte um die Leitlinien eben dieser (Sicherheits-)Politik, teils noch bis Ende der Sechzigerjahre. Mit dem mühsam entwickelten Selbstverständnis der Bundeswehr war eine technokratische Haltung zwar unvereinbar, in der Truppenpraxis aber kaum vermeidbar. Möglicherweise zeigten sich in verschiedenen Facetten überdauernde mentale Kontinua: Von Röttigers Diktum des Atomkriegsverweigerers (1956) über die Warnung vor der »Übertechnisierung von Streitkräften« (8.5 Uhle-Wettler) und der Kritik an der NATO-Nachrüstung durch den vormaligen Kommandeur der 12. Panzerdivision Bastian bis hin zur Erörterung Kießlings einer neutralen Rolle Deutschlands im Jahr 1989 (8.15). Schriften des Nachrüstungskritikers Mechtersheimer (7.7) können regierungskritisch pazifistisch, aber auch konservativ gelesen werden. Zweifellos erfolgten hierbei konzeptionelle Verschiebungen: zwischen »modern« und »konservativ«, zwischen »rational« und »ideologisch«, zwischen Heimatschutz und Weltfrieden. Die Identität der Bundeswehr und ihrer Soldaten prägte gleichwohl das Motto: »Kämpfen können, um nicht kämpfen zu müssen«.

Tote im »Einsatz« hatte die Bundeswehr nicht zu beklagen. Dennoch fanden im Zeitraum zwischen 1956 und 1990 2566 Soldaten infolge der Ausübung ihres Dienstes den Tod. Wie das spektakuläre »Illerunglück« schon 1957 illustrierte, war dies bedingt durch Dienstunfälle im Straßenverkehr, bei Übungen oder der Schieß- und Sprengausbildung; oder bei den zahlreichen Flugzeugabstürzen, vor allem in der Aufbauzeit. Einen traurigen Höhepunkt stellte hier das Jahr 1962 mit 166 im Dienst Getöteten dar. Diese Zahlen sanken langsam: von durchschnittlich 115 in den Sechzigerjahren auf rund 72 im Folgejahrzehnt und 42,5 in den Achtzigerjahren. Dagegen stieg die Zahl der Suizide von Soldaten, die gleichwohl unter dem Durchschnitt der männlichen Bundesbürger blieb.

Besaß die Bundesrepublik einen Mangel an Strategie? In der Tat existierte hier keine militärisch straff koordinierte Strategievorstellung – etwa im Gegensatz zu Frankreich. Eine sinnvolle Strategie – als politikgeleitetes, allumfassendes Konzept – war es aus bundesdeutscher Sicht indessen, sich so »zivil« wie möglich zu geben. Voraussetzung dafür war zwar auch eine Bundeswehr von knapp 500 000 Mann (und wenigen Frauen) im Frieden und einem Umfang von 1,3 Millionen Soldaten im »V-Fall«. Dabei basierte diese »zivile« Politik der Zurückhaltung auch auf den Nachwirkungen eines in seiner Gewaltintensität beispiellosen Krieges. Und ebenso war es den verantwortlichen Zeitgenossen bewusst, dass jedes Heraustreten aus der »kalten« Ost-West-Konfrontation ein »Schlachtfeld Bundesrepublik« mit Abermillionen von Toten heraufbeschwor. Letztlich also pflegte die Bundesrepublik eine Strategie des konsequenten »sowohl-als-auch«. Zu dieser bestanden aber kaum sinnvolle Alternativen. Denn die – jeweils defizitären – Strategiealternativen schlossen Alternativen aus, die noch schlimmer waren. Möglicherweise war die Bundesrepublik wegen der drohenden nuklearen Verwüstung in der Tat nicht auf sinnvolle Weise verteidigungsfähig. Genau deswegen bot sie aber kein lohnendes Angriffsziel. Dieses militärstrategische Dilemma mündete spätestens ab den Siebzigerjahren in Politikansätze, die ungeachtet des Regierungswechsels von 1982/83 nur durch ein betont ziviles Auftreten umgesetzt werden konnten. Die bundesdeutschen »Sowohl-als-auch-Streitkräfte« (Hammerich in 8.11, S. 246) lavierten deshalb im dauernden Kompromiss. Sie garantierten Sicherheit durch Ambivalenz.

Todesfälle in der Bundeswehr, 1956 bis 1990

Tod im Dienst		Suizide	
1960–1969 (Durchschnitt)	115,2	1960–1969 (Durchschnitt)	63,2
1970–1979 (Durchschnitt)	71,8	1970–1979 (Durchschnitt)	107,5
1980–1989 (Durchschnitt)	42,5	1980–1989 (Durchschnitt)	84,1
Summe 1955–1990	2566	Summe 1955–1990	2682

Quelle: <http://www.bundeswehr.de> – »Gedenken« – »Zahlen und Fakten« – »Todesfälle in der Bundeswehr« (Abruf 24. August 2015)

◂ Abb. 31: Als gesamtdeutsche Institution ging ihre Geschichte weiter: Bundesverteidigungsminister Gerhard Stoltenberg bei der Übernahme der Soldaten und Liegenschaften der soeben aufgelösten NVA von Rainer Eppelmann, Strausberg, 3. Oktober 1990.

BArch, Bild 183-1990-1003-424/ Thomas Uhlmann

▸ Abb. 32: Generalleutnant Jörg Schönbohm bei der Übernahme des nunmehrigen Wehrbereichskommandos VII in Leipzig, vormals III. Wehrbezirk der NVA, 4. Oktober 1990.

BArch, Bild 183-1990-1004-025/ Friedrich Gahlbeck

◂ Abb. 33: Zeit ihres Bestehens stand die Bundeswehr vor der Herausforderung, mit dem problematischen militärischen Erbe der deutschen Geschichte verantwortungsvoll umzugehen. Im Bild: Soldaten der Bundeswehr am Volkstrauertag in Halbe/Brandenburg, 18. November 1990.

BArch, Bild 183-1990-1118-005/ Hubert Link

Fazit: Ein Vierteljahrhundert »danach«

Mit dem Fall der Berliner Mauer und der deutschen Einheit entfielen 1989/90 die Grundlagen für die »alte Bundeswehr«. Denn keine Armee füllte ihre Rolle als Armee im Kalten Krieg in Mitteleuropa so passgenau aus wie die Bundeswehr – abgesehen von der NVA im anderen Teil Deutschlands. Anders als diese blieb die Bundeswehr, nun erweitert um rund 20 000 frühere Soldaten der NVA, in ihrer Identität erhalten. Ihre Strukturen wurden auf den Osten Deutschlands übertragen (von Scheven in 1.6). Den Primat der Politik des bundesrepublikanischen Bestandsschutzes dokumentiert das Bonn-Berlin-Gesetz, das am 20. Juni 1991 im Anschluss an eine auch parteiintern kontroverse Bundestagsdebatte verabschiedet wurde und im Mai 1994 in Kraft trat. Bonn blieb erster Dienstsitz des Verteidigungsministeriums. Als »Armee der Einheit«, dann als »Armee im Einsatz« durchlief die Bundeswehr im Verlauf eines Vierteljahrhunderts fortwährende Transformationen, die viele ihrer bisherigen Charakteristika zumindest verdünnt haben. Spätestens die Einsätze auf dem Balkan ab 1995 und in Afghanistan ab 2001 verdeutlichen, dass die »alte Bundeswehr« Geschichte geworden ist. Ein Vergleich der Aufbauzeit mit der Zeit 60 Jahre später offenbart aber auch bundesrepublikanische Eigenarten der Bundeswehr, die mittlerweile zu ihrem Wesenskern gehören. Nach wie vor bestehen die von Ulrich de Maizière kurz vor seinem Tod hervorgehobenen Integrationsanforderungen in neuer Form weiter (de Maizière in 1.6) – genau wie ihre Ambivalenzen. Der »Primat der Politik« ist eine Selbstverständlichkeit. Der sich hieraus ergebende Parlamentsvorbehalt zu den Auslandseinsätzen wurde im Juli 1994 vom Bundesverfassungsgericht verankert. Es bleibt ein Zielkonflikt zwischen parlamentarisch-verfassungsrechtlich korrekten Verfahren und der sachgerechten und zügigen Mandatierung. Die Priorisierung fiskalisch ausgeplanter Streitkräfteziele wurde in der Bundeswehr wiederholt beklagt – freilich kein Novum in der (deutschen) Militärgeschichte. Anders liegt es bei der Anerkennung des politischen Primats durch die Militärelite. Diesbezüglich ist die Bundeswehr eine Reformarmee. Auf die Allgemeine Wehrpflicht stützte sich die »alte Bundeswehr« bis Juli 2011. In Anlehnung an die preußischen Reformer betonten die Gründungsgestalten der Bundeswehr den Bürgersoldaten und das Konzept der Wehrpflicht als Integrationsklammer von Armee und Gesellschaft. Dies lässt die Frage aufkommen, inwiefern dieses Argumentationsmuster Teil einer Integrationsrhetorik war. Die fast nur im internationalen Verbund erfolgenden Auslandseinsätze haben zur Neuverortung der Bundeswehr als »Bündnisarmee« geführt – nun im Gefüge von NATO, Vereinten Nationen, Europäischer Union und der wiederbelebten WEU. Das oft beklagte Fehlen einer Gesamtstrategie

(9.2 Naumann) beruht einerseits auf bundesrepublikanischen Besonderheiten. Andererseits hat sich die Polyvalenz der strategischen Bezugsgrößen seit 1955 erweitert, aber nicht grundsätzlich verändert: Schon die »alte Bundeswehr« war der Spannung zwischen bundesdeutschen Souveränitätsrechten und Bündnisinteressen ausgesetzt. Sicher erzeugte die Einhegungsbereitschaft der Bundesrepublik eine mentale Selbstbeschränkung: Die Kennzeichnung der Konflikte im »globalen Kalten Krieg« (3.30 Westad) als »Stellvertreterkriege« implizierten mit ungewollt böser Ironie, dass der »echte Krieg« nur Mitteleuropa beträfe (Kwon in 3.22). Als Ergebnis einer spezifisch bundesdeutschen Kultur der Zurückhaltung gelten die Auslandseinsätze der Bundeswehr rechtlich-konzeptionell eben nicht als »Krieg« – ungeachtet der real gewordenen Erfahrung von Töten, Tod und Verwundung: Im Sommer 2009 sorgten »kriegsähnliche« Verhältnisse in Afghanistan für Erregung in Parlament und Öffentlichkeit. Eine tendenziell provinzielle Selbstbezogenheit der Sicherheitspolitik kritisierten sowohl der frühere Generalinspekteur Klaus Naumann als auch der gleichnamige (nicht mit diesem verwandte) Historiker (Naumann in 1.5 , S. 478; Naumann in 3.24). Angesichts der im frühen 21. Jahrhundert herausgestellten wirtschaftlichen Effizienzrhetorik und der bundesrepublikanischen Spielart des Legalismus besteht mitunter der Eindruck, laufende Einsätze orientierten sich stärker an regelkonformen Verfahren als am Auftrag (Schlaffer in 1.33 , S. 343 f.). Dabei handelt es sich zweifellos um ein Erbe aus der »alten Bundeswehr«, durchaus im Sinne einer zivilen Einhegung militärischer Eigenmächtigkeiten. Mitunter droht so der mündige »Bürger in Uniform« einer oft recht kleinteiligen Regelungsdichte ausgesetzt zu werden. Auch die Kritik an überbordender Militärbürokratie ist indessen seit den Gründungstagen der Bundeswehr nichts Neues.

Auch die intendierte »Gesamtstreitkräftelösung« barg bundesrepublikanische Besonderheiten. Die Absicht, eine möglichst Bundeswehrgemeinsame Struktur zu schaffen, mündete im zivil-militärischen Dualismus, der aber die Autonomie der Teilstreitkräfte noch verstärkte. Die Erlasse von Blankenese 1972, Berlin 2005 und Dresden 2012 strafften die Spitzengliederung. Gleichwohl bleiben Ausbildung und Habitus der Soldatinnen und Soldaten durch historisch gewachsene Teilstreitkräfte, Truppengattungen oder Truppenteile geprägt. Wenn die in der früheren Bundeswehrgeschichte stets wiederkehrenden Konflikte im Konsens gelöst zu sein scheinen, ist das ein vorläufiger Befund. Hier wirkt(e) ein komplexes Mobile zahlreicher Abstimmungs- und Aushandlungsprozesse. An ihnen waren Politiker, Zivilbeamte und Militärs gleichermaßen beteiligt. Wenn die »alte« Bundeswehr »Geschichte« geworden ist, dann auch in dem Sinn, dass sie in die Gegenwart hineinwirkt.

Literatur

1. Überblicksliteratur zur Bundeswehr und ihrer Geschichte

Kompakter Überblick:

1.1 30 Jahre Bundeswehr. Friedenssicherung im Bündnis. Hrsg. vom Militärgeschichtlichen Forschungsamt 1985

1.2 Armee gegen den Krieg: Wert und Wirkung der Bundeswehr. Hrsg. von Wolfram von Raven, Stuttgart 1966

1.3 Bald, Detlef , Die Bundeswehr. Eine kritische Geschichte. 1955 bis 2005, München 2005 (= beck'sche reihe) [gut lesbare, kritischer Gesamtabriss unter Fokussierung der inneren Entwicklung]

1.4 Clement, Rolf, und Paul Elmar Jöris, 50 Jahre Bundeswehr 1955–2005, Hamburg u.a. 2005 [journalistischer Abriss]

1.5 Die Bundeswehr 1955 bis 2005. Rückblenden – Einsichten – Perspektiven. Im Auftrag des MGFA hrsg. von Frank Nägler, München 2007 (= Sicherheitspolitik und Streitkräfte der Bundesrepublik Deutschland, 7)

1.6 Entschieden für Frieden: 50 Jahre Bundeswehr. Im Auftrag des MGFA hrsg. von Klaus-Jürgen Bremm, Hans-Hubertus Mack und Martin Rink, Berlin und Freiburg i.Br. 2005

1.7 Grundkurs deutsche Militärgeschichte. Die Zeit nach 1945. Armeen im Wandel. Im Auftrag des MGFA hrsg. von Karl-Volker Neugebauer, München 2008 [Lehrbuch zum Gebrauch an den Offizierschulen der Bundeswehr]

1.8 Range, Clemens, Die geduldete Armee. 50 Jahre Bundeswehr, Berlin 2005 [konservativ ausgerichteter chronologischer Abriss mit biographischem Anhang]

1.9 Rearming Germany. Ed. by James C. Corum, Amsterdam 2011

1.10 Verteidigung im Bündnis. Planung, Aufbau und Bewährung der Bundeswehr 1950–1971. Hrsg. vom MGFA, München 1975

1.11 Vom Kalten Krieg zur deutschen Einheit. Analysen und Zeitzeugenberichte zur deutschen Militärgeschichte 1945 bis 1995. Im Auftrag des MGFA hrsg. von Bruno Thoß unter Mitarb. von Wolfgang Schmidt, München 1995

Zur Gründungsphase:

1.12 Keßelring, Agilolf und Thorsten Loch, Himmerod war nicht der Anfang. Bundesminister Eberhard Wildermuth und die Anfänge westdeutscher Sicherheitspolitik. In: Militärgeschichtliche Zeitschrift, 75 (2015), S. 59–95

1.13 Krüger, Dieter, Das Amt Blank. Die schwierige Gründung des Bundesministeriums für Verteidigung, 1993

1.14 Krüger, Dieter, Dienststellen zur Vorbereitung des westdeutschen Verteidigungsbeitrages 1950–1955, 2 Bde, Koblenz 1992 (= Findbücher zu Beständen des Bundesarchivs, 40)

1.15 Rautenberg, Hans-Jürgen, Norbert Wiggershaus, Die ‚Himmeroder Denkschrift' vom Oktober 1950. Politische und militärische Überlegungen für einen Beitrag der Bundesrepublik Deutschland zur westeuropäischen Verteidigung. In: Militärgeschichtliche Mitteilungen, 21 (1977), S. 135–206

Zeitgenössisch zur Wiederbewaffnung und zur Gründungsphase:

1.16 Weinstein, Adelbert, Armee ohne Pathos. Die deutsche Wiederbewaffnung im Urteil ehemaliger Soldaten, Bonn 1951

Grundlegend zur Vorgeschichte der Bundeswehr ist das Reihenwerk Anfänge westdeutscher Sicherheitspolitik 1945 bis 1956 (= AWS):

1.17 Foerster, Roland G., Christian Greiner, Georg Meyer, Hans-Jürgen Rautenberg, und Norbert Wiggershaus, Von der Kapitulation bis zum Pleven-Plan, München 1982 (= AWS 1)

1.18 Köllner, Lutz, Klaus A. Maier, Wilhelm Meier-Dörnberg und Hans-Erich Volkmann, Die EVG-Phase, München, 1989 (= AWS 2)

1.19 Ehlert, Hans, Christian Greiner, Georg Meyer und Bruno Thoß, Die NATO-Option, München 1993 (= AWS 3)

1.20 Abelshauser, Werner und Walter Schwengler, Wirtschaft und Rüstung, Souveränität und Sicherheit (= AWS 4)

Sonderausgabe der vier Bände in einer Kassette, 2001

Zur Gründungsphase ferner:

1.21 Aspekte der deutschen Wiederbewaffnung bis 1955, München 1975 (= Militärgeschichte seit 1945, 1)

1.22 Borgert, Heinz-Ludger, Walter Stürm, Norbert Wiggershaus, Dienstgruppen und westdeutscher Verteidigungsbeitrag. Vorüberlegungen zur Bewaffnung der Bundesrepublik Deutschland, München 1982 (= Militärgeschichte seit 1945, 6)

1.23 Die Europäische Verteidigungsgemeinschaft. Stand und Probleme der Forschung. Hrsg. von Hans-Erich Volkmann und Walter Schwengler, München 1985 (= Militärgeschichte seit 1945, 7)

1.24 Die westliche Sicherheitsgemeinschaft 1948 bis 1950. Gemeinsame Probleme und grundsätzliche Nationalinteressen in der Gründungsphase der Nordatlantischen Allianz. Im Auftrag des MGFA hrsg. von Norbert Wiggershaus und Roland G. Foerster, München 1988 (= Militärgeschichte seit 1945, 8)

1.25 Mai Gunther, Westliche Sicherheitspolitik im Kalten Krieg. Der Korea-Krieg und die deutsche Wiederbewaffnung, 1950, München 1977 (= Militärgeschichte seit 1945, 4)

1.26 Von Truman bis Harmel. Die Bundesrepublik Deutschland im Spannungsfeld von NATO und europäischer Integration. Im Auftrag des MGFA hrsg. von Hans-Joachim Harder, München 2000 (= Militärgeschichte seit 1945, 11)

1.27 Zwischen Kaltem Krieg und Entspannung. Sicherheits- und Deutschlandpolitik der Bundesrepublik im Mächtesystem der Jahre 1953 bis 1956. Im Auftrag des MGFA hrsg. von Bruno Thoß und Hans-Erich Volkmann, München 1988 (= Militärgeschichte seit 1945, 9)

Zur Geschichte der Bundeswehr etablierte das MGFA/ZMS die Reihe: Sicherheitspolitik und Streitkräfte der Bundesrepublik Deutschland

1.5 Die Bundeswehr 1955 bis 2005

1.28 Deinhardt, André, Panzergrenadiere – eine Truppengattung im Kalten Krieg 1960 bis 1970 München 2011 (= Bd 11)

1.29 Hammerich, Helmut R., Dieter H. Kollmer, Michael Poppe, Martin Rink und Rudolf J. Schlaffer, Das Heer 1950 bis 1970. Konzeption, Organisation, Aufstellung, München 2006 (= Bd 3)

1.30 Lemke, Bernd, Dieter Krüger, Heinz Rebhan, Wolfgang Schmidt, Die Luftwaffe 1950 bis 1970. Konzeption, Aufbau, Integration, München 2006 (= Bd 2)

1.31 Loch, Thorsten, Das Gesicht der Bundeswehr. Kommunikationsstrategien in der Freiwilligenwerbung der Bundeswehr 1956 bis 1989, München 2008 (= Bd 8)

1.32 Militärische Aufbaugenerationen der Bundeswehr 1955 bis 1970. Ausgewählte Biografien. Im Auftrag des MGFA hrsg. von Helmut R. Hammerich und Rudolf J. Schlaffer, München 2010 (= Bd 10)

1.33 Nägler, Frank, Der gewollte Soldat und sein Wandel. Personelle Rüstung und Innere Führung in den Aufbaujahren der Bundeswehr 1956 bis 1964/65, München 2010 (= Bd 9)

1.34 Sander-Nagashima, Johannes Berthold, Die Bundesmarine 1950 bis 1972. Konzeption und Aufbau, München 2006 (= Bd 4)

1.35 Schlaffer, Rudolf J., Der Wehrbeauftragte 1951 bis 1985. Aus Sorge um den Soldaten, München 2006 (= Bd 5)

1.36 Schmidt, Wolfgang, Integration und Wandel. Die Infrastruktur der Streitkräfte als Faktor sozioökonomischer Modernisierung in der Bundesrepublik 1955 bis 1975, München 2006 (= Bd 6)

1.37 Sonderfall Bundeswehr? Streitkräfte in nationalen Perspektiven und im internationalen Vergleich. Hrsg. von Heiner Möllers und Rudolf J. Schlaffer, München 2014 (= Bd 12)

1.38 Thoß, Bruno, NATO-Strategie und nationale Verteidigungsplanung. Planung und Aufbau der Bundeswehr unter den Bedingungen einer massiven atomaren Vergeltungsstrategie 1952 bis 1960, München 2006 (= Bd 1)

Kurz zu den Auslandseinsätzen der Bundeswehr vor 1990:

1.39 Wegweiser zur Geschichte. Auslandseinsätze der Bundeswehr. Im Auftr. des MGFA hrsg. von Bernhard Chiari und Magnus Pahl, München 2010 (= Wegweiser zur Geschichte)

Weitere Sammelbände des MGFA/ZMSBw mit Beiträgen zur Bundeswehrgeschichte:

1.40 Deutsche Marinen im Wandel. Vom Symbol nationaler Einheit zum Instrument internationaler Sicherheit. Im Auftrag des MGFA hrsg. von Werner Rahn, München 2005 (= Beiträge zur Militärgeschichte, 63)

1.41 Das Wachbataillon beim Bundesministerium der Verteidigung (1957–2007). Geschichte – Tradition – Auftrag. Hrsg. von Thorsten Loch, Hamburg 2007

1.42 Reform – Reorganisation – Transformation. Zum Wandel in deutschen Streitkräften von den preußischen Heeresreformen bis zur Transformation der Bundeswehr. Hrsg. von Karl-Heinz Lutz, Martin Rink und Marcus von Salisch, München 2010

1.43 Perspektiven der Militärgeschichte. Raum, Gewalt und Repräsentation in historischer Forschung und Bildung. Im Auftrag des MGFA hrsg. von Jörg Echternkamp, Wolfgang Schmidt und Thomas Vogel, München 2010 (= Beiträge zur Militärgeschichte, 67)

1.44 Auf dem Weg zur Wiedervereinigung – Die beiden deutschen Staaten in ihren Bündnissen 1970–1990. Hrsg. von Oliver Bange und Bernd Lemke, München 2013

Zur Geschichte der Militärgeschichte in der Bundesrepublik:

1.45 Bericht der Strukturkommission der Bundeswehr Oktober 2010. Vom Einsatz her denken. Konzentration, Flexibilität, Effizienz, [Berlin 2010]

1.46 50 Jahre Militärgeschichtliches Forschungsamt. Eine Chronik, Berlin 2007. Bearb. von Martin Rink

1.47 Das ist Militärgeschichte! Probleme – Projekte – Perspektiven. Hrsg. von Christian Th. Müller und Matthias Rogg, Paderborn u.a. 2013

1.48 Geschichte und Militärgeschichte. Wege der Forschung. Hrsg. von Ursula von Gersdorff, Frankfurt a.M. 1974

1.49 Kroener, Bernhard R., Militär, Staat und Gesellschaft im 20. Jahrhundert, München 2011 (= Enzyklopädie Deutscher Geschichte, 87)

1.50 Meier-Welcker, Hans, Soldat und Geschichte. Aufsätze, Freiburg i.Br., Boppard a.Rh. 1976

1.51 Militärgeschichte in Deutschland und Österreich vom 18. Jahrhundert bis in die Gegenwart. Hrsg. vom MGFA (= Vorträge zur Militärgeschichte, 6), Herford, Bonn 1985

1.52 Militärgeschichte. Probleme – Thesen – Wege. Im Auftrag des MGFA hrsg. von Manfred Messerschmidt, Klaus A. Maier, Werner Rahn und Bruno Thoß, München 1982 (= Beiträge zur Militär- und Kriegsgeschichte)

1.53 Reichherzer, Frank, Alles ist Front! Wehrwissenschaften in Deutschland und die Bellifizierung der Gesellschaft vom Ersten Weltkrieg bis in den Kalten Krieg, Paderborn 2012

1.54 Vorträge zur Militärgeschichte. Hrsg. vom MGFA (= Vorträge zur Militärgeschichte, 6), Herford, Bonn 1985

1.55 Was ist Militärgeschichte? Hrsg. von Thomas Kühne und Benjamin Ziemann, Paderborn, München, Wien, Zürich 2000

1.56 Wohlfeil, Rainer, Wehr-, Kriegs- oder Militärgeschichte? In: Militärgeschichtliche Mitteilungen, 1 (1967), S. 21–29

1.57 Wolfrum, Edgar, Geschichtspolitik in der Bundesrepublik Deutschland. Der Weg zur bundesrepublikanischen Erinnerung 1948–1990, Darmstadt, 1999

Quellensammlung mit wichtigen Dokumenten:

1.58 Sicherheitspolitik der Bundesrepublik Deutschland. Dokumentation 1945–1977. Teil 2. Hrsg. von Klaus von Schubert unter Mitarbeit von Klaus Brinker und Sabine Radloff, Köln 1979

1.59 Rebentisch, Ernst, Die Gesundheit der Soldaten. Dokumente zum Sanitäts- und Gesundheitswesen der Bundeswehr, München 1995

Weißbücher und andere offizielle Selbstdarstellungen:

1.60 Die Wehrstruktur in der Bundesrepublik Deutschland. Analyse und Optionen. Hrsg. von der Wehrstruktur-Kommission im Einvernehmen mit der Bundesregierung, [Bonn] 1972/73

1.61 Elble, Rolf, Vom künftigen deutschen Offizier. Aktuelle Gedanken zum Offizierberuf, [Bonn 1955]

1.62 Handbuch Innere Führung. Hilfen zur Klärung der Begriffe. Hrsg. von Bundesministerium für Verteidigung, Führungsstab der Bundeswehr I 6, 1. Aufl. 1957 (= Schriftenreihe Innere Führung)

1.63 Neuordnung der Ausbildung und Bildung in der Bundeswehr. Gutachten der Bildungskommission an den Bundesminister der Verteidigung, [Bonn] 1971

1.64 Schicksalsfragen der Gegenwart. Handbuch politisch-historischer Bildung. Hrsg. vom Bundesministerium für Verteidigung, [Referat] Innere Führung, 6 Bde, Bonn 1957–1961

1.65 Vom künftigen deutschen Soldaten. Gedanken und Planungen der Dienststelle Blank, Bonn 1955

1.66 Wehrgerechtigkeit in der Bundesrepublik Deutschland. Bericht der Wehrstruktur-Kommission an die Bundesregierung, [Bonn] 1971

1.67 Weißbuch 1969. Zur Verteidigungspolitik der Bundesregierung, [Bonn] 1969

1.68 Weißbuch 1970. Zur Sicherheit der Bundesrepublik Deutschland und zur Lage der Bundeswehr, Bonn 1970

1.69 Weißbuch 1971/72. Zur Sicherheit der Bundesrepublik Deutschland und zur Entwicklung der Bundeswehr, Bonn 1971

1.70 Weißbuch 1973/74. Zur Sicherheit der Bundesrepublik Deutschland und zur Entwicklung der Bundeswehr, Bonn 1974

1.71 Weißbuch 1975/76. Zur Sicherheit der Bundesrepublik Deutschland und zur Entwicklung der Bundeswehr, Bonn 1976

1.72 Weißbuch 1983. Zur Sicherheit der Bundesrepublik Deutschland, Bonn 1983

1.73 Weißbuch 1985. Zur Lage und Entwicklung der Bundeswehr, Bonn 1985

Die Bundeswehr. Eine Gesamtdarstellung (offizielle Selbstdarstellung in Handbuchform)

1.74 Berchthold, Heinz und Georg Leppig, Zivil-Militärische Zusammenarbeit (ZMZ), Regensburg 1980 (= Bd 12)

1.75 Blaschke, Peter H. und Harald Oberhem, Bundeswehr und Kirchen, Regensburg 1985 (= Bd 2)

1.76 Bode, Hans-Günter, Rüstung in der Bundesrepublik Deutschland, Regensburg 1978 (= Bd 10)

1.77 Bung, Hubert, Bildung, Erziehung und Ausbildung in der Bundeswehr, Regensburg 1980 (= Bd 6)

1.78 Fleckenstein, Bernhard, Die Bundeswehr und Gesellschaft, Regensburg 1985 (= Bd 3)

1.79 Gerber, Johannes, Die Bundeswehr im Nordatlantischen Bündnis, Regensburg 1985 (= Bd 2)

1.80 Kannicht, Joachim, Die Bundeswehr und die Medien (= Bd 13), Regensburg 1985

1.81 Reinfried, Hubert und Ludwig Schulte, Die Sicherheit der Bundesrepublik Deutschland (= Bd 1), Regensburg 1985

1.82 Reinfried, Hubert, Streitkräfte und Bundeswehrverwaltung (= Bd 9), Regensburg 1978

1.83 Schössler, Dietmar, Bundeswehr und Reservisten, Regensburg 1979 (=Bd 13)

1.84 Schwenck, Hans-Günter, Rechtsordnung und Bundeswehr, Regensburg 1978 (= Bd 4)

1.85 Zedler, Roland, Planungs- und Führungssystem, Regensburg 1985 (= Bd 7)

Bundeswehrgeschichte aus Sicht der DDR:

1.86 Weißbuch über die aggressive Politik der Regierung der Deutschen Bundesrepublik, hrsg. vom Ministerium für Auswärtige Angelegenheiten der Deutschen Demokratischen Republik, Berlin (Ost) 1958

1.87 Militärgeschichte der BRD. Abriss. 1949 bis zur Gegenwart. Verfasst vom Autorenkollektiv im Auftrag des Militärgeschichtlichen Instituts, Berlin (Ost) 1989

1.88 Schaltzentrum der Aggression. Zur Rolle der Bundeswehrführung im Militär-Industrie-Komplex der BRD. Verfasst vom Autorenkollektiv des Deutschen Instituts für Militärgeschichte und der Militärakademie »Friedrich Engels«, Berlin (Ost) 1971

Bundeswehr aus Sicht der Militärsoziologie:

1.89 Militärsoziologie – Eine Einführung. Hrsg. von Nina Leonhard und Ines-Jacqueline Werkner, Wiesbaden 2005

Bundeswehr aus Sicht des Wehrrechts:

1.90 Wehrrecht und Friedenssicherung. Festschrift für Klaus Dau zum 65. Geburtstag. Hrsg. von Knut Ipsen, Christian Raap, Torsten Stein und Armin A. Steinkamm, Neuwied 1999

Autobiographien, Biographien

3.17 Naumann

2.1 Adolf Heusinger. Ein deutscher Soldat im 20. Jahrhundert. Hrsg. vom Bundesministerium der Verteidigung, Fü S I 3, Bonn 1987 (= Schriftenreihe Innere Führung)

2.2 Baudissin, Wolf Graf, Frieden: Entwürfe für eine zeitgemäße Bundeswehr. Hrsg. und eingel. von Peter v. Schubert, München 1969
2.3 Brill, Heinz, Bogislaw von Bonin im Spannungsfeld zwischen Wiederbewaffnung – Westintegration – Wiedervereinigung. Ein Beitrag zur Entstehungsgeschichte der Bundeswehr, Baden-Baden 1987
2.4 Feldmeyer, Karl, und Georg Meyer, Johann Adolf Graf von Kielmansegg 1906–2006. Deutscher Patriot – Europäer – Atlantiker. Hrsg. vom MGFA von Helmut R. Hammerich, Hamburg 2007
2.5 Gehlen, Reinhard, Der Dienst: Erinnerungen 1942–1971, München 1973
2.6 Kießling, Günter, Versäumter Widerspruch, Mainz 1993
2.7 Kilian, Dieter E., Elite im Halbschatten. Generale und Admirale der Bundeswehr, Bielefeld 2005
2.8 Kilian, Dieter E., Führungseliten. Generale und Admirale der Bundeswehr 1955–2015. Politische und Militärische Führung, Bielefeld 2014
2.9 Konspiration als Beruf. Deutsche Geheimdienstchefs im Kalten Krieg. Hrsg. von Dieter Krüger und Armin Wagner, Berlin 2003
2.10 Maizière, Ulrich de, Führen – in Frieden. 20 Jahre Dienst für Bundeswehr und Staat, München 1974
2.11 Maizière, Ulrich de, In der Pflicht. Lebensbericht eines deutschen Soldaten im 20. Jahrhundert, Herford u.a. 1989
2.12 Meyer, Georg, Adolf Heusinger. Dienst eines deutschen Soldaten 1915 bis 1964, Hamburg 2001
2.13 Meyer, Georg, Vom Kriegsgefangenen zum Generalinspekteur. Adolf Heusinger 1945 bis 1961, Potsdam 1997
2.14 Nadolny, Sten, und Jens Sparschuh, Putz- und Flickstunde: zwei Kalte Krieger erinnern sich, München 2009
2.15 Range, Clemens, Die Generale und Admirale der Bundeswehr, Herford u.a. 1990
2.16 Schmückle, Gerd, Ohne Pauken und Trompeten. Erinnerungen an Krieg und Frieden, Stuttgart 1982
2.17 Searle, Alaric, Wehrmacht Generals, West German Society, and the Debate on Rearmament, 1949–1959, Westport 2003
2.18 Speidel, Hans, Aus unserer Zeit. Erinnerungen, 3. Aufl., Frankfurt a.M. 1977
2.19 Strauß, Franz Josef, Die Erinnerungen, Berlin (West) 1989
2.20 Wolf Graf von Baudissin 1907 bis 1993. Modernisierer zwischen totalitärer Herrschaft und freiheitlicher Ordnung. Im Auftrag des MGFA hrsg. von Rudolf J. Schlaffer und Wolfgang Schmidt, München 2007
2.21 Zimmermann, John, Ulrich de Maizière. General der Bonner Republik 1912 bis 2005, München 2012

Literatur zur Geschichte der Bundeswehr im Bündnis

Entstehung und Probleme des Atlantischen Bündnisses:

3.1 Heinemann, Winfried, Vom Zusammenwachsen des Bündnisses. Die Funktionsweise der NATO in ausgewählten Krisenfällen 1951 bis 1956, München 1998 (= Bd 1)
3.2 Nationale Außen- und Bündnispolitik der NATO-Mitgliedstaaten. Im Auftrag des MGFA hrsg. von Norbert Wiggershaus und Winfried Heinemann, München 2000 (= Bd 2)
3.3 Mastny, Vojtech, und Gustav Schmidt, Konfrontationsmuster des Kalten Krieges 1946 bis 1956. Im Auftrag des MGFA hrsg. von Norbert Wiggershaus und Dieter Krüger, München 2003 (= Bd 3)

3.4 Greiner, Christian, Klaus A. Maier und Heinz Rebhan, Die NATO als Militärallianz. Strategie, Organisation und nukleare Kontrolle im Bündnis 1949 bis 1959. Im Auftrag des MGFA hrsg. von Bruno Thoß, München 2003 (= Bd 4)

3.5 Hammerich, Helmut R., Jeder für sich und Amerika gegen alle? Die Lastenteilung der NATO am Beispiel des Temporary Council Committee 1949 bis 1954, München 2003 (= Bd 5)

3.6 Krüger, Dieter, Sicherheit durch Integration? Die wirtschaftliche und politische Zusammenarbeit Westeuropas 1947 bis 1957/58, München 2003 (= Bd 6)

3.7 Gersdorff, Gero von, Die Gründung der Nordatlantischen Allianz, München 2009 (= Bd 7)

3.8 Keßelring, Agilolf, Die Nordatlantische Allianz und Finnland 1949–1961. Perzeptionsmuster und Politik im Kalten Krieg, München 2009 (= Bd 8)

3.9 Lemke, Bernd, Die Allied Mobile Force 1961 bis 2002, Berlin 2015 (= Bd 10)

Publikationen des Hamburger Instituts für Sozialforschung (HIS)

3.10 Vernichtungskrieg. Verbrechen der Wehrmacht 1941–1944. Katalog zur Ausstellung. Hrsg. vom Hamburger Institut für Sozialforschung, Hamburg 1996

3.11 Eine Ausstellung und ihre Folgen. Hrsg. vom Hamburger Institut für Sozialforschung, Hamburg 1999

3.12 Verbrechen der Wehrmacht. Dimensionen des Vernichtungskrieges 1941–1944. Hrsg. vom Hamburger Institut für Sozialforschung, Hamburg 2002

3.13 Westbindungen. Amerika in der Bundesrepublik. Hrsg. von Heinz Bude und Bernd Greiner, Hamburg 1999

3.14 Nachkrieg in Deutschland. Hrsg. von Klaus Naumann, Hamburg 2001

3.15 Naumann, Klaus, Generale in der Demokratie. Generationsgeschichtliche Studien zur Bundeswehrelite, Hamburg 2007

3.16 Heiße Kriege im Kalten Krieg. Hrsg. von Bernd Greiner, Christian Th. Müller und Dierk Walter, Hamburg 2006

3.17 Krisen im Kalten Krieg. Hrsg. von Bernd Greiner, Christian Th. Müller und Dierk Walter, Hamburg 2008

3.18 Walter, Dierk, Zwischen Dschungelkrieg und Atombombe. Britische Visionen vom Krieg der Zukunft 1945–1971, Hamburg 2009

3.19 Angst im Kalten Krieg. Hrsg. von Bernd Greiner, Christian Th. Müller und Dierk Walter, Hamburg 2009

3.20 Ökonomie im Kalten Krieg. Hrsg. von Bernd Greiner, Christian Th. Müller und Claudia Weber, Hamburg 2010

3.21 Macht und Geist im Kalten Krieg. Hrsg. von Bernd Greiner, Tim B. Müller und Claudia Weber, Hamburg 2011

3.22 Erbe des Kalten Krieges. Hrsg. von Bernd Greiner, Tim B. Müller und Klaas Voß, Hamburg 2013

Weitere Publikationen zur Epoche

3.23 Gaddis, John Lewis, Der Kalte Krieg. Eine neue Geschichte, Berlin 2007 (= The Cold War, London 2005)

3.24 Gaddis, John Lewis, The long Peace. Inquiries into the history of the Cold War, New York, Oxford 1987

3.25 Gaddis, John Lewis, We now know. Rethinking cold war history, Oxford 1997

3.26 Reviewing the Cold War: approaches, interpretations, theory. Ed. by Odd Arne Westad, London 2004 (= Cold War History, 1)

3.27 Soutou, Georges-Henri, La guerre de cinquante ans: le conflit Est-Ouest 1943–1990, Paris 2001

3.28 Soutou, Georges-Henri, L'alliance incertaine: les rapports politico-stratégiques Franco-Allemands 1954–1996, Paris 1996

3.29 Stöver, Bernd, Der Kalte Krieg: 1947–1991. Geschichte eines radikalen Zeitalters, München 2007
3.30 Westad Odd Arne, The global Cold War: third world interventions and the making of our times, Cambridge 2005

Literatur zum Verhältnis von Politik, Gesellschaft und Streitkräften

4.1 Conze, Eckart, Die Suche nach Sicherheit. Eine Geschichte der Bundesrepublik Deutschland von 1949 bis in die Gegenwart, München 2009
4.2 Dynamische Zeiten. Die 60er Jahre in den beiden deutschen Gesellschaften. Hrsg. von Axel Schildt, Detlef Siegfried und Karl Christian Lammers, Hamburg 2000 (= Hamburger Beiträge zur Sozial- und Zeitgeschichte, 37)
4.3 Jarausch, Konrad H., Die Umkehr: deutsche Wandlungen 1945–1995, München 2004
4.4 Janßen, Renate, Frauen ans Gewehr?, Köln 1983
4.5 Kutz Martin, Deutsche Soldaten. Eine Kultur- und Mentalitätsgeschichte, Darmstadt 2006
4.6 Schildt, Axel, Moderne Zeiten. Freizeit, Massenmedien und ›Zeitgeist‹ in der Bundesrepublik der 50er Jahre, Hamburg 1995 (= Hamburger Beiträge zur Sozial- und Zeitgeschichte, 31)
4.7 Wehler, Hans-Ulrich, Deutsche Gesellschaftsgeschichte, Bd 5: Bundesrepublik und DDR 1949–1990, München 2008
4.8 Wettig, Gerhard, Entmilitarisierung und Wiederbewaffnung in Deutschland 1943–1955. Internationale Auseinandersetzungen um die Rolle der Deutschen in Europa, München 1967
4.9 Winkler, Heinrich August, Der lange Weg nach Westen, Bd 2: Deutsche Geschichte vom ›Dritten Reich‹ bis zur Wiedervereinigung, 4. Aufl., München 2002
4.10 Wolfrum, Edgar, Die Bundesrepublik Deutschland 1949–1990, Stuttgart 2005
4.11 Wolfrum, Edgar, Die geglückte Demokratie: Geschichte der Bundesrepublik Deutschland von ihren Anfängen bis zur Gegenwart, Stuttgart 2006

Literatur zu Kapitel 3. Organisation und Streitkräfte

5.1 Die Luftwaffe der Bundesrepublik Deutschland: Hintergründe – Perzeptionen – Perspektiven. Hrsg. von Eberhard Birk, Heiner Möllers und Wolfgang Schmidt, Essen 2011 (= Schriften zur Geschichte der Deutschen Luftwaffe, 1)
5.2 Die Luftwaffe in der Moderne. Hrsg. von Eberhard Birk, Heiner Möllers und Wolfgang Schmidt, Berlin 2011
5.3 Die Luftwaffe zwischen Politik und Technik. Hrsg. von Eberhard Birk, Heiner Möllers und Wolfgang Schmidt, Berlin 2012
5.4 Die Reservisten der Bundeswehr. Ihre Geschichte bis 1990. Hrsg. von Gerhard Brugmann
5.5 Immer im Einsatz. 50 Jahre Luftwaffe. Hrsg. von Hans-Werner Jarosch Hamburg u.a. 2005
5.6 Rebhan, Heinz, Aufbau und Organisation der Luftwaffe 1955 bis 1971. In: [1.30 Die Luftwaffe], S. 557–643

Literatur zu Kapitel 4. Tradition, Personal und Inneres Gefüge

Zu Personalstruktur und Wehrpflicht:

6.1 Allgemeine Wehrpflicht. Geschichte – Probleme – Perspektiven. Hrsg. von Eckardt Opitz und Frank S. Rödiger, Bremen 1994

6.2 Bald, Detlef, Vom Kaiserheer zur Bundeswehr. Sozialstruktur des Militärs: Politik der Rekrutierung von Offizieren und Unteroffizieren, Frankfurt a.M, Bern 1981

6.3 Pauli, Frank, Wehrmachtoffiziere in der Bundeswehr. Das kriegsgediente Offizierkorps der Bundeswehr und die Innere Führung 1955–1970, Paderborn u.a. 2010

6.4 Rink, Martin, Das Ungeheuer von Loch Ness und andere Wiedergänger. Milizkonzeptionen und Bundeswehr In: Spießer, Patrioten, Revolutionäre. Militärische Mobilisierung und gesellschaftliche Ordnung in der Neuzeit (1500–2000). Hrsg. von Rüdiger Bergien und Ralf Pröve, Göttingen 2010, S. 381–404

6.5 Die Wehrpflicht. Entstehung, Erscheinungsformen und politisch-militärische Wirkung. Im Auftrag des MGFA hrsg. von Roland G. Foerster, München 1994 (= Beiträge zur Militärgeschichte, 43)

6.6 Die Wehrpflicht. Dokumentation zu Fragen der allgemeinen Wehrpflicht, der Wehrdienstverweigerung und der Wehrgerechtigkeit, München u.a. 1971

Zur Integration in Staat und Gesellschaft (Innere Führung, Spitzengliederung, Recht):

6.7 50 Jahre Innere Führung. Von Himmerod (Eifel) nach Priština (Kosovo). Hrsg. von Eckhardt Opitz, Bremen 2001

6.8 Ilsemann, Carl-Gero von, Die Bundeswehr in der Demokratie: Zeit der Inneren Führung, Hamburg 1971

6.9 Studnitz, Hans-Georg von, Rettet die Bundeswehr! Stuttgart 1967

6.10 Hornung, Klaus, Staaat und Armee. Studien zur Befehls- und Kommandogewalt und zum politisch-militärischen Verhältnis in der Bundesrepublik Deutschland, Mainz 1975

Zu Geschichtspolitik und Tradition:

3.12 Vernichtungskrieg. Verbrechen der Wehrmacht 1941–1944; 3.13 Eine Ausstellung und ihre Folgen; 3.14 Verbrechen der Wehrmacht. Dimensionen des Vernichtungskrieges 1941–1944

6.11 Abenheim, Donald, Bundeswehr und Tradition. Die Suche nach dem gültigen Erbe des deutschen Soldaten, München 1989 (= Beiträge zur Militärgeschichte, 27)

6.12 Aufstand des Gewissens. Militärischer Widerstand gegen Hitler und das NS-Regime 1933 bis 1945. Begleitband zur Wanderausstellung des MGFA. Im Auftr. des MGFA hrsg. von Thomas Vogel, 5., völlig überarb. Aufl., Hamburg u.a. 2000

6.13 Das deutsche Reich und der Zweite Weltkrieg (= DRZW), 10 Bde, München 1979–2005

6.14 Echternkamp, Jörg, Soldaten im Nachkrieg. Historische Deutungskonflikte und westdeutsche Demokratisierung 1945–1955, München 2014

6.15 Ehre und Pflichterfüllung als Codes militärischer Tugenden. Hrsg. von Ulrike Ludwig, Markus Pöhlmann und John Zimmermann, Paderborn 2014

6.16 Förster, Jürgen, Die Wehrmacht im NS-Staat. Eine strukturgeschichtliche Analyse, München 2007 (= Militärgeschichte kompakt, 2)

6.17 Harder, Hans-Joachim, Norbert Wiggershaus, Tradition und Reform in den Aufbaujahren der Bundeswehr, Hamburg 1985 (= Entwicklung deutscher militärischer Tradition, 2)

6.18 Heinemann, Winfried, Die DDR und ihr Militär, München 2011 (= Militärgeschichte kompakt, 3)
6.19 Knab, Jakob, Falsche Glorie: das Traditionsverständnis der Bundeswehr, Berlin 1995
6.20 Lange, Sven, Der Fahneneid. Die Geschichte der Schwurverpflichtung im deutschen Militär, Bremen 2002
6.21 Libero, Loretana de, Tradition in Zeiten der Transformation: Zum Traditionsverständnis der Bundeswehr im frühen 21. Jahrhundert, Paderborn u.a. 2006
6.22 Lingen, Kerstin von, Kesselrings letzte Schlacht. Kriegsverbrecherprozesse, Vergangenheitspolitik und Wiederbewaffnung. Das Beispiel Kesselrings, Paderborn u.a. 2004
6.23 Manstein, Erich von, Verlorene Siege: Erinnerungen 1939–1944, Bonn 1955 (11. Aufl., Bonn 1987)
6.24 Müller, Rolf-Dieter, Hitlers Wehrmacht 1935–1945, München 2012 (= Militärgeschichte kompakt, 4)
6.25 Overmans, Rüdiger, Deutsche militärische Verluste im Zweiten Weltkrieg, 3. Aufl., München 2004
6.26 Politischer Wandel, organisierte Gewalt und nationale Sicherheit. Beiträge zur neueren Geschichte Deutschlands und Frankreichs. Im Auftrag des MGFA hrsg. von Ernst Willi Hansen, Gerhard Schreiber und Bernd Wegner, München 1995 (= Beiträge zur Militärgeschichte, 50)
6.27 Proske Rüdiger, Wider den Mißbrauch der Geschichte deutscher Soldaten zu politischen Zwecken: eine Streitschrift, Mainz 1996
6.28 Stein, Hans-Peter, Symbole und Zeremoniell in deutschen Streitkräften vom 18. bis zum 20. Jahrhundert. Mit einem Beitr. von Hans-Martin Ottmer, 2. Aufl., Hamburg 1986 (= Entwicklung deutscher militärischer Tradition, 3)
6.29 Tradition für die Bundeswehr. Neue Aspekte einer alten Debatte. Hrsg. von Eberhard Birk, Winfried Heinemann und Sven Lange, Berlin 2012
6.30 Wrochem, Oliver von, Erich von Manstein. Vernichtungskrieg und Geschichtspolitik, 2. Aufl., Paderborn u.a. 2009
6.31 Zander, Otto-Eberhard, Bundeswehr und Nationale Volksarmee. Traditionen zweier deutscher Streitkräfte, Berlin 2007

Zur Menschenführung:
6.32 Schlaffer, Rudolf J., Schleifer a.D.? Zur Menschenführung im Heer. In: 1.24 Hammerich u.a., Das Heer 1950 bis 1970, S. 615–698

Zum Bild in den Medien:
1.31 Loch, Thorsten, Das Gesicht der Bundeswehr
6.33 Krieg und Militär im Film des 20. Jahrhunderts. Im Auftr. des MGFA hrsg. von Bernhard Chiari, Matthias Rogg und Wolfgang Schmidt, München 2003 (= Beiträge zur Militärgeschichte, 59)

Literatur zu Kapitel 5.: Rüstung und Ausstattung

7.1 Abelshauser, Werner, Deutsche Wirtschaftsgeschichte Von 1945 bis in die Gegenwart, 2. Aufl., München 2011
7.2 Kollmer, Dieter H., Rüstungsgüterbeschaffung in der Aufbauphase der Bundeswehr. Der Schützenpanzer HS 30 als Fallbeispiel (1953–1961), Stuttgart 2002 (= Beiträge zur Wirtschafts- und Sozialgeschichte, 93)

7.3 Kollmer, Dieter H., Klotzen, nicht kleckern! Die materielle Aufrüstung des Heeres von den Anfängen bis Ende der sechziger Jahre. In: 1.29 Hammerich u.a., Das Heer 1950 bis 1970, S. 485–614

7.4 Kunstwadl, Walter, Von der Affenjacke zum Tropenanzug. Die Geschichte der Bundeswehr im Spiegel ihrer Uniformen und Abzeichen. Bonn 2006

7.5 Mechtersheimer, Alfred, MRCA Tornado: Rüstung und Politik in der Bundesrepublik. Geschichte und Funktion des größten westeuropäischen Rüstungsprogramms, Bad Honnef 1977

7.6 Militärisch-Industrieller Komplex? Rüstung in Europa und Nordamerika nach dem Zweiten Weltkrieg. Hrsg. von Dieter H. Kollmer, Freiburg i.Br. u.a. 2015

7.7 Militarisierungsatlas der Bundesrepublik. Streitkräfte, Waffen und Standorte. Kosten und Risiken. Hrsg. von Alfred Mechtersheimer und Peter Barth, Darmstadt 1986

Literatur zu Kapitel 6. Vom »Kriegsbild« zum »Soldat für den Frieden«

Zur operativen Idee und ihren Nachwirkungen im Heer der Bundeswehr:

8.1 Groß, Gerhard P., Mythos und Wirklichkeit. Geschichte des operativen Denkens im deutschen Heer von Moltke d. Ä. bis Heusinger, Paderborn u.a. 2012 (= Zeitalter der Weltkriege, 9)

8.2 Kriegsnah ausbilden: Hilfen für den Gefechtsdienst aller Truppen. Hrsg. vom Heeresamt, bearb. von G. Elser, Köln 1986

8.3 Schlachtfeld Fulda Gap. Strategien und Operationspläne der Bündnisse im Kalten Krieg. Hrsg. von Dieter Krüger, 2. Aufl., Fulda 2015

8.4 Strategie für den Frieden. Beiträge zur Sicherheitspolitik,. Hrsg. von Gerhard Hubatschek, Herford 1986

8.5 Uhle-Wettler, Franz, Gefechtsfeld Mitteleuropa: Gefahr der Übertechnisierung von Streitkräften, München 1980

8.6 Vor dem Abgrund. Die Streitkräfte der USA und UdSSR sowie ihrer deutschen Bündnispartner in der Kubakrise. Hrsg. von Dimitrij N. Filoppovych und Matthias Uhl, München 2005

Zur Strategie der Bundesrepublik im Bündnis und der Kritik

1.38 Thoß, NATO-Strategie

8.7 Afheldt, Horst, Verteidigung und Frieden. Politik mit militärischen Mitteln, München, Wien 1976

8.8 Bald, Detlef, Die Atombewaffnung der Bundeswehr. Militär, Öffentlichkeit und Politik in der Ära Adenauer, Bremen 1994

8.9 Baudissin, Wolf Graf von, Nie wieder Sieg: programmatische Schriften 1951–1981, München 1982

8.10 Blueprints for Battle. Planning for War in Central Europe, 1948–1963. Hrsg. von Dieter Krüger und Jan Hoffenaar, Lexington, KY 2012

8.11 Die Alpen im Kalten Krieg. Historischer Raum, Strategie und Sicherheitspolitik. Hrsg. von Dieter Krüger und Felix Schneider, München 2012

8.12 Die Atomschwelle heben. Moderne Friedenssicherung für übermorgen. Hrsg. von Peter-Kurt Würzbach, Koblenz 1983

8.13 Die Praxis der defensiven Verteidigung. Hrsg. von Carl Friedrich von Weizsäcker, Hameln 1984

8.14 Entrüstet Euch! Nuklearkrise, NATO-Doppelbeschluss und Friedensbewegung. Hrsg. von Christoph Becker-Schaum, Philipp Gassert, Martin Klimke, Wilfried Mausbach und Marianne Zepp, Paderborn u.a. 2012

8.15 Kießling, Günter, Neutralität ist kein Verrat, Erlangen 1989
8.16 Krüger, Dieter, Schlachtfeld Bundesrepublik? Europa, die deutsche Luftwaffe und der Strategiewechsel der NATO 1958 bis 1968. In: Vierteljahrshefte für Zeitgeschichte, 2 (2008), S. 171–225
8.17 Krüger, Dieter, Am Abgrund? Das Zeitalter der Bündnisse: Nordatlantische Allianz und Warschauer Pakt 1947 bis 1991, Fulda 2013
8.18 Müller, Christian Th., US-Truppen und Sowjetarmee in Deutschland. Erfahrungen, Beziehungen, Konflikte im Vergleich, Paderborn 2011
8.19 Schild, Georg, 1983. Das gefährlichste Jahr des Kalten Krieges, Paderborn 2013
8.20 Schmidt, Helmut, Verteidigung oder Vergeltung: ein deutscher Beitrag zum strategischen Problem der NATO, 5. Aufl., Stuttgart 1968 (zuerst 1961)
8.21 Zweiter Kalter Krieg und Friedensbewegung. Der NATO-Doppelbeschluss in deutsch-deutscher und internationaler Perspektive. Hrsg. von Philipp Gassert, Tim Geiger und Hermann Wentker, München 2011

Im Rahmen des Nuclear History Program (NHP): Internationale Politik und Sicherheit. Hrsg. von der Stiftung Wissenschaft und Politik
8.22 Johannes Steinhoff und Reiner Pommerin, Strategiewechsel: Bundesrepublik und Nuklearstrategie in der Ära Adenauer-Kennedy, Baden-Baden 1992 (= Bd 30/1)
8.23 Hoppe, Christoph, Zwischen Teilhabe und Mitsprache: Die Nuklearfrage in der Allianzpolitik Deutschlands 1959–1966, Baden-Baden 1993 (= Bd 30/2)
8.24 Haftendorn, Helga, Kernwaffen und die Glaubwürdigkeit der Allianz: Die NATO-Krise von 1966/67, Baden-Baden 1994 (= Bd 30/4)
8.25 Gablik, Axel F., Strategische Planungen in der Bundesrepublik Deutschland 1955–1967: Politische Kontrolle oder militärische Notwendigkeit, Baden-Baden 1996 (= Bd 30/5)
8.26 Tuschhoff, Christian, Deutschland, Kernwaffen und die NATO 1949–1967: zum Zusammenhalt von und friedlichem Wandel in Bündnissen, Baden-Baden 2002 (= Bd 30/7)

Zum Komplex Nachrichtendienste:
8.27 Die Geschichte der Organisation Gehlen und des BND 1945–1968: Umrisse und Einblicke. Dokumentation der Tagung. Hrsg. von der Unabhängigen Historikerkommission zur Erforschung der Geschichte des Bundesnachrichtendienstes, Marburg 2013 <http://www.uhk-bnd.de/wp-content/uploads/2013/05/tagung_UHK-BND_Bd2_online-12.pdf>
8.28 Ganser, Daniele, NATO's Secret Armies. Operation Gladio and Terrorism in Western Europe, London, New York 2005
8.29 Henke, Klaus-Dietmar, Zur innenpolitischen Rolle des Auslandsnachrichtendienstes in der Ära Adenauer. In: Aus Politik und Zeitgeschichte, 18–19 (2014)
8.30 Juretzko, Norbert und Wilhelm Dietl, Bedingt dienstbereit. Im Herzen des BND – die Abrechnung eines Aussteigers, Berlin 2004
8.31 Keßelring, Agilolf, Die Organisation Gehlen und die Verteidigung Westdeutschlands. Alte Elitedivisionen und neue Militärstrukturen, 1949–1953. Hrsg. von der Unabhängigen Historikerkommission zur Erforschung der Geschichte des Bundesnachrichtendienstes, Marburg 2014 <http://www.uhk-bnd.de/wp-content/uploads/2013/05/UHK-BND_Bd3_online.pdf>
8.32 Kloss, Herbert, MAD – Der Militärische Abschirmdienst der Bundeswehr. Bilanz und Ausblick. In: Beiträge zur Konfliktforschung, 1 (1987), S. 99–133
8.33 Konspiration als Beruf. Deutsche Geheimdienstchefs im Kalten Krieg. Hrsg. von Dieter Krüger und Armin Wagner, Berlin 2003

8.34 Krieger, Wolfgang, Geschichte der Geheimdienste: von den Pharaonen bis zur CIA, München 2009
8.35 Schmidt-Eenboom, Erich, Schnüffler ohne Nase. Der BND. Die unheimliche Macht im Staate, Düsseldorf 1995
8.36 Wagner, Armin und Matthias Uhl, BND contra Sowjetarmee. Westdeutsche Militärspionage in der DDR, 3. Aufl., Berlin 2010 (= Militärgeschichte der DDR, 14)

Zur alltagskulturellen Verarbeitung und fiktionale Literatur

8.37 Guha, Anton Andreas, Ende – Tagebuch aus dem 3. Weltkrieg, Königsstein 1983
8.38 Hackett, Sir John Winthrop [in Verbindung mit Sir John Barraclough, Sir Bernard Burrow, Henneth Hunt, Sir Ian McGeoch, Norman Macrae und John Strawson], The Third World War: August 1985, New York 1980 (Erstausgabe London 1978; deutsch als: Der Dritte Weltkrieg: Hauptschauplatz Deutschland, München 1980)
8.39 Pausewang, Die letzten Kinder von Schewenborn oder ... sieht so unsere Zukunft aus? Ravensburg 2003 (Erstausgabe 1983)
8.40 Pöhlmann, Markus, Planet Terror. Krieg und Bürgerkrieg im Zombiefilm seit 1968. In: Mittelweg 36/ 3/2010, <http://www.eurozine.com/articles/2010-06-22-poehlmann-de.html>
8.41 Clancy, Tom, Red Storm Rising, New York 1986 (dt.: Im Sturm, Frankfurt/M 2013, zuerst 1994)

Literatur zum Kapitel 7. Fazit 1989: – Der Ort der »alten« Bundeswehr

1.39 Auf dem Weg zur Wiedervereinigung
9.1 Auftrag Auslandseinsatz. Neueste Militärgeschichte an der Schnittstelle von Geschichtswissenschaft, Politik, Öffentlichkeit und Streitkräften. Hrsg. von Bernhard Chiari (= Neueste Militärgeschichte. Analysen und Studien, 1), Freiburg i.Br., Wien, Berlin 2012
9.2 Naumann, Klaus, Einsatz ohne Ziel? Die Politikbedürftigkeit des Militärischen, Hamburg 2008

Online-Ressourcen

10.1 Der Spiegel [Online verfügbare Printausgaben ab einem Jahr nach Veröffentlichung]: http://www.spiegel.de/spiegel/print/
10.2 Militärgeschichte. Zeitschrift für Historische Bildung: http://zmsbw.de/html/publikationen/militaergeschichte
10.3 Zentrum für Sozialwissenschaften und Militärgeschichte der Bundeswehr (ZMSBw) [Studien des Sozialwissenschaftlichen Instituts zur Bundeswehr]: http://zmsbw.de/html/publikationen/sozialwissenschaften

Abkürzungen

ABC – atomar, biologisch, chemisch
a.D. – außer Dienst
ADM – Atomic Demolition Munition
AFCENT – Allied Forces Central
AFMED – Allied Forces Mediterranean
AFNORTH – Allied Forces North
AFSOUTH – Allied Forces South
AG – Aufklärungsgeschwader
AIRBALTAP – Airforce Baltic Approaches
AIRCENT – Air Forces Central
AMF – Allied Command Europe Mobile Force
AMK – Amt für Militärkunde
APO – Außerparlamentarische Opposition
ASP – Atomic Strike Plan
ATAF – Allied Tactical Air Force
BALTAP – Baltic Approaches
BGS – Bundesgrenzschutz
BND – Bundesnachrichtendienst
BWB – Bundesamt für Wehrtechnik und Beschaffung
BWVA – Bundeswehrverwaltungsamt
CENTAG – Central Army Group
CINCHAN – Allied Command Channel
CINCENT – Chief Allied Forces Central Europe
COC – Combat Operations Centre
COMLANDCENT – Commander LANDCENT
DSACEUR – Deputy SACEUR
EGKS – Europäische Gemeinschaft für Kohle und Stahl
EKD – Evangelische Kirche in Deutschland
EURATOM – Europäische Atomgemeinschaft
EVG – Europäische Verteidigungsgemeinschaft
EWG – Europäische Wirtschaftsgemeinschaft
FKGrp – Fernkampfgruppe
FOFA – Follow-On-Forces-Attack
FüWES – Führungs- und Waffeneinsatzsystem
GARIOA – Government and Relief in Occupied Areas
GDP – General Defense Plan
GMSA – German Minesweeping Administration
HTG – Heerestransportgeschwader
IFDT – Information für die Truppe
i.G. – im Generalstab(-sdienst)
INF – Intermediate Range Nuclear Forces
JBG – Jagdbombergeschwader
JCOC – Joint Command and Operations Centre
JG – Jagdgeschwader
KSZE – Konferenz für Sicherheit und Zusammenarbeit in Europa
KTV – Kommando Territoriale Verteidigung
LANDCENT – Allied Land Forces Central Europe
LANDJUT – Allied Land Forces Schleswig-Holstein and Jutland
leKG – Leichtes Kampfgeschwader
LSU – Labor Service Unit
LTG – Lufttransportgeschwader
MAAG – Military Assistance Advisory Group
MAD – Militärischer Abschirmdienst
MBB – Messerschmidt-Bölkow-Blohm
MLF – Multilateral Force
MSP – Mutual Security Policy
NATO – North Atlantic Treaty Organization
NAVBALTAP – Navy Baltic Approaches
NAVCENT – Navy Forces Central
NAVOCFORMED – Naval On-Call Force for the Mediterranean
NORTHAG – Northern Army Group
NSA – National Security Agency
NVA – Nationale Volksarmee
QRA – Quick Reaction Alert Forces
SACEUR – Supreme Allied Commander Europe
SACLANT – Supreme Allied Command Atlantic
SBZ – Sowjetische Besatzungszone
SHAPE – Supreme Headquarters Allied Powers Europe
SIOP – Single Integrated Operations Plan
SOUTHAG – Southern Army Group
STANAVFORLANT – Standing Naval Force Atlantic
UvD – Unteroffizier vom Dienst
V/STOL – Vertical/Short Take Off and Landing
WEU – Westeuropäische Union
WHNS – Wartime Host Nation Support
WSLw – Waffenschule der Luftwaffe
ZDv – Zentrale Dienstvorschrift

Personenregister